企业员工安全操作与事故防范丛书

冶金企业员工安全操作与事故防范

《企业员工安全操作与事故防范丛书》编委会 编

中国劳动社会保障出版社

图书在版编目(CIP)数据

冶金企业员工安全操作与事故防范/《企业员工安全操作与事故防范丛书》编委会编. —北京：中国劳动社会保障出版社，2014

(企业员工安全操作与事故防范丛书)

ISBN 978-7-5167-1525-3

Ⅰ.①冶… Ⅱ.①企… Ⅲ.①冶金工业-工业企业-安全生产-生产管理 Ⅳ.①F407.362

中国版本图书馆 CIP 数据核字(2014)第 288128 号

中国劳动社会保障出版社出版发行

(北京市惠新东街 1 号 邮政编码：100029)

*

三河市华骏印务包装有限公司印刷装订 新华书店经销

787 毫米×1092 毫米 16 开本 15.5 印张 313 千字

2015 年 1 月第 1 版 2015 年 1 月第 1 次印刷

定价：46.00 元

读者服务部电话：(010) 64929211/64921644/84643933

发行部电话：(010) 64961894

出版社网址：http://www.class.com.cn

编委会

主　　编： 张力娜

编写人员： 于　静　马　林　方志强　王　颖　王昕景
王建民　王继兵　刘佩清　刘军喜　刘立兴
刘红旗　石忠明　方金良　杜文利　闫长洪
冯海英　张力娜　张伟东　张利琴　张万福
张　平　陈国恩　吴　诚　吴　淳　耿友兵
赵　卫　金永文　黄增汉　黄莉新　唐　玮
陈　建　杜晓琳　李　涛　吴克军　袁　晖
袁东旭　赵一宙　魏英萍

内容提要

冶金行业属于资源能源密集型产业和基础产业，在我国国民经济中占有重要的地位。在冶金生产企业中，事故发生的原因，主要有设备设施、安全管理、人员操作三个方面因素。轨迹交叉事故模式认为，事故是由于人的不安全行为和物的不安全状态，在一定的空间和时间里相互交叉的结果。事故的发生主要是物的不安全状态（或称故障）和人的不安全行为（失误）两大因素共同作用的结果。实际上，人的不安全行为和物的不安全状态互为因果，有时是设备的不安全状态导致了人的不安全行为，人的不安全行为又会促进设备不安全状态的发展，事故的发生往往不是简单的人与物两个系列轨迹交叉，而是呈现非常复杂的情况。

在冶金生产中，需要紧紧围绕保证安全生产这个大局，加强对一线生产班组、一线生产作业人员的教育培训，不断提高生产作业人员的安全素质和操作技能。在企业安全生产教育培训中，对一线生产班组、一线生产作业人员的教育培训，主要还是以企业自主培训为主，这就需要充分发挥班组的作用，调动员工主动接受教育的积极性，只有在班组和员工有积极性的情况下，安全生产教育培训才能取得比较好的效果。

在本书中，比较详细地介绍了冶金企业生产特点与事故危险、冶金企业安全管理与安全要求、冶金企业员工安全操作要求、冶金企业安全生产标准化建设、冶金企业事故隐患排查与治理、冶金企业常见事故分析与预防措施、冶金企业安全管理与事故防范新做法。这些内容与冶金企业生产班组、广大员工的生产作业紧密相连，是生产一线班组、生产一线作业人员必须具备的知识。

本书内容丰富，层次清楚，叙述深入浅出，非常适合于班组职工和基层管理人员的学习和培训，也适合于安全生产管理人员的日常教育，可以作为培训教材使用。

前　言

安全生产教育培训是企业安全管理的一项重要工作，其目的是提高企业员工的安全意识，增强员工的安全操作技能，提高企业以及班组的安全管理水平，最大限度地减少人身伤害事故。安全生产教育培训真正体现了“以人为本”的安全管理思想，是搞好企业安全管理的有效方法。

2011 年 11 月 16 日，国家安全监管总局在《关于印发安全生产教育培训“十二五”规划的通知》(安监总培训〔2011〕175 号) 中指出：各企业要把安全生产教育培训作为推动安全发展的重要基础性工作摆在突出位置，深入学习宣传《规划》，加强对《规划》实施的组织领导和统筹协调，充分调动各有关方面的积极性，形成推动安全生产教育培训工作的整体合力。

随着我国加快转变经济发展方式和产业结构优化升级，一些行业（领域）机械化、自动化水平不断提升，安全生产不断出现新情况、新问题，迫切需要进一步加大安全生产教育培训的力度，不断提高各类人员安全管理水平和实际操作技能。在《安全生产教育培训“十二五”规划》中，国家安全监管总局要求各企业要以预防和减少各类伤亡事故和职业危害、坚决遏制重特大事故为目的，以贯彻落实安全生产相关法律法规为主线，以提高从业人员特别是农民工安全意识和自我保护能力为重点，加大力度，采取措施，推动安全生产教育培训取得新的进展和成效。在安全生产教育培训工作中，要坚持先培训后上岗，持证上岗，严格对新上岗人员进行强制性岗前安全培训，未经培训或培训不合格的，一律不得上岗作业。

企业安全生产教育培训工作还需要坚持反复抓的原则，这一原则是由安全知识自身具有的与时俱进性与适用的偶然性所决定的。在企业，员工的生产作业方式在不断发生变化，这就使安全知识必然随之更新变化。然而，人们在生产作业过程中所学到的安全知识较少，已掌握的安全知识随时间的推移也会跟不上发展。如果不进行反复的教育培训，不进行相应的技能训练，就会产生知识与操作上的落后，引发事故的发生。所以，在安全生产教育培训上不能有一劳永逸、一蹴而就的思想，必须坚持反复抓，坚持不懈、持之以恒，通过持续不断的教育培训，不断强化员工的安全知识，提高安全操作技能。

《企业员工安全操作与事故防范丛书》涉及煤矿企业、冶金企业、建筑企业、化工企业、机械企业、道路运输企业，这六个行业的特点，是就业人数比较多，生产危险性比较大，而且人员流动性也比较大，特别需要加强安全生产教育培训。

各书对企业生产特点、企业安全管理、员工安全操作要求、安全生产标准化（安全质量标准化）、事故隐患排查治理、常见事故分析与预防措施、企业与班组安全管理新做法等内容，进行了比较详细的介绍。

在企业的生产作业过程中，是否发生事故，能否保证安全，很重要的一个因素是人，人是起决定作用的关键因素。企业的各项安全管理规章制度，各种安全操作规程，都需要由人来贯彻执行，企业的安全生产也需要由人来实现。因此，加强人员的安全生产教育培训，实际上就是保障企业的安全。安全生产教育培训做好了，企业的安全就多了一份保障，企业的发展也将更加顺利，前景也将更加光明灿烂。

《企业员工安全操作与事故防范丛书》编委会

2014 年 10 月

目 录

第一章　冶金企业生产特点与事故危险

在我国国民经济中，冶金行业属于资源能源密集型产业和基础产业，占有重要的地位，是国民经济的重要基础产业之一。截至2006年年底，全国年销售额在500万元以上的冶金企业约有4 300多家，从业人员约260万人。自1996年起，我国钢铁产量连续多年居世界第一位。2010年全球粗钢产量达到14.14亿吨，我国以6.267亿吨位居全球第一位，占全球钢产量的44.3%。我国冶金行业经过长时期的建设，目前已经形成包括由矿山、烧结、焦化、炼铁、炼钢、轧钢以及相应的铁合金、耐火材料、碳素制品和地质勘探、工程设计、建筑施工、科学研究等部门构成的完整工业体系。

第一节　冶金企业的发展与生产特点

冶金企业主要是指炼铁、炼钢、轧钢企业，以炼铁、炼钢、轧钢为主的钢铁联合企业，以及与之配套的烧结、球团、氧气、耐火、碳素、铁合金等企业。在冶金企业生产中，从矿山开采、选矿、烧结、冶炼、轧钢、轧制有色金属到焦化、耐火材料、碳素、铁合金、机械加工和运输等一系列过程中，危害工人安全、健康的因素非常多，需要采取各种措施加以解决。

一、冶金企业的生产特点

1. 我国冶金行业的发展

近几年，我国冶金行业取得了举世瞩目的成就，产量大幅增长，技术经济指标进一步改善，技术改造步伐明显加快，产品结构调整继续推进，社会市场需求旺盛，企业经营状况显著改善，全行业呈现平稳健康发展的良好局面。

在国民经济快速增长的拉动下，冶金生产呈现出快速发展的态势，我国钢产量连续多年保持世界第一。在冶金行业的快速发展中，重点大中型冶金企业正在向大型化、集约化方向发展，全行业的产业集中度正在提高。在冶金行业快速发展的同时，钢材品种结构继续调整，国民经济发展所需要的特殊品种和高附加值品种大幅增长；工艺技术水平和生产效率不断提高，技术经济指标进一步改善。通过技术改造、新建项目，建成投产了一批大型烧结机、大型现代化高炉、铁水预处理、大型转炉、炼钢精炼、棒线材连轧生产线、热轧酸洗线、冷连轧生产线、薄板坯连铸连轧生产线、镀锌生产线、彩涂生产线等大型先进项目，使钢铁行业的技术装备水平又有了新的提高。

2. 冶金企业生产特点

冶金企业生产特点主要体现在两个方面。

一是企业规模庞大，生产工艺流程长，从金属矿石的开采到产品的最终加工，需要经过很多工序，其中一些主体工序的资源、能源消耗量很大。而且，在我国冶金行业发展中，由于传统生产工艺技术发展的局限性，以及多年来基本上延续以粗放生产为特征的经济增长方式，整体工艺技术和装备水平比较落后，人均生产效率较低，并且环境污染的影响也较为严重。同时，由于冶金企业生产工序繁多，工艺流程复杂，人员众多，安全生产管理工作任务繁重，保障职工安全健康的难度较大。

二是冶金企业生产不同的产品，产品种类繁多，工艺、设备复杂多样，设备体积大（如各种冶炼设备，各种运输设备体积都十分庞大）；产品质量高，冶炼生产温度高（如炼铁、炼钢的焰点和沸点高达 1 000～2 000℃，甚至更高）；粉尘烟危害大，有毒有害物质多，劳动条件艰苦，安全卫生问题突出，伤亡事故和职业病多。

二、冶金企业生产过程与工艺流程特点

1. 冶金生产工艺流程的两种类型

我国钢铁企业按其生产产品和生产工艺流程可分为两大类型，即钢铁联合企业和特殊钢企业。钢铁联合企业的生产流程主要包括烧结（球团）、焦化、炼铁、炼钢、轧钢等生产工序，即长流程生产；特殊钢企业的生产流程主要包括炼钢、轧钢等生产工序，即短流程生产。钢铁联合企业中炼钢生产采用转炉炼钢或电炉炼钢，转炉炼钢以铁水为主要原料，电炉炼钢以废钢为主要原料。特殊钢企业中炼钢生产采用电炉炼钢，以废钢为原料。

钢铁企业中有烧结、焦化、炼铁、转炉炼钢、电炉炼钢、轧钢等主要工序。

2. 烧结生产过程和技术

烧结（球团）矿是炼铁的主要原料。烧结生产工艺流程：含铁原料（铁精矿、富矿粉等）与辅助料熔剂（石灰石、白云石、生石灰）、燃料（煤粉、碎焦）经配料、混合后，由皮带机送往烧结机。烧结采用铺底料工艺，先将底料（粒度 10～20 mm 烧结矿）均匀地布在烧结机台车上，再将混合料通过布料装置均匀地布在底料上。烧结机布料采用厚料层（可厚达 620 mm）。机上的混合料经点火后，在烧结抽风机负压作用下进行抽风烧结。烧成的烧结矿经过冷却、破碎、筛分，合格的成品烧结矿送炼铁厂作为原料，筛下的烧结矿返回烧结机作为烧结原料使用。

球团生产工艺流程：球团生产原料为铁精矿粉，燃料为焦粉，辅料为膨润土和石灰。原料、辅料、燃料经配料、混合后，由皮带机送造球室加水造球。用生球焙烧成球团矿，

目前多采用竖炉法，其工艺流程为，先将原料、辅料和燃料送入混合机加水混合，再送圆盘造球机造球。生球经输送机由竖炉炉顶加入炉内进行焙烧。生成的熟料经过振动筛分，得到合格的球团矿（它可与碱性烧结矿配合在一起，供炼铁高炉使用，以改善高炉炉料结构）。竖炉结构简单，但生产能力小，能耗较高。现在有的企业采用链篦机—回转窑法生产球团矿，它的生产能力大，能耗低，产品质量好。

3. 焦化生产过程和技术

焦化厂主要包括炼焦和煤气净化系统。较大的焦化厂还有化学产品加工系统。炼焦的生产工艺：原料煤（炼焦煤）经卸煤装置进入储煤场，由皮带机经煤转运站运至配煤槽配煤，然后对其进行粉碎。粉碎后，合格煤料送入煤塔储存，供焦炉使用。煤塔中的煤料经装煤车装入焦炉炭化室中，进行高温干馏生成焦炭及荒煤气。炽热焦炭由推焦机从炭化室推出，经拦焦车送至熄焦车，然后送到熄焦塔喷水熄焦或送到干熄焦系统熄焦。干熄焦系统的生产过程：焦炉内焦炭由推焦机推出，经拦焦车送至焦罐车，运至干熄炉处，由提升机将焦罐送至干熄炉顶装焦处，然后经装入装置将焦炭送入干熄炉熄焦。在干熄炉中，焦炭由氮气换热冷却，熄焦后焦炭经排焦装置排出。被干熄炉焦炭加热后的氮气经初步除尘后送至废热锅炉回收余热，对其进一步除尘净化后返回干熄炉循环使用。熄焦后的焦炭送至筛储焦炉，经筛分后成为合格的冶金焦。焦炉产生的荒煤气经焦炉上升管、集气管送往煤气净化系统。

煤气净化系统的生产工艺：炼焦荒煤气经焦炉上升管进入集气总管，经气液分离器分离部分焦油和冷却氨水后，按顺序通过下列各装置，初冷器、电捕焦油器、鼓风机、脱硫装置、脱氨装置、终冷塔、脱苯装置，得到净煤气。该净煤气被送往联合企业的燃气系统——焦炉煤气储气柜，以供各生产用户使用。因脱硫工艺的不同，煤气净化流程可略有不同。

4. 炼铁生产过程和技术

炼铁生产工艺流程：炼铁的主要原料为烧结矿和球团矿（有的也掺入少量块矿），以石灰石作为熔剂，焦炭作为燃料（也是还原剂）。这些原料、辅料和燃料经配料、称量后，由皮带机或斜桥料车上料，经高炉炉顶送入高炉炉内进行冶炼。冶炼过程中经热风炉向高炉炉缸鼓入热风助焦炭燃烧，同时向炉内吹氧和喷吹煤粉。焦炭燃烧后生成煤气，炽热的煤气在上升过程中把热量传递给炉料。原料、辅料随着冶炼过程的进行而下降。在炉料下降和煤气上升过程中，先后发生传热、还原、熔化、渗碳等过程使铁矿还原生成铁水；同时烧结矿等原料中的杂质与加入炉内的熔剂（石灰石）相结合而生成炉渣。高炉炼铁是连续生产，生成的铁水和炉渣不断地积存在炉缸底部，到一定时间后打开高炉出铁口，出铁、出渣。从出铁口出来的铁水通过高炉出铁场的铁沟、撇渣器、摆动流嘴等流入铁水罐车的铁水罐内，热装送往炼钢厂炼钢。当铁水用于炼钢有富余时，则将部分铁水送铸铁机浇注冷却成铸铁块。高炉渣由出铁场的渣沟流出，采用炉前水冲渣法处理，将生成的高炉水渣外售。高炉冶炼时产生的高炉煤气为炼铁厂的副产品，经除尘净化（干法或湿法）后供联合企业内用户作为燃料使用。

5. 炼钢（连铸）生产过程和技术

炼钢生产方法有转炉炼钢和电炉炼钢，过去使用的平炉炼钢现已淘汰。转炉炼钢的生产工艺流程：以高炉铁水为主要原料，它由炼铁厂用铁水罐车热装送到炼钢厂，将它先兑入混铁炉混匀保温，而后兑入转炉炼钢。如冶炼优质钢种，由炼铁厂来的铁水先送至铁水脱硫站进行炉前脱硫。脱硫采用脱硫剂喷吹。

转炉炼钢以铁水及少量废钢等为原料，以石灰（活性石灰）、萤石等为熔剂。在铁水和废钢加入炉内后摇直炉体进行吹炼。根据冶炼时向炉内喷吹氧气、惰性气体的部位，生产操作可分为顶吹、底吹和顶底复合吹转炉。顶吹是炉顶吹氧，底吹是炉底吹氧，顶底复合吹是炉顶吹氧，炉底吹惰性气体（如 Ar、N_2等）。熔剂等辅料由炉顶料仓加入炉内。转炉吹炼时由于氧气和铁水中碳发生化学反应，产生大量含 CO 的炉气（转炉煤气），同时铁水中杂质与熔剂相结合生成钢渣。当吹炼结束时，倾倒炉体排渣出钢。出钢过程中，向钢包中加入少量铁合金料使钢水脱氧和合金化。

为冶炼优质钢种，将转炉钢水再送至精炼装置（如 LF 钢包精炼炉、VD 真空处理炉等）进行精炼，对钢水进行升温、化学成分调节、真空脱气和去除杂质。

电炉炼钢以废钢为原料，辅助料有铁合金、石灰、萤石等。炼钢电炉有交流电炉和直流电炉两种，传统的都是三相交流电炉，现在开始有采用直流电炉的。交流电炉按其功率大小分为普通电炉、高功率电炉和超高功率电炉。电炉生产工艺流程：先移开电炉炉盖，将检选合格的废钢料由料罐倒入炉内，把炉盖复位。有的炼钢厂将废钢先进行预热，其方式是利用电炉烟气在炉外预热，或直接在电炉上方设预热罐利用电炉烟气预热。同时将辅助料由高位料仓通过下料系统经电炉炉盖上的加料孔分期分批加入炉内。电炉通电开始冶炼，整个冶炼阶段按其先后分为熔化期、氧化期和还原期。熔化期吹氧使废钢表面的油脂类物质燃烧，金属进行熔化。氧化期由于大量吹氧，使炉内熔融态金属激烈氧化脱碳，产生大量赤褐色烟气。还原期去除钢液中的氧和硫等杂质，调整钢水成分。在氧化期和还原期分别产生氧化渣和还原渣，分期排渣。冶炼结束后出钢。钢水如需精炼，则送至精炼装置进行精炼，情况与转炉钢水精炼相似。

连铸生产就是钢水连续铸坯，它是钢水浇铸工艺的革命，简化了加工钢材的程序，可以省掉过去采用钢锭模将钢水铸锭和初轧开坯等工序，实现钢坯热送热轧，减少金属损耗，节约大量能源。连铸的生产工艺流程：合格钢水送连铸钢包回转台，通过钢包滑动水口和钢包长水口进入中间罐，到达一定高度后开浇，经过浸入式水口进入结晶器。由于结晶器不断振动，并在冷却水的间接冷却下，使钢水形成坯壳。具有很薄坯壳的金属坯由引锭杆不断拉出，经结晶器、弯曲段、扇形段，再通过二冷段用水直接喷淋冷却，最后进入矫直段，矫直后的铸坯经切割成所需定尺，再去毛刺及喷号后即得到产品连铸坯，送轧钢厂使用。

6. 轧钢生产过程和技术

轧钢是钢铁生产的最后一道工序，轧钢产品种类繁多，一般可分为线材、型材、板/带材、管材等几大类。轧钢按轧制温度的不同分为热轧和冷轧。热轧生产以钢坯（钢锭）为原料，经加热炉（或均热炉）加热后，通过不同类型热轧机在高温下进行轧制。冷轧生产以热轧产品（主要是热轧板、热轧卷）为原料，经酸洗去除其表面的氧化铁皮后通过冷轧机在常温下进行轧制。为消除冷加工硬化现象，冷轧后的钢卷一般在罩式炉内进行再结晶退火，用平整机保持平整并提高其表面光洁度。部分冷轧产品将在表面镀（涂）以金属镀层或非金属涂层，生产镀（涂）层带钢（钢板）。

采用轧制加工的钢种，可有普通钢、合金钢、硅钢和不锈钢。

热轧生产的基本工艺流程：钢坯先送加热炉加热，达到轧制所需的温度（一般为1 150～1 250℃）。出炉后炽热的钢坯通过高压水除鳞，去除加热过程中生成的氧化铁皮。除鳞后的热钢坯进入不同轧机（按轧制产品分类，有钢板、型钢、线材、钢管等轧机；按轧制程序分类，有粗轧机、精轧机）进行往复轧制或连续轧制。轧钢时温度相当高，需向轧辊、轧辊轴承等设备及轧件喷淋冷却水，产生大量含氧化铁皮和油的热轧废水。热轧生产一般要求“一火成材”（从钢坯到轧成产品只进行一次加热），以降低工序能耗。轧机轧出的钢材还要进行定尺剪（锯）切、自然冷却和矫直等精整工序。连轧机出来的钢板温度较高，需进行层流冷却（在输出辊道上冷却，冷却水采用顶喷和底喷方式）。

冷轧生产的基本工艺流程：作为冷轧原料的热轧板卷经开卷机开卷后，送往盐酸连续酸洗机组进行酸洗以清除铁锈。钢板酸洗后需经清水漂洗，以除去钢板表面上残留的酸液，有的还要进行碱洗。在酸洗生产线产生盐酸酸洗废液和酸、碱废水。酸洗后的钢板送冷轧机组进行连续轧制。钢板在冷轧后要进行必要的热处理（如退火处理）。板卷热处理一般采用罩式退火炉，并在其内罩通入保护气体（H_2、N_2等）。冷轧过程中需要用乳化液或棕榈油做润滑、冷却剂（润滑轧辊及轧件等），因此产生废乳液和含乳化液及油的冷轧废水。冷轧生产的板、卷还要进行平整机平整、检查涂油、卷取、打捆等工序，而后作为成品入库。

部分冷轧产品（带钢）要进行表面镀（涂）层处理，如生产镀锌带钢等，则相应配置热镀（电镀）锌生产机组等。这些机组的生产废水（即带钢表面处理废水）成分较复杂。冷轧带钢镀（涂）层处理时先要对冷轧带钢进行化学清洗，产生碱性含油废水、酸性废水。热镀锌带钢生产，为防止表面产生锌锈，保持锌层光泽，需要往带钢表面喷以铬酸，进行钝化处理，从而产生含铬废水。电镀锌带钢生产，其机组由化学预处理、电镀及后处理三个工艺部分组成。化学预处理段排放碱性含油和乳化液废水，电镀工艺段可能产生酸（碱）性电镀废液，后处理段排放含铬或含磷酸盐的废液及其清洗水。

第二节 冶金企业生产主要危险与事故类别

从近年来冶金企业的发展过程中可以看到冶金企业几个重要的趋势性特征：一是产业集中度提高，横向的兼并重组正成为行业发展方向；二是整合产业链上下游资源，纵向一体化逐渐深入；三是生产能力迅速扩张，产能矛盾日益突出，买方市场逐渐形成；四是外资进入中国，中国企业拓展海外市场，行业国际化程度不断提高；五是工艺装备水平和管理水平不断提升，企业由粗放型经营向集约化经营转变。目前冶金行业已经基本上告别了卖方市场，如何强化企业内部管理、改善企业的各项经营性能，从而在激烈的市场竞争中占据主动，成为冶金企业亟待解决的核心问题。

一、冶金企业的运行特点与主要危险

1. 冶金企业的运行特点

冶金企业一般规模较大，很多是集团性企业，组织架构复杂，员工数量多，运营过程中的物流、资金流和数据流巨大。近年来，我国冶金行业保持着高速发展，冶金企业的生产经营规模急剧扩张，企业间的兼并重组成为潮流，行业集中度不断提升，公司的管理幅度迅速加大，冶金企业出现了集团化的发展趋势，资源整合成为冶金企业生产经营的重要课题。企业的竞争也从传统的产品、技术、成本的竞争向资本、资源、服务的竞争转化，行业竞争日趋激烈。

冶金企业运行的主要特点如下。

（1）基本属于流程型行业，工艺环节多、连续性强，生产包含复杂的物理和化学过程，存在各种突变和不确定因素，原燃料成分和生产技术条件经常波动。为确保生产稳定顺行，需要根据物料、能量、质量要求拟订最优的生产作业计划并进行动态的调度。

（2）严格的冶金产品质量规范，需要根据销售合同确定生产工艺和技术要求，产品要进行全过程的质量跟踪和严格的质量追溯，并为客户开具质量保证书。

（3）大宗原燃料在物流中占很大比重，物流过程中广泛使用各种大型计量器具，进行专门的计量检斤工作，并根据“优质优价”原则综合数量和质量情况确定最终价格。

（4）产品品种多，工艺过程长，同时存在大量的副产品和联产品，成本构成复杂，成本核算难度大。

（5）设备种类多、单位价值高，需要进行定期的设备大中修和经常性的设备保养以及点检定修，设备管理对于确保生产稳定顺行和安全生产具有重要意义。

我国的冶金工业水平虽然在不断提高，但是还需要进一步提高冶金工业科技水平。冶金行业安全问题同样要引起高度重视，解决安全问题要采用综合性措施，常抓不懈。

2. 炼铁生产过程中存在的主要危险

炼铁生产工艺设备复杂、作业种类多、作业环境差、劳动强度大。炼铁生产过程中存在的主要危险源有烟尘、噪声、高温辐射、铁水和熔渣喷溅与爆炸、高炉煤气中毒、高炉煤气燃烧爆炸、煤粉爆炸、机具及车辆伤害、高处作业危险等。根据历年事故数据统计，炼铁生产中的主要事故类别按事故发生的次数排序分别为灼烫、机具伤害、车辆伤害、物体打击、煤气中毒和各类爆炸等事故。此外，触电、高处坠落事故以及尘肺病、矽肺病和慢性一氧化碳中毒等职业病也经常发生。导致事故发生的主要原因为人为因素、管理原因和物质原因三个方面。人为原因中主要是违章作业，其次是误操作和身体疲劳。管理原因中最主要的是不懂或不熟悉操作技术，劳动组织不合理；其次是现场缺乏检查指导，安全规程不健全，以及技术和设计上的缺陷。物质原因中主要是设施（备）工具缺陷，个体防护用品缺乏或有缺陷；其次是防护保险装置有缺陷和作业环境条件差。

3. 炼钢生产过程中存在的主要危险

炼钢生产中高温作业线长，设备和作业种类多，起重作业和运输作业频繁，主要危险源有高温辐射、钢水和熔渣喷溅与爆炸、氧枪回火燃烧爆炸、煤气中毒、车辆伤害、起重伤害、机具伤害、高处坠落伤害等。炼钢生产的主要事故类别有氧气回火、钢水和熔渣喷溅等引起的灼烫和爆炸，起重伤害，车辆伤害，机具伤害，物体打击，高处坠落，以及触电和煤气中毒事故。统计表明，炼钢生产安全事故的主要原因是人为的违章作业和误操作，作业环境条件不良，设备有缺陷，作业现场缺乏督促检查和指导，安全规程不健全或执行不严格，对操作技术不熟悉，个体防护措施有缺陷或防护用品缺乏等。

4. 轧钢生产过程中存在的主要危险

轧钢生产主要由加热、轧制和精整三个主要工序组成，生产过程中工艺、设备复杂，作业频繁，作业环境温度高，噪声和烟雾大。主要危险源有高温加热设备，高温物流，高速运转的机械设备，煤气、氧气等易燃、易爆和有毒有害气体，有毒有害化学制剂，电气和液压设施，能源、起重运输设备，以及作业、高温、噪声和烟雾影响等。根据冶金行业综合统计，轧钢生产过程中的安全事故在整个冶金行业中较为严重，高于全行业的平均水平，事故的主要类别为机械伤害、物体打击、起重伤害、灼烫、高处坠落、触电和爆炸等。事故的主要原因依次为违章操作和误操作，技术设备缺陷和防护装置缺陷，对安全技术和操作技术不熟悉，作业环境条件缺陷，以及安全规章制度执行不严格等。

5. 冶金生产过程中存在的其他危险

（1）煤气生产过程中存在的主要危险及事故类别和原因。冶金生产中大量产生和使用煤气的有高炉煤气、焦炉煤气、转炉煤气、发生炉煤气和铁合金煤气。各种煤气的组成成分及所占百分比各不相同，主要成分为一氧化碳、氢气、甲烷、氮气、二氧化碳等。煤气是冶金生产中主要的危险源之一，其主要危害是腐蚀、毒害、燃烧和爆炸。煤气事故的主要类别有急性中毒和窒息事故，燃烧引起的火灾和灼烫事故，爆炸形成的爆炸伤害和破坏事故。冶金生产过程中导致煤气事故发生的主要原因是违章操作或误操作，设备（施）及防护装置的自身缺陷，安全技术知识缺乏，现场缺乏检查指导和监护措施，监护装置与个体防护用品缺乏或有缺陷，以及事故预防及救护措施不完善等。

（2）氧气生产过程中存在的主要危险源及事故类别和原因。冶金生产过程中大量使用氧气。氧气易助燃，几乎与一切可燃物都可进行燃烧，与其他可燃气体按一定的比例混合后极易发生爆炸，其主要危险是易燃烧和易爆炸。氧气燃烧时通常温度很高，火势很猛，灾害严重，氧气燃烧导致的灼烫和烧伤事故往往烧伤面积大、深度深，难以治愈。氧气爆炸时通常强度很大、很猛烈，冲击性、破坏性和毁灭性极强。冶金生产过程中导致氧气事故发生的原因主要是氧气燃烧或助燃造成的火灾、烧伤事故和氧气爆炸形成的爆炸事故，其伤害和破坏程度都很严重。分析统计表明，冶金生产中引发氧气事故的主要原因是人为的违章操作和误操作，设备设施装置的缺陷，以及缺乏安全技术知识和操作不熟练等。

二、冶金企业事故类别与特点分析

1. 冶金企业的事故原因

按照事故能量转移理论的观点，事故的直接原因是人或物接收了一定量的不能够接收的能量或危害性物质。从物理学的观点来看，可以把生产过程看作是一个能量转换和做功的过程，或者说是一个能量流动的过程。当能量在流动过程中出现了违反人们意志的异常能量逸散时，就可能产生事故。如果逸散的能量对物作功就产生设备事故，对人做功，则发生人身伤亡事故。因此在一般生产过程中，事故是由于能量逸散所造成的。

能量有各种形式，如机械能（包括动能和势能）、光能、热能、化学能、原子能等。因能量逸散所造成的事故，次数最多的是机械能，电能的逸散也颇为常见。热能、化学能和原子能的逸散次数虽然较少，但往往会造成重大事故。

冶金生产过程既有冶金工艺所决定的高热能、高势能的危害，又有化工生产具有的有毒有害、易燃易爆和高温高压的危险。同时，还有机具、车辆和高处坠落等伤害，特别是冶金生产中易发生的钢水或铁水喷溅爆炸、煤气中毒或燃烧、煤气爆炸等事故，其危害程度极为严重。此外，冶金生产的主体工艺和设备对辅助系统的依赖程度很高，如突然停电等可能造成铁水、钢水在炉内凝固，煤气网管压力突然骤降等而引发重大事故。因此，冶金工厂的危险源具有危险因素复杂、相互影响大、波及范围广、伤害严重等特点。

2. 冶金企业主要事故类别

近年来，在冶金企业生产中，以爆炸、灼烫伤、火灾、交通运输车辆伤害、机械与起重伤害、中毒等方面的事故为最多，而且多是死亡事故。安全工作应以预防这方面事故的发生为重点。

冶金企业生产过程具有设备、工艺复杂，设备设施、工序工种量多面广，交叉作业，频繁作业，危险因素多等特点。主要危险源有高温，噪声，烟尘危害，有毒有害、易燃易爆气体和其他物质中毒、燃烧及爆炸危险，各种炉窑的运行和操作危险，高能高压设备的运行和操作危险，高处作业危险，复杂环境作业危险等。

冶金生产过程中的主要事故类型为煤气中毒、火灾和爆炸，高温液体喷溅、溢出和泄漏，电缆火灾，煤粉爆炸等。除此之外，还有机械伤害，车辆伤害，起重伤害，高温及化学品导致的灼烫伤害，有毒有害气体和化学品引起的中毒和窒息，可燃气体导致的火灾和爆炸，高处坠落事故等。

3. 冶金企业事故发生的明显特点

冶金行业与其他行业相比较，由于企业规模大、人员众多，因而管理幅度和管理难度都较大，易发生人员伤亡重大安全事故，从而与其他行业有一些明显不同的特点。

（1）伤亡事故发生的生产工序分析。冶金生产企业伤亡事故发生较多的生产工序（以2002年为例）依次为：其他辅助生产约占伤亡事故总数的27.5%，轧钢约占伤亡事故总数的21%，其他部门约占伤亡事故总数的14.2%，炼钢约占伤亡事故总数的10.8%，矿山约占伤亡事故总数的8%，炼铁约占伤亡事故总数的7%。发生事故较少的生产工序依次为：供热、氧气、燃气、铁合金、供电，五者约占伤亡事故总数的2%。

（2）伤亡事故发生的类别分析。冶金生产企业发生事故较多的类别（以2002年为例）依次是机械伤害和其他伤害，约各占事故总数的18%；物体打击约占事故总数的16%；高处坠落约占事故总数的14%；起重伤害约占事故总数的11%；灼烫约占事故总数的10%；提升、车辆伤害约占事故总数的6%；触电约占事故总数的2%；中毒和窒息约占事故总数的2%；淹溺、火灾、坍塌、放炮、爆炸约占事故总数的3%。

（3）伤亡事故发生的直接原因分析。冶金生产企业发生死亡和重伤事故的原因主要是违反操作规程或违反劳动纪律，这些原因造成的伤亡人数约占死亡人数和重伤人数的60%。其次是对现场工作缺乏检查或指挥错误，这些原因造成的伤亡人数约占死亡人数和重伤人数的20%。除此之外，还有设备、设施、工具、附件有缺陷；生产场地环境不良；安全设施缺少或有缺陷；劳动组织不合理；教育培训不够、缺乏安全操作知识；技术和设计上有缺陷；个人防护用品缺少或有缺陷；没有安全操作规程或规程有缺陷等因素。

（4）伤亡事故发生的时间分析。冶金生产企业死亡事故发生较多的月份在1月和6月，发生死亡事故较少的月份在10月、2月、11月。其他事故发生较多的月份在4月、5月、8月和12月。

4. 冶金企业事故设备设施方面的因素

冶金生产企业事故发生的原因，其中有设备设施方面的因素。

（1）生产工艺的复杂性决定了危险因素的复杂性。冶金生产过程中既有生产工艺所决定的高热能、高势能危害，又有化工生产所具有的有毒、易燃、易爆问题和深度制冷及高温、高压问题，还有一般矿山作业、机械加工、建筑、运输生产中容易发生的机械伤害、起重伤害、中毒窒息、火灾爆炸等危险。

（2）生产设备设施的复杂性决定了生产的危险性。冶金生产过程中既有矿山作业必需的各类爆炸、掘进、运输、提升、破碎、通风、选矿等设备，也有机械加工必需的各类机床和通用起重设施，基建作业必需的搅拌、碾压、浇灌设备和塔吊、升降机，焦化生产和制氧、制氢所必需的各类反应（分馏）塔、反应器、加热炉和储罐、储槽，还有钢铁生产特有的高炉、转炉、电炉、各类轧制设备、专用起重设备等。各种设备在生产、检修过程中，都存在着不同程度的危险性。

（3）生产设备的自动化、机械化、半机械化、手工作业并存与差异造成了生产的危险性。冶金生产工程项目的建设，因不同历史时期的设计、施工在技术水平上存在差异，同时也受到业主当时的经济状况及客观环境的影响，因而生产设备设施在本质安全化方面存在很大的差别。一般来说，20 世纪八九十年代建成投产的企业所使用的基本上是高度自动化、本质安全化水平也较高的设备；而早期建成投产的大型冶金企业的生产设备则以机械化和半机械化为主；特别是一些较早建成的地方中型骨干企业，其设备基本上是机械化、半机械化、手工操作并存。

（4）生产过程对辅助系统的依赖程度高所造成的生产危险性。钢铁生产是一个连续性生产过程，不论从生产角度还是从安全角度考虑，其主体生产设备对辅助系统的依赖程度都很高。如突然停电，特别是较长时间停电，铁水、钢水可能在炉内凝固；又如供蒸汽、供氮气系统压力过低，都可能使煤气设备在生产及检修过程中发生事故；而消防系统如果存在严重缺陷，可能因火灾预防不力或扑救失败而造成重大人员伤亡和财产损失。

5. 冶金企业事故安全管理方面的因素

近年来，冶金企业，尤其是大型冶金生产企业，在现代化安全管理、安全生产规章制度的制定与实施、安全生产责任制落实、安全教育培训、伤亡事故管理、“三同时”管理等方面开展了大量的工作，并取得了可喜的成绩，但由于市场经济及机构改革大潮的冲击，安全管理工作还存在着许多问题，主要表现为以下几点。

（1）设备、设施安全装备水平下降，隐患较多。据统计，冶金生产企业共有约 1 亿 m^2 的工业建筑，大部分于 20 世纪 70 年代投入使用，到 2000 年已有相当大一部分面临退役；近万台起重设备中，50%也是 70 年代投入使用的仿苏产品，目前也面临淘汰更换；其他设备、管道情况基本类似。更有甚者，许多地方中型骨干企业的辅助系统仍远未达到与主体生产系统相适应的程度，还存在严重的设备、设施超负荷或故障运行的状况。

（2）对生产过程中存在的危险因素尚未进行认真、系统的发掘。冶金生产过程中存在各种危险因素，而这些危险因素至今尚未真正被人们所了解和认识，这对系统改造和系统控制都是极不利的。应借助于一定的理论、技术指导，对这些危险因素进行全面发掘，才可能使从事安全管理、生产管理、设备管理、技术管理的人员更加深入、系统地掌握有关的危险状况，使其从事的工作针对性更强，管理效果更好。

（3）安全管理工作总体上还未跳出传统管理的框框。传统安全管理最大的特点是以事故管理为中心。这是一种以安全规章制度建立、安全教育、安全检查、安全评比为主要工作内容的被动管理模式。过去几十年里，该模式虽然对保障企业生产顺利进行和保护职工安全健康发挥了重要作用，然而随着时间的推移，其作用逐渐发挥到了极限，效果越来越难以令人满意。因此，需要与时俱进，结合新形势、新情况，探索安全生产管理新的思路、新的方法。

（4）安全管理机构的设置和人员配置上还存在问题。近几年来，在企业转变经营管理机制的改革中，部分企业安全管理部门被并入生产部门，有的安全管理职能被分解到几个不同的管理部门，使具体的安全管理工作出现了无人抓或难于抓好的局面。安全人员的配备过分强调安全管理经验，忽视了年龄结构和知识结构上的要求，从而使安全管理人员较难适应安全管理知识、技术更新和发展的要求。

6. 冶金企业事故人员操作方面的因素

轨迹交叉事故模式认为，事故是由于人的不安全行为和物的不安全状态，在一定的空间和时间里相互交叉的结果。该模式揭示，事故的发生由三方面因素造成：人的不安全行为，物的不安全状态，管理因素，即空间和时间的调度。环境条件和物的状况不良以及管理上的缺陷可能形成生产中的事故隐患，由于人为原因的触发，就可能形成事故。简而言之，事故的发生主要是物的不安全状态（或称故障）和人的不安全行为（失误）两大因素共同作用的结果。

实际上，人的不安全行为和物的不安全状态互为因果。有时是设备的不安全状态导致了人的不安全行为，人的不安全行为又会促进设备不安全状态的发展，事故的发生往往不是简单的人与物两个系列轨迹交叉，而是呈现非常复杂的情况。例如下列情况往往会引发事故的发生：

（1）光线不足或工作地点及通道情况不良。

（2）设施、设备、工具、附件有缺陷。

（3）防护、保险、信号装置缺乏或有缺陷。

（4）个人防护用品缺乏或有缺陷。

（5）违反操作规程或劳动纪律。

（6）技术上和设计上有缺陷。

（7）教育培训不够，不懂操作技术和知识。

（8）劳动组织不合理。

（9）没有安全操作规程或制度不健全。

（10）对现场工作缺乏检查或指导有错误等。

7. 冶金企业生产中存在的主要职业危害

冶金工业生产中主要的危害因素是高温、强辐射灼热、粉尘、一氧化碳和噪声等，由此会对员工的身体健康造成危害。

（1）高温和强辐射灼热。在冶金生产中，矿粉的加工烧结、炼焦、炼铁、炼钢、轧钢等每个环节都属高温作业，有的车间夏季气温比室外高15～20℃，因此较易发生人员中暑。灼热的物体辐射出的大量红外线，易引起职业性白内障。

（2）粉尘危害。在矿石生产中，从井下开采、运输、破碎到选矿、混料、烧结等环节都有很高浓度的粉尘，在耐火材料加工、炼焦、炼钢的过程中亦有大量粉尘产生，人长期接触粉尘会患尘肺病。

（3）一氧化碳中毒。在煤气中一氧化碳含30%左右，故在接触煤气的岗位，如不注意防护，就可能发生一氧化碳中毒。

（4）其他伤害。化学工业中的空压机、风机、轧钢机等发出的强噪声，易引起耳聋；由于接触火焰、钢水、钢渣、钢锭的机会较多，最容易发生烧灼伤；接触高温辐射作业的人员中，易发生火激红斑、色素沉着、毛囊炎及皮肤化脓等疾患；由于高温作用，肠道活动出现抑制反应，使消化不良和胃肠道疾患增多，高血压的发生率也比一般工人多。

第三节　冶金企业存在的问题与改进对策

我国冶金企业数量较多，从经济类型区分，主要有国有中央企业、国有地方企业、民营企业和股份制企业等，其中大型企业仍以国有企业占主导地位，但近年来民营企业发展十分迅猛，从数量到规模都有大幅增长。由于企业的性质不一样，经营机制不同，其安全管理体制和管理水平差异较大。目前，冶金行业的安全生产形势总体比较平稳。但是，近年来由于受市场驱动的影响，冶金行业国有企业发展迅速，扩张急剧，非公有制企业大量涌现，且行业管理弱化，安全管理工作不适应快速发展的要求，安全生产事故总量呈上升趋势。因此，冶金企业需要深刻认识所存在的安全管理问题，积极采取相应的对策措施，以保证生产安全。

一、冶金行业存在的主要问题

归纳起来，冶金行业存在的主要问题有以下几个方面。

1. 行业管理弱化，法规标准不健全

政府机构改革后，冶金行业管理弱化，整个行业发展缺乏规划，处于无序竞争状态；涉及冶金行业的安全技术标准规程和重大专业安全技术等共性问题，缺乏协调指导和统筹研究解决；冶金行业在国家层面缺乏具有可操作性的安全法规，已经起草的《冶金企业安全生产监督管理规定》迟迟未出台；各地出台的《安全生产法实施条例》对冶金行业考虑不多，致使执法依据不完备，可操作性差。现有的冶金行业标准、安全技术规程大多是20世纪八九十年代制定的，大部分未及时修订，普遍已经落后或不适应当前实际情况；即使

已经修订颁布的《炼铁安全规程》《炼钢安全规程》《轧钢安全规程》《工业企业煤气安全规程》等，因宣传力度不够，也未得到有力的贯彻实施。

2. 重视程度不够，政府监管不力

冶金企业生产过程客观存在高温、高压、易燃、易爆、有毒、有害等重大危险源，但法律未将其列入高危行业，没有建立强制实施的安全生产许可证、“三同时”审查等行政许可制度，弱化了监管效能，导致有些企业放松安全管理，没有严格按法规标准的要求组织生产，使易发生事故的生产环节得不到有效控制。同时，由于与矿山、危险化学品等高危行业相比，冶金行业事故总量不大，影响较大的重特大事故较少，社会关注程度较低，各级政府及安全监管部门对冶金行业监管的重视程度不够，没有将其摆到重要日程上。因此，各级安全监管部门的监管力量与监管任务相比非常不匹配，监管力量薄弱，严重缺乏懂冶金行业的专业技术人员，难以对冶金行业实施有效监督管理。

3. 企业安全管理机构弱化，作业现场管理混乱

一些冶金企业在改组改制之后，安全管理机构职能削弱，编制缩减，安全管理弱化。特别是一些企业的安全管理机构不能独立设置，权威性不强，不能有效发挥企业内部的监督管理作用；安全管理工作任务重，责任大，部分安全管理人员素质不高，存在不敢管、不会管的问题，其结果是部分企业安全管理基础工作差，安全规章制度不健全、难落实，现场管理混乱，事故隐患多，如特种作业人员无证上岗、违章指挥、违章操作、违反劳动纪律、危险作业没有采取安全管理措施等现象时有发生；定员定岗不清、职责不明，存在串岗、乱岗与交叉作业等现象；煤气作业场所缺乏煤气检测报警装置；起重机等设备的安全防护设施缺失；警示标志和危险源管理标志牌不完备；压力管网不能定期检测检验；超能力、超负荷生产，生产设备得不到应有的维护。

4. 安全教育培训不到位，安全生产意识不强

在一些冶金企业，企业负责人和中层管理人员安全意识不强，安全生产理念落后，存在重生产、轻安全的现象，没有把安全放在重要位置，一些涉及安全生产的重要事项和基础条件，如安全机构设置、人员配备、安全投入等长期得不到有效解决。企业安全教育培训力度不够，培训经费和时间没保障，培训质量不高、效果不佳，甚至存在未经相应的教育培训就上岗或转岗作业的现象，职工缺乏基本的安全操作技能和应急处理能力。特别是近年来新成立的小型企业，从业人员多数是来自企业附近或边远地区的农民工，他们文化素质低、劳动纪律性差、安全意识和安全技能十分薄弱。

5. 安全投入不足，企业本质安全程度低

由于冶金行业没有纳入高危行业管理，其安全投入没有强制性的法规约束，企业普遍存在安全投入不足、安全投入积极性不高的问题。一些老企业设备陈旧，作业场地狭窄，设备和设施故障多、隐患多，而且由于投入不足，难以系统地进行改造和整改。一些中小型企业多为近年来随着行业的快速发展而新建的，投资人急于短期收回成本，安全投入严重不足，主要采用淘汰、落后、危险性大的冶炼工艺和设备，甚至设计费都不愿花，而是抄用其他企业的设计；大量采用人工作业，机械化程度低，劳动条件恶劣，本质安全程度低，作业现场各工艺环节存在大量安全隐患。

6. 安全“三同时”制度执行不严格，生产系统事故隐患多

近几年，部分冶金企业新建、改建、扩建工程项目没有严格执行“三同时”制度，未经正规设计就随意开工建设，安全设施不全或不配套；部分企业仅对大中型建设项目进行“三同时”管理和安全评价工作，而冶金企业的生产设施要承受高温、高负荷，施工质量要求高，对设备安全性要求很高。一些企业为追求高额利润，违规盲目扩大生产规模，违规上项目，抢工期、抢进度，安全设施不能做到与主体工程“三同时”；有的企业购进的设备、零部件、工具、劳动防护用品质量差，致使建设项目达不到安全要求，给生产留下大量潜在的事故隐患。有的小企业吊运铁水罐、钢水罐、中间罐、渣罐等的起重机多为非专用设备，存在严重隐患，容易引发重特大事故，如辽宁铁岭“4.18”钢水包倾覆事故的主要原因，就是使用非冶金专用起重机吊运钢水包造成的。

7. 外包工程多，对外用工安全管理不到位

冶金企业用工形式日趋多样化，各种形式的外用工（包括劳务公司、外来协议保产单位以及外来施工单位的从业人员，简称外用工）占企业从业人员的比例很大，有的企业外用工比例甚至超过50%，而且一些企业为转嫁风险，将苦活、累活和危险的工程都交给外用工。由于外用工技术素质低、流动性大、安全意识不强、安全培训不到位、管理困难，易发生伤亡事故；许多外包工程未制定专门的应急预案，发生事故后无法及时有效处理，往往造成事故损失及伤亡人数扩大。企业在工程建设施工中，对相关方的安全管理关系没有理顺，安全管理责任不明确，存在以包代管、疏于管理的现象，使外用工成为事故高发人群。

8. 缺乏对重大安全技术的研究，影响重大危险源辨识与事故应急管理

目前，冶金企业一般不愿进行行业共性和公益性的安全技术研究，专业从事安全技术研究的科研机构改制为企业后，主要忙于自身的生存与发展，也严重削弱对行业共性和公益性安全技术的研究，严重影响了冶金行业的安全生产工作，如煤气等易燃、易爆压力管网在役检测、建（构）筑物可靠性检测技术等问题长期得不到解决；国家有关重大危险源辨识的标准不适用于冶金行业，导致冶金企业重大危险源辨识不清，管理存在漏洞，监控措施不落实；对冶金企业应急管理方法及事故应急救援技术研究不够深入，使得一些预案可操作性不强，实际演练方法简单，效果不佳。

二、做好冶金行业安全生产管理工作的对策

针对冶金行业存在的主要问题，应采取以下对策措施。

1. 加强法规标准建设，认真做好宣贯工作

冶金行业安全生产规章及标准应随着新技术、新工艺、新设备和新材料的应用以及安全管理体制的变化及时完善修订，与国家现行有关法律法规相衔接，尽快发布实施《冶金企业安全生产监督管理规定》以及冶金、有色行业重大危险源辨识等标准规程，将各类高温炉窑、高温金属液体转运设施等列为重大危险源。加强对现有法规标准的宣贯力度，特别是针对冶金行业主体工艺新修订的炼铁、炼钢、轧钢、煤气等安全规程的宣传贯彻，把标准规程落实到企业的每个环节、每个岗位。成立冶金行业标准化分技术委员会，研究冶金行业安全生产标准体系，指导标准起草工作。

2. 加强队伍建设，提高安全监管能力

各地要把冶金行业安全监管工作摆到重要议事日程上，根据冶金行业安全监管工作的特点，及时调整和充实熟悉相关业务的监管人员，并加强业务知识培训工作，使他们了解冶金行业生产工艺流程，掌握冶金企业安全生产的特点，具有与监管工作相适应的业务知识和能力，满足安全生产监管工作的需要。尤其是基层安监机构和队伍，作为对企业现场监管的基本力量，其工作直接关系到国家有关方针、政策、法律法规、标准规程和总局工作部署的落实程度，其队伍建设更应引起高度重视，真正做到冶金、有色企业安全生产有人监管而且监管到位。

3. 强化日常安全监管，督促隐患整改

各级安全监管部门要根据行业特点，督促企业建立和严格执行隐患排查治理制度，重点加强冶炼、煤气等危险程度高、事故多发的生产工艺环节和部位的监管工作，加强对重要设备设施停产检修、生产与基建技改同时作业、复产检查验收、企业改制等重点时段和环节的监督检查。对存在重大安全隐患的企业要督促其限期整改，及时消除事故隐患，防范重特大事故发生。要将中小型企业作为安全监管的主要对象，增加检查的频率和深度，不断改进监管方式、方法，提高监管效果。

4. 加强安全“三同时”管理，严格把好安全生产准入关

冶金企业要按照国家有关法律法规的要求，全面落实建设项目安全设施“三同时”制度，从源头上提高企业安全生产水平，防止在项目投产前就存在重大事故隐患。各地安全监管部门要全面清理本行政区域内冶金企业建设项目安全设施“三同时”情况，分类建档，区别处理；对已经投入生产但不具备安全生产条件、未履行设计审查、竣工验收手续或验收不合格的项目，要求企业按国家有关规定采取补救措施，限期整改，不整改的企业要停产整顿；对新的建设工程项目，必须严格执行“三同时”制度，未经设计审查同意的，不得施工建设，未通过竣工验收的，不得投入生产和使用；对不符合国家《钢铁产业发展政策》以及国家明令淘汰的、落后的项目、设备和设施，报请地方政府对其实施关闭和报废，切实加强源头管理，把好安全生产准入关。

5. 加强基础管理，健全各项规章制度

冶金企业要按照《安全生产法》等法律法规的要求，设立相对独立的安全管理机构，综合考虑职工人数和生产工艺等因素，配备满足安全管理工作需要的安全管理人员。结合本单位实际情况，建立健全安全教育培训、安全措施计划、安全检查、隐患整改、安全投入、设备设施管理、职业危害防护、危险源监控管理、安全责任追究等各项安全生产规章制度和岗位操作规程，并建立保障措施和目标责任制。要进一步落实以主要负责人为核心的安全生产责任制，建立各级、各部门负责人安全生产责任考核体系，严格考核，奖罚分明，把安全奖惩放在重要位置，激励全员参与安全生产，重视安全生产，建立安全生产长效机制。

6. 强化现场安全管理，排查治理事故隐患

冶金企业要严格执行作业现场管理，根据本单位的生产工艺特点，拟订安全检查工作计划，对安全生产状况进行经常性、季节性、综合性和专项检查。对检查中发现的事故隐患等问题，应当落实整改责任人、整改资金、整改计划、整改验收和整改建档等工作。将日常检查出的隐患整改情况列入考核目标责任制，不整改的，实行责任追究制度，确保隐患及时消除。对安全设备进行经常性维护、保养，并定期检测，保证其正常运转，特别要加强在役时间长、即将报废的对安全生产影响大的重要设备、关键设施的维护检修。在冶炼、煤气等有较大危险因素的生产经营场所和有关设施、设备上，设置明显的安全警示标志，并严格执行定员管理，严禁无关人员靠近。

7. 加强安全教育培训，创建企业安全文化

冶金企业要进一步加强对企业管理人员、作业人员的安全教育培训，通过法律法规、标准规程宣贯和案例警示教育，提高其安全生产法律意识，保证从业人员具备必要的安全生产知识，熟悉有关的安全生产规章制度和安全操作规程，掌握本岗位的安全操作技能，以及在紧急情况下应采取的应对处理措施。未经安全生产教育和培训合格的从业人员，严禁上岗作业，特种作业人员必须持证上岗。采用新工艺、新技术、新材料或使用新设备，必须对从业人员进行专门的安全生产教育培训。学习和借鉴国内外先进企业的成功经验，为我所用，建立适合本企业的安全文化，使依法管理、遵章守纪、安全生产成为一种习惯，成为文明的标志，形成安全生产的良好氛围。

8. 保障安全生产投入，提高本质安全水平

冶金企业必须依据《安全生产法》等有关法规的要求，从制度上保障必要的安全生产投入，积极采用新技术、新工艺、新设备和新材料，提高机械化水平，淘汰落后的生产力；严格按标准、规程和设计要求采购生产设备和劳动防护用品，不得使用非专用设备及伪劣产品；保证隐患整改资金，及时整改事故隐患；按规定配齐各类气体浓度等检测检验仪器仪表，落实重大危险源监控措施，提升企业安全技术水平，使企业具备法规标准规定的安全生产条件。

9. 开展安全生产标准化工作，推进安全管理规范化

冶金企业要提高认识，把安全生产标准化活动作为加强安全生产“双基”工作、落实企业安全生产主体责任的基本途径，实现安全生产科学管理的重要基础，精心组织，把开展安全生产标准化活动与深入贯彻落实国家相关法规和炼铁、炼钢、轧钢、煤气等安全规程有机结合起来，按照标准规定的作业程序、作业动作、安全要点去作业，坚持持续改进，努力提高企业安全生产管理的系统性、科学性，推进企业安全管理的标准化、规范化、科学化，实现安全生产形势的稳定好转。

10. 加强外包工程管理，减少外用工的伤亡

冶金企业必须明确规定企业与外用工双方的安全生产责任和义务，加强施工单位的资质审查，提高施工单位的准入门槛。按照“谁用工、谁负责、谁管理”的原则，发包单位应将外协岗位（工种）的所有外用工管理纳入企业内部安全管理体系，实行统一的安全管理，加强工程施工过程的监督管理；加强对外用工的安全教育培训工作，使外用工熟知岗位危险有害因素，考核合格后，方可上岗；要为施工单位创造良好的工作条件，保证必要的安全投入。施工单位应当服从发包单位的统一管理，不得违法转包和分包；加强自主管理，招收合法劳务市场或有输出劳务资质单位的人员，加强教育培训，提高作业人员的待遇，减少人员的流动。

11. 加强事故应急管理，提高应急处理能力

冶金企业要建立应急管理机构（尤其是冶金企业必须按要求设立煤气防护站），完善应急救援体系，制定煤气等事故及重大危险源的专项预案，明确重点岗位的事故应急措施，加强职工应急培训，定期进行预案演练，提高重大事故的应急救援能力，并将本企业的重大危险源和应急预案报有关地方人民政府和有关部门备案，加强与地方应急体系的衔接。应建立全国行业性事故信息交流平台，互相借鉴，做到举一反三，防止同类事故重复发生。

第二章　冶金企业安全管理与安全要求

在保证安全生产方面，企业是责任主体，企业有责任有义务做好安全生产工作。冶金企业要做好安全生产工作，就要认真贯彻执行国家有关安全生产的法律法规和标准规程，健全完善和落实安全生产责任制；要健全安全管理机构，依法配备专兼职安全管理人员；要强化对从业人员的安全教育和培训；要加强作业现场的安全管理，建立健全岗位安全操作规程；要依法依规自觉保证安全投入，搞好安全技术改造，改善安全条件。总之，冶金企业要增强责任感和使命感，牢固树立以人为本的安全发展理念，认真贯彻“安全第一、预防为主、综合治理”的方针，按照“标本兼治、重在治本”的要求，扎实开展工作，努力实现安全生产。

第一节　冶金企业安全管理相关规定

冶金企业的安全管理具有产业链长、涉及面广、管理幅度大，生产工艺复杂、管理难度大，高温高压、有毒有害及易燃易爆等危险因素多、管理风险大等特点，易发生重大安全事故。近年来，国家安全生产监督管理总局为了进一步加强冶金行业安全生产监督管理，规范冶金企业安全生产行为，督促冶金企业切实落实安全生产主体责任，先后制定了一系列规定，主要有《冶金企业安全生产监督管理规定》《进一步加强冶金行业安全生产工作的指导意见》《关于冶金企业贯彻落实〈国务院关于进一步加强企业安全生产工作的通知〉的实施意见》等。

一、《冶金企业安全生产监督管理规定》相关要点

2009 年 9 月 8 日，国家安全生产监督管理总局公布《冶金企业安全生产监督管理规定》（国家安全生产监督管理总局令第 26 号）（以下简称《规定》），《规定》自 2009 年 11 月 1 日起实施。

制定《规定》的目的是加强冶金企业安全生产监督管理工作，防止和减少生产安全事故和职业危害，保障从业人员的生命安全与健康。《规定》分为五章三十九条，各章内容：第一章是总则，第二章是安全保障，第三章是监督管理，第四章是罚则，第五章是附则。

1. **总则中的有关规定**

在第一章总则中，对相关事项做了规定。

（1）从事炼铁、炼钢、轧钢、铁合金生产作业活动和钢铁企业内与主工艺流程配套的辅助工艺环节的安全生产及其监督管理，适用本规定。

（2）国家安全生产监督管理总局对全国冶金安全生产工作实施监督管理。县级以上地方人民政府安全生产监督管理部门按照属地监管、分级负责的原则，对本行政区域内的冶金安全生产工作实施监督管理。

（3）冶金企业是安全生产的责任主体，其主要负责人是本单位安全生产第一责任人，相关负责人在各自职责内对本单位安全生产工作负责。集团公司对其所属分公司、子公司、控股公司的安全生产工作负管理责任。

2. **有关安全保障的规定**

在第二章安全保障中，对相关事项做了规定。

（1）冶金企业应当遵守有关安全生产法律、法规、规章和国家标准或者行业标准的规定。

焦化、氧气及相关气体制备、煤气生产（不包括回收）等危险化学品生产单位应当按照国家有关规定，取得危险化学品生产企业安全生产许可证。

（2）冶金企业应当建立健全安全生产责任制和安全生产管理制度，完善各工种、岗位的安全技术操作规程。

（3）冶金企业的从业人员超过 300 人的，应当设置安全生产管理机构，配备不少于从业人员 3‰比例的专职安全生产管理人员；从业人员在 300 人以下的，应当配备专职或者兼职安全生产管理人员。

（4）冶金企业应当保证安全生产所必需的资金投入，并用于下列范围：

1）完善、改造和维护安全防护设备设施；

2）安全生产教育培训和配备劳动防护用品；

3）安全评价、重大危险源监控、重大事故隐患评估和整改；

4）职业危害防治，职业危害因素检测、监测和职业健康体检；

5）设备设施安全性能检测检验；

6）应急救援器材、装备的配备及应急救援演练；

7）其他与安全生产直接相关的物品或者活动。

（5）冶金企业主要负责人、安全生产管理人员应当接受安全生产教育和培训，具备与本单位所从事的生产经营活动相适应的安全生产知识和管理能力。特种作业人员必须按照国家有关规定经专门的安全培训考核合格，取得特种作业操作资格证书后，方可上岗作业。

冶金企业应当定期对从业人员进行安全生产教育和培训，保证从业人员具备必要的安全生产知识，了解有关的安全生产法律法规，熟悉规章制度和安全技术操作规程，掌握本岗位的安全操作技能。未经安全生产教育和培训合格的从业人员，不得上岗作业。

冶金企业应当按照有关规定对从事煤气生产、储存、输送、使用、维护检修的人员进行专门的煤气安全基本知识、煤气安全技术、煤气监测方法、煤气中毒紧急救护技术等内容的培训，并经考核合格后，方可安排其上岗作业。

（6）冶金企业的新建、改建、扩建工程项目（以下统称建设项目）的安全设施、职业危害防护设施必须符合有关安全生产法律、法规、规章和国家标准或者行业标准的规定，并与主体工程同时设计、同时施工、同时投入生产和使用（以下统称“三同时”）。

安全设施和职业危害防护设施的投资应当纳入建设项目概算。

建设单位对建设项目的安全设施“三同时”负责。

建设单位应当按照有关规定组织建设项目安全设施的设计审查和竣工验收。

（7）建设项目在可行性研究阶段应当委托具有相应资质的中介机构进行安全预评价。

建设项目进行初步设计时，应当选择具有相应资质的设计单位按照规定编制安全专篇。安全专篇应当包括有关安全预评价报告的内容，符合有关安全生产法律、法规、规章和国家标准或者行业标准的规定。

（8）建设项目安全设施应当由具有相应资质的施工单位施工。施工单位应当按照设计方案进行施工，并对安全设施的施工质量负责。

建设项目安全设施设计做重大变更的，应当经原设计单位同意，并报安全生产监督管理部门备案。

（9）建设项目安全设施竣工后，应当委托具有相应资质的中介机构进行安全验收评价。建设项目安全设施经验收合格后，方可投入生产和使用。

安全预评价报告、安全专篇、安全验收评价报告应当报安全生产监督管理部门备案。

（10）冶金企业应当对本单位存在的各类危险源进行辨识，实行分级管理。对于构成重大危险源的，应当登记建档，进行定期检测、评估和监控，并报安全生产监督管理部门备案。

（11）冶金企业应当按照国家有关规定，加强职业危害的防治与职业健康监护工作，采取有效措施控制职业危害，保证作业场所的职业卫生条件符合法律、行政法规和国家标准或者行业标准的规定。

计量检测用的放射源应当按照有关规定取得放射物品使用许可证。

（12）冶金企业应当建立隐患排查治理制度，开展安全检查；对检查中发现的事故隐患，应当及时整改；暂时不能整改完毕的，应当制订具体整改计划，并采取可靠的安全保障措施。检查及整改情况应当记录在案。

（13）冶金企业应当加强对施工、检修等工程项目和生产经营项目、场所（以下简称工程项目）承包单位的安全管理，不得将工程项目发包给不具备相应资质的单位。工程项目承包协议应当明确规定双方的安全生产责任和义务。安全措施费用应当纳入工程项目承包费用。

冶金企业应当全面负责工程项目的安全生产工作，承包单位应当服从统一管理，并对工程项目的现场安全管理具体负责。

工程项目不得违法转包、分包。

(14) 冶金企业应当从合法的劳务公司录用劳务人员，并与劳务公司签订合同，对劳务人员进行统一的安全生产教育和培训。

(15) 冶金企业应当建立健全事故应急救援体系，制定相应的事故应急预案，配备必要的应急救援装备与器材，定期开展应急宣传、教育、培训、演练，并按照规定对事故应急预案进行评审和备案。

(16) 冶金企业应当建立安全检查与隐患整改记录、安全培训记录、事故记录、从业人员健康监护记录、危险源管理记录、安全资金投入和使用记录、安全管理台账、劳动防护用品发放台账、"三同时"审查和验收资料、有关设计资料及图纸、安全预评价报告、安全专篇、安全验收评价报告等档案管理制度，对有关安全生产的文件、报告、记录等及时归档。

(17) 冶金企业的会议室、活动室、休息室、更衣室等人员密集场所应当设置在安全地点，不得将其设置在高温液态金属吊运影响范围内。

(18) 冶金企业内承受重荷载和受高温辐射、热渣喷溅、酸碱腐蚀等危害的建（构）筑物，应当按照有关规定定期对其进行安全鉴定。

(19) 冶金企业应当在煤气储罐区等可能发生煤气泄漏、聚集的场所，设置固定式煤气检测报警仪，建立预警系统，悬挂醒目的安全警示牌，并加强通风换气。

进入煤气区域作业的人员，应当携带煤气检测报警仪器；在作业前，应当检查作业场所的煤气含量，并采取可靠的安全防护措施；经检查确认煤气含量符合规定后，方可进行作业。

(20) 氧气系统应当采取可靠的安全措施，防止氧气燃爆事故以及氮气、氩气、珠光砂窒息事故的发生。

(21) 冶金企业应当为从业人员配备与工作岗位相适应的符合国家标准或者行业标准的劳动防护用品，并监督、教育从业人员按照使用规则佩戴、使用。

从业人员在作业过程中，应当严格遵守本单位的安全生产规章制度和操作规程，服从管理，正确佩戴和使用劳动防护用品。

(22) 冶金企业对涉及煤气、氧气、氢气等危险化学品生产、输送、使用、储存的设施以及油库、电缆隧道（沟）等重点防火部位，应当按照有关规定采取有效、可靠的防火防爆措施。

(23) 冶金企业应当根据本单位的安全生产实际状况，科学、合理地确定煤气柜容积，按照《工业企业煤气安全规程》(GB 6222) 的规定，合理选择柜址位置，设置安全保护装置，制定煤气柜事故应急预案。

（24）冶金企业应当定期对安全设备设施和安全保护装置进行检查、校验。对超过使用年限和不符合国家产业政策的设备，及时予以报废。对现有设备设施进行更新或者改造的，不得降低其安全技术性能。

（25）冶金企业从事检修作业前，应当制定相应的安全技术措施及应急预案，并组织落实。对危险性较大的检修作业，其安全技术措施和应急预案应当经本单位负责安全生产管理的机构审查同意。在可能发生火灾、爆炸的区域进行动火作业，应当按照有关规定执行动火审批制度。

（26）冶金企业应当积极开展安全生产标准化工作，逐步提高企业的安全生产水平。

冶金企业发生生产安全事故后，应当按照有关规定及时报告安全生产监督管理部门和有关部门，并组织事故应急救援。

3. 有关监督管理的规定

在第三章监督管理中，对相关事项做了规定。

（1）安全生产监督管理部门及其监督检查人员应当加强对冶金企业安全生产的监督检查，对违反安全生产法律、法规、规章、国家标准或者行业标准和本规定的安全生产违法行为，依法实施行政处罚。

（2）安全生产监督管理部门应当建立健全建设项目安全预评价、安全专篇、安全验收评价的备案管理制度，加强建设项目安全设施的“三同时”的监督检查。

（3）安全生产监督管理部门应当加强对监督检查人员的冶金专业知识的培训，提高其行政执法能力。

安全生产监督管理部门应当为进入冶金企业特定作业场所进行监督检查的人员，配备必需的个体防护用品和监测检查仪器。

（4）监督检查人员执行监督检查任务时，必须出示有效的执法证件，并由 2 人以上共同进行；检查及处理情况应当依法记录在案。对于涉及被检查单位的技术秘密和业务秘密，应当为其保密。

（5）安全生产监督管理部门应当加强本行政区域内冶金企业应急预案的备案管理，并将重大冶金事故应急救援纳入地方人民政府整体应急救援体系。

4. 有关违规处罚的规定

在第四章罚则中，对相关事项做了规定。

（1）监督检查人员在对冶金企业进行监督检查时，滥用职权、玩忽职守、徇私舞弊的，依照有关规定对其给予行政处分；构成犯罪的，依法追究其刑事责任。

（2）冶金企业有下列行为之一的，责令限期改正；逾期未改正的，处以 2 万元以下的罚款：

1）安全预评价报告、安全专篇、安全验收评价报告未按照规定备案的；

2）煤气生产、输送、使用、维护检修人员未经培训合格上岗作业的；

3）未从合法的劳务公司录用劳务人员，或者未与劳务公司签订合同，或者未对劳务人员进行统一安全生产教育和培训的。

二、《进一步加强冶金行业安全生产工作的指导意见》相关要点

2005年11月16日，国家安全生产监督管理总局下发《关于印发进一步加强冶金行业安全生产工作的指导意见的通知》（安监总管一字〔2005〕172号）。《指导意见》指出：冶金行业是我国国民经济重要的基础产业之一，历经五十余年的发展，目前全国年销售额在500万元以上的冶金企业约有4 300多家，从业人员约260多万人。自1996年起，我国钢铁产量连续9年居世界第一位，2004年钢产量达到2.72亿吨，约占世界钢产量的27%，较好地满足了国内对钢铁产品的需求，为国民经济的快速发展做出了较大贡献。

近年来，冶金行业整体管理水平不断提高，安全生产形势总体平稳。但是，受行业管理弱化、安全监管工作不到位，企业急速扩张或改制后安全管理工作弱化，大量介入的非公有制企业安全生产管理工作薄弱等因素影响，冶金行业安全生产事故总量呈上升趋势，发生了数起在冶金行业较为少见的重、特大事故，给人民群众生命财产造成严重损失，教训十分深刻。

针对冶金行业安全生产工作中存在的主要问题，依据《安全生产法》和《国务院关于进一步加强安全生产工作的决定》等法律法规，为进一步加强冶金行业安全生产监督管理，规范冶金企业安全生产行为，督促冶金企业切实落实安全生产主体责任，现提出以下指导意见（落实企业主体责任部分）。

各冶金企业要认真贯彻执行《安全生产法》和《国务院关于进一步加强安全生产工作的决定》等有关法律法规和规程、标准的规定，切实履行安全生产主体责任。

（1）健全安全生产管理机构。各冶金企业包括下属各独立法人单位应设立相对独立的安全管理机构，配备满足安全管理工作需要的工作人员。

（2）完善安全生产制度。依据国家有关法律法规的规定，结合本单位实际情况，完善以安全生产责任制为核心的企业内部各项安全生产规章制度和各岗位操作规程。

（3）加强对从业人员进行安全生产教育和培训。保证从业人员具备必要的安全生产知识，熟悉有关安全生产规章制度和安全操作规程，掌握本岗位的安全操作技能。未经安全生产教育和培训合格的从业人员，不得上岗作业。采用新工艺、新技术、新材料或者使用新设备，必须采取有效的安全防护措施，并对从业人员进行专门的安全生产教育和培训。特殊工种人员必须持证上岗。

（4）认真执行“三同时”规定。新建、改建、扩建工程项目的安全设施，必须与主体工程同时设计、同时施工、同时投入生产和使用。安全设施投资应当纳入建设项目概算。

（5）加强对重大危险源的监控。建立重大危险源登记建档，进行定期检测、评估、监

控，并制定应急预案，告知从业人员和相关人员在紧急情况下应当采取的应急措施。并将本单位重大危险源及有关安全措施、应急措施报有关地方人民政府负责安全生产监督管理的部门和有关部门备案。

（6）强化日常检查。安全生产管理人员应当根据本单位的生产工艺特点，对安全生产状况进行经常性检查，对检查中发现的安全问题，应当立即处理；不能处理的，应当及时报告本单位有关负责人。检查及处理情况应当记录备案。对安全设备进行经常性维护、保养，并定期检测，保证其正常运转。维护、保养、检测应当做好记录，并由有关人员签字。在有较大危险因素的生产经营场所和有关设施、设备上，设置明显的安全警示标志。

（7）保障安全生产投入。冶金企业应保障必要的安全生产投入，使企业具备《安全生产法》及有关法律、行政法规和国家标准或者行业标准规定的安全生产条件。

（8）加强相关方（生产协作单位、外来施工单位等）及外来务工人员的安全管理。明确相关方的安全生产责任和义务，做好资质审查和安全培训，加强工程施工安全监管，将外来施工单位和外来务工人员的安全管理落到实处。

（9）积极构建企业安全文化。各冶金企业要学习和借鉴国内外先进企业安全管理的成功经验，为我所用，尽快形成适合本企业的安全管理模式和企业安全文化。

三、《关于冶金企业贯彻落实〈国务院关于进一步加强企业安全生产工作的通知〉的实施意见》相关要点

2010年12月20日，国家安全生产监督管理总局印发《关于冶金企业贯彻落实〈国务院关于进一步加强企业安全生产工作的通知〉的实施意见》（安监总管四〔2010〕208号）。《实施意见》指出：为认真贯彻落实《国务院关于进一步加强企业安全生产工作的通知》（国发〔2010〕23号，以下简称国务院《通知》）精神，切实推动冶金企业落实安全生产主体责任，全面加强冶金企业安全生产工作，结合我国冶金企业安全生产的特点和具体情况，制定本实施意见。

本实施意见中冶金企业（以下简称企业）是指炼铁、炼钢、轧钢企业，以炼铁、炼钢、轧钢为主的钢铁联合企业，以及与之配套的烧结、球团、氧气、耐火、碳素、铁合金等企业。

1. 强化制度建设，切实落实企业安全生产主体责任

（1）建立健全安全生产责任体系。企业要建立主要负责人、分管安全生产负责人和其他负责人在各自职责内的安全生产工作责任体系。安全生产责任体系必须做到责任具体、分工清晰、主体明确、责权统一。

企业主要负责人（法定代表人、董事长、总经理等）是企业安全生产第一责任人，全面负责企业的安全生产工作，落实国家安全生产的方针、政策，严格执行有关安全生产的法律法规和标准，建立健全安全生产责任制；建立健全安全生产管理机构，配备与岗位要

求能力相适应的人员；组织制定安全生产规章制度和操作规程，督促检查执行落实情况；加强全员的安全教育和技能培训；保证各项安全生产投入的有效落实；组织开展隐患排查治理工作，及时消除生产安全事故隐患；完善生产安全事故应急预案，保证应急处置；及时、如实报告生产安全事故；及时解决各种影响企业安全生产的问题。

集团公司对其所属分公司、子公司、控股公司的安全生产工作负领导和管理责任，强化安全生产管理，确保企业安全生产责任制层层落实到位。

(2) 建立健全完善安全生产规章制度、标准和规程。企业要按照有关安全生产法律法规、标准和规范性文件的要求，建立健全安全生产管理制度，完善各工种、岗位的安全技术操作规程。必须建立以下安全管理制度：安全设备设施管理、检修施工管理、危险源管理、特种作业管理、危险品存储使用管理、电力管理、能源动力介质使用管理、隐患排查治理、监督检查管理、工作联系和确认、外用工管理、劳动防护用品管理、安全教育培训、事故应急救援、安全分析预警与事故报告、生产安全事故责任追究、安全生产绩效考核与奖惩等制度，并根据国家有关安全生产法律行政法规、国家标准、行业标准的更新和生产需要，及时对安全生产规章制度、作业标准、岗位技术操作规程等进行修订完善。

(3) 加强安全生产管理机构建设。企业从业人员超过300人（含本数）的，应当设置安全生产管理机构，配备不少于从业人员3‰比例的专职安全生产管理人员；从业人员在300人以下的，应当配备专职或者兼职安全生产管理人员。安全生产管理机构应具备相对独立的职能，安全生产管理人员要具备胜任本企业安全生产工作的能力，取得相关证书，同时享受相当类别管理岗位的待遇。

(4) 实施领导干部和管理人员现场带班制度。企业要针对本企业实际，制定领导干部和管理人员值班和现场带班制度。加强现场安全管理，特别要加强涉及煤气、高温金属液体、交叉作业、受限空间作业等重点环节、部位的安全管理，及时发现和解决问题。值班和现场带班制度要在企业明显场所公告，接受职工监督。

(5) 保证安全生产投入。企业要保证安全生产所必需的资金投入，足额提取安全资金，并保证下列事项所需资金的提取和使用：维护、改造、不断完善安全防护设备设施；安全生产教育培训和配备劳动防护用品；安全评价、重大危险源监控、重大事故隐患评估和整改；职业危害防治，职业危害因素检测、监测和职业健康体检；设备设施安全性能检测检验；应急救援器材、装备的配备及应急救援演练；其他与安全生产直接相关的物品或者活动。

(6) 加强职业健康管理。企业要按照国家有关规定，加强职业危害控制和职业健康监护。企业应保证作业场所的职业卫生条件符合法律法规和标准规定，为从业人员配备与工作岗位相适应的符合国家标准或者行业标准的劳动防护用品，并教育监督从业人员正确佩戴、使用防护用品。

(7) 加强安全文化建设。企业要积极创造良好的安全生产工作氛围，把安全文化建设融入到企业管理工作中。倡导班组自主管理，定期交流经验，充分发挥工会、共青团、妇联等组织的作用，倡导全员关爱生命、遵章守纪、安全生产的理念。

2. 强化工艺、装备安全管理，提高本质安全水平

（1）加强建设项目安全设施“三同时”制度落实。企业新建、改建、扩建工程项目的安全设施必须符合有关安全生产法律法规、规章和国家标准或者行业标准的规定，并与主体工程同时设计、同时施工、同时投入生产和使用。建设过程中要严格落实建设、设计、施工、监理、监管等各方的安全责任。

企业在建设项目可行性研究阶段应当委托具有相应资质的专业服务机构进行安全预评价。建设项目进行初步设计时，应当选择具有相应资质的设计单位按照规定编制安全专篇；建设项目安全设施设计做重大变更的，应当经原设计单位同意，并报安全监管部门备案。建设项目安全设施应当依法由具有相应资质的施工单位施工，竣工后应当委托具有相应资质的专业服务机构进行安全验收评价，验收合格后方可投入生产和使用。预评价报告、安全专篇、验收评价报告、竣工验收报告应当报安全监管部门备案。

（2）开展危险因素辨识。企业要运用直观性危险因素辨识、专业性危险因素辨识、系统性危险因素辨识等方法以及管理人员、专业人员和从业人员三结合的工作方式，有效组织开展危险因素辨识和风险分析工作，发现并识别生产工艺、设备设施以及作业环境中存在的各类危险因素，并对危险因素进行有效控制。

企业在采用新工艺、新技术、新材料和新设备前，必须了解、掌握其安全技术特性，熟悉各种危险因素及可能造成的危害，有针对性地制定安全预防措施，并对操作和维修人员进行专门的安全生产教育和培训。

（3）及时排查治理事故隐患。企业要把事故隐患排查治理作为日常性工作来进行，建立健全事故隐患排查治理、建档和监控等制度，逐级建立并落实从主要负责人到一线作业人员的事故隐患排查治理和监控责任制，做到整改措施、责任、资金、时限和预案“五到位”，对事故隐患整改效果要及时复核确认，确保整改到位。同时要结合事故隐患及治理情况，及时修订和完善相关安全管理规章制度。要建立事故隐患报告和举报奖励制度，鼓励从业人员及时发现和消除事故隐患，并给予适当奖励和表彰。

（4）规范生产行为，淘汰落后技术、工艺和设备。企业要杜绝超生产能力、超负荷、超定员组织生产，坚持不安全不生产；积极采用安全性能可靠适用的技术装备和生产工艺；定期对安全设备设施进行检查、校验。对不符合国家和行业有关安全标准、安全性能低下、职业危害严重、危及安全生产的落后技术、工艺和装备，及时予以淘汰。对现有设备设施进行更新或者改造的，不得降低其安全技术性能。

（5）加强安全防护装置设施管理。企业要建立安全防护装置设施管理登记表和逐级检查台账，健全检查、维护、检修及其评价、管理机制，确保各类安全防护装置设施齐全、完善、有效，切实将作业场所各类危险、有害因素控制在安全范围内，保障作业人员人身安全。

（6）加强危险源监控管理。企业要对本单位存在的各类危险源实行分级管理。对于构成重大危险源的，要登记建档，进行定期检测、评估和监控，制定应急预案，告知从业人员在紧急情况下应当采取的应急措施，并报安全监管部门备案。对其他重要危险源，也要登记建档，并自行安排定期检测、评估和监控，确保危险源始终处于受控状态。

企业要对煤气系统、高温液态金属、电气系统等危险性较大的作业进行重点监控。

1）煤气系统监控管理。企业要明确专门机构负责煤气的安全管理，设立人员配备不少于 8 人的煤气防护站，并配足相应的专业技术人员及相关检测检验设备和防护用品。建立健全煤气安全管理制度，如区域管理、教育培训考核、岗位运行检查、专业检查、检修管理、监护等制度；应当对从事煤气生产、储存、输送、使用、维护、检修的人员，进行专门的煤气安全基本知识、煤气安全技术、煤气检查方法、煤气中毒紧急救护技术等内容的培训，并经考核合格后，方可安排人员上岗作业。要对全员进行煤气安全基本知识、煤气中毒紧急救护技术等内容的培训。

各种主要的煤气设备、阀门、放散管、管道支架等应编号、设立警示标志，各类带煤气作业处、可能泄漏煤气处均须设立明显警示标志；煤气辅助设施保持完好有效；对于设备腐蚀情况、管道壁厚、支架标高等每年重点检查一次，并将检查情况记录备案；煤气危险区域（如地下室、加压站、地沟、热风炉及各种煤气发生设施附近）的一氧化碳浓度必须定期测定。要按照《国家安全监管总局关于印发进一步加强冶金企业煤气安全技术管理有关规定的通知》（安监总管四〔2010〕125 号）的要求，在煤气危险区域，安装固定式一氧化碳监测报警装置；为在煤气区域工作的作业人员配备一氧化碳检测报警仪，并于 2011 年底前完成。

煤气检修要制定检修工作方案、停气和吹扫方案、送气置换方案等方案。方案应包括组织指挥机构、检修内容和涉及范围、检修程序、安全措施和应急处置等内容，并严格办理有关作业的许可证，做好安全确认，进行严格检测并记录，做到统一指挥、令行禁止。

2）高温液态金属的管理。吊运高温液体应采用冶金专用的铸造起重机，并保证安全可靠。设备本体、抱闸、限位器、钢丝绳、吊具要保持完好；铁水罐、钢包、渣锅、电炉料罐、中包、料槽等设备耳轴、砖炉衬及转炉、电炉、AOD 炉炉衬要保证安全可靠。

企业的会议室、活动室、休息室、更衣室等人员密集场所必须设置在安全地点，不得设置在高温液态金属吊运影响范围内；承受重荷载和受高温辐射、热渣喷溅、酸碱腐蚀等危害的建（构）筑物，要按照有关规定定期对其进行安全鉴定。

3）电气系统的监控管理。企业的各种电气设备指示灯、指示牌、带电显示装置、仪表、保护装置要运行正常，设备闭锁装置完好，无重大隐患、缺陷；按周期对电气设备、绝缘用具进行预防性试验和继电保护调试；二次设备自动保护装置、保护掉牌无事故状态下全部复位，各种计量表记指示正常；电力电缆远离皮带、管道等易燃易爆物品和装置设备，防火封堵良好；严格执行电业安全技术规程；供用电协议手续齐全；事故应急预案完备；作业人员持证上岗；作业过程中组织措施和技术措施正确、完善；运行接线图与实际设备相吻合，运行方式合理。

（7）加强安全技术管理和技术研发。企业要明确技术管理机构的安全职能，按规定配备安全技术人员，切实落实企业负责人安全生产技术管理负责制，强化企业主要技术负责人的技术决策和指挥权。要加强安全生产技术研发，积极引进或采用先进适用安全技术、操作规程，加快安全生产关键技术装备的换代升级和采用先进适用的技术装备，提高本质安全水平。

3. 强化作业过程控制，提高企业安全生产管理水平

（1）开展作业前风险分析。企业要根据生产操作、工程建设、检维修、维护保养等作业的特点，全面开展作业前风险分析。要根据风险分析的结果采取相应的预防和控制措施，消除或降低作业风险。作业前风险分析的内容要涵盖作业过程的步骤、作业所使用的工具和设备、作业环境的特点以及作业人员的情况等。未实施作业前风险分析、预防控制措施不明确或不落实的不得开始作业。

（2）严格执行危险作业许可管理。企业要建立危险作业许可制度，对动火作业，受限空间作业、临时用电作业、高处作业、抽堵盲板作业、设备检维修作业等危险性作业实施许可管理。

能源动力介质设备及设施检修作业必须执行工作票制度，能源动力系统停送必须执行操作票制度。

企业要建立关键操作确认机制（如开关锁定、操作界面对话框、重复确认、双人联合操作等）。作业前要明确作业过程中所有相关人员的职责，明确安全作业规程或标准，确保作业过程涉及的人员都经过有关培训并具备相应资质，参与作业的所有人员都应掌握作业的范围、风险和相应的预防控制措施。必要时，作业前要进行预案演练。无关人员禁止进入危险作业场所。

（3）加强作业过程管理与监督。企业要加强对作业人员按照操作规程实施作业的监督，及时纠正和制止违章指挥、违章操作、违反劳动纪律行为。对实施许可的作业，要明确专人进行监督和监护。作业人员必须遵守安全生产规章制度、操作规程和劳动纪律，有权拒绝违章指挥，有权了解本岗位的职业危害；发现直接危及人身安全的紧急情况时，有权停止作业和及时撤离危险场所。

凡进行动火作业，必须按程序办理动火审批，取得作业许可证；必须对作业对象和环境进行危害分析和可燃气体检测分析，经现场检查和确认后，方可作业。

进入全封闭、半封闭设备、地下受限空间和地上受限空间等受限空间作业，必须办理进入受限空间作业许可证。落实作业现场通风、照明、警戒、防护、应急等措施；作业前要对现场有毒有害气体进行检测；要确保机械设备安全可靠，配足个体安全防护设备设施，安排专人监护等。

从事高处作业时，必须系好安全带，在 15 米以上的高处作业时，必须办理高处作业许可证。

临时用电作业必须办理临时用电许可证，进入容器内作业必须使用安全电压和防爆灯具；移动式电器具要装有漏电保护装置。

从事盲板抽堵作业时，必须办理盲板抽堵作业许可证，盲板材质、尺寸必须符合设备安全要求。

（4）加强交叉作业和相关方管理。企业在正常生产与建设施工或检修之间出现交叉作业的情况下，要全面负责建设施工和检修的安全生产工作，对建设施工或检修承担统一、协调、管理的职责，必须签订安全管理协议，将涉及本企业和施工企业、检修单位安全生产管理的事项纳入本企业的安全管理体系；必须制定施工或检修方案，其安全技术措施和应急预案须经相关机构负责人审查同意。对涉及的各项工作内容、各个单位的任务、安全技术交底、职责等做出明确规定，未经重新确认不得更改。

企业对承担工程建设、检维修、维护保养的相关方要加强管理。要对相关方进行资质审查，选择具备相应资质、安全业绩好的企业作为相关方。要对进入企业的相关方人员进行安全教育，向相关方进行作业现场安全交底，对相关方的安全作业规程、施工方案和应急预案进行审查，对相关方的作业过程进行全过程监督。严格控制工程分包，严禁违法分包、层层转包。

4. 认真开展安全生产标准化，全面实施企业安全达标

（1）开展安全生产标准化创建工作。企业要把安全生产标准化创建工作作为提高企业本质安全水平、保证安全生产的重要抓手，健全企业安全生产标准体系和工作考核激励机制，要按照《企业安全生产标准化基本规范》（AQ/T 9006—2010）和炼铁、炼钢、轧钢等企业安全生产标准化考评标准的具体要求，认真开展好安全生产标准化创建工作。

（2）全面开展安全达标工作。企业要通过安全生产标准化创建工作，加强企业安全生产基础管理，建立健全岗位作业标准，持续改进和提升企业的安全生产管理水平，不断提高作业人员的标准化作业能力和水平，实现岗位达标、专业达标和企业达标，做到管理台账化、装备现代化、指令书面化、操作程序化、行为规范化。

5. 规范安全教育培训，提高全员安全素质

（1）建立安全培训机制。把安全培训工作纳入本单位年度工作计划，切实做好培训的需求调查、策划、准备、实施、效果评价工作。企业要明确安全培训部门的职责权限、工作程序、要求和目标。建立健全从业人员安全培训档案，详细、准确记录培训考核情况。法人代表、厂长（经理）、分管负责人和安全生产管理人员（专兼职）必须按照国家有关规定，经过专门安全生产教育培训，具备与本单位所从事的生产经营活动相应的安全生产知识和管理能力，经有资质培训机构进行培训考核合格后，取得培训合格证，才能上岗。

企业要保证安全生产教育培训所需人员、资金和设施，加强企业内部安全培训师资队伍和教材等建设。没有培训能力的单位可委托有资质的安全生产培训机构进行培训，或利用广播、电视和网络等实行远程培训和社会化教学。

（2）加强新进、转岗、离岗后重新上岗等新上岗人员的安全培训工作。企业要对新上岗人员进行厂、车间（工段、作业区、队）、班组三级安全生产教育培训。新上岗人员在上岗前按照国家规定课时，经过厂、车间（工段、作业区、队）、班组三级安全教育培训，培训合格方可上岗作业。厂级培训不得低于 8 学时，车间级培训不得低于 16 学时，班组级培训不得低于 24 学时。每年必须复训一次，复训时间不少于 18 学时。

（3）强化特种作业人员安全教育培训。企业要按照国家有关规定对从事电气、起重吊运（含电梯）、锅炉、压力容器、车辆驾驶（含厂内车辆驾驶）、焊接（电焊、气焊）、高处作业、煤气、爆破、工业探伤等工程的作业人员，进行专门的安全培训，经考核合格，取得有关资格证书后，特种作业人员方可上岗作业。

（4）加强相关方人员安全培训教育。将从事本企业生产活动的相关方人员纳入本企业全员安全培训教育范围，开展入厂安全教育；临时进驻企业生产作业场所进行技术服务、施工检修、参观访问等相关方单位人员，企业要按照有关法律要求，对其进行危险告知义务，同时实施安全交底和安全监护。

6. 严格执行安全监督检查和考核

（1）加强安全生产监督检查。企业要完善各级监督检查责任，采取日常与定期检查的方式对各项管理制度、规程、标准、要求以及作业现场的整体受控状态进行监督检查。

安全监督检查要按照“谁检查、谁负责”“一级检查一级，一级对一级负责”的原则，明确检查标准、检查内容、检查形式以及检查重点，严肃认真实施监督检查，做好检查记录；并在此基础上，建立、完善相关工作台账，健全基础数据库，定期分析研究安全管控状态，采取针对性对策，推动企业安全监督检查工作走向标准化、规范化。

企业要根据各自特点，加强对危险程度较高、事故多发的生产工艺环节的监督检查，要以高炉、转炉等重要设备，铁水、钢水等高温金属液体的吊装和运输等主要环节，煤气等能源动力介质的生产、输送和使用区域，煤粉制备场所等为重点，有针对性地确定监督检查的内容和方式，并进行经常性检查。对检查中发现的隐患，要下达隐患整改指令，实施动态跟踪、闭环管理。隐患整改完成后要进行验证，对没有及时整改或整改不到位，导致发生事故的，要严肃追究相关责任人的责任。

（2）严格执行安全绩效考核。企业要定期对下属单位安全生产状况进行绩效考核。要围绕过程控制和结果设置安全绩效指标，并按照相应职责分解落实到各岗位；通过对分解指标的定期测量、监控、奖惩，严格实行层级负责的制度。要将发生的人身伤害事故、现场作业受控情况、管理制度、标准等的落实情况作为能否完成绩效指标的主要依据，建立激励约束机制，加大安全生产责任追究在职工绩效工资、晋级、评先评优等考核中的权重，重大责任事项实行“一票否决”，不断提升企业安全管理绩效。

7. 强化事故及应急管理，切实提高事故防控处置能力

（1）加强应急管理。企业要根据国家相关法规和标准要求，规范应急预案的编制、评审、发布、备案、培训、演练和修订等环节的管理。应急预案编制过程中，要始终把保障从业人员的人身安全作为事故应急响应的首要任务，赋予企业生产现场的带班人员、班组长、生产调度人员在遇到险情时第一时间下达停产撤人命令的直接决策权和指挥权，提高突发事件初期处置能力，最大限度地减少或避免事故造成的人员伤亡。应急预案要与周边相关企业（单位）和当地政府应急预案相互衔接，形成良好的应急联动机制。

企业要完善基层作业场所、各岗位的应急处置方案。现场处置方案应结合作业现场的风险特征和事故特点，制定具体的报告、报警、应急处置、个人防护及应急疏散等程序，做到内容具体、操作便捷。

要定期组织开展逐级应急预案的培训、宣传教育和实际操作演练，及时补充和完善应急预案，不断提高应急预案的实用性、针对性和有效性，增强企业应急响应能力。

企业要依据安全生产风险评估结果和国家有关规定，配置与抵御企业风险要求相适应的应急装备、物资，做好应急装备、物资的日常管理维护，满足应急的需要。

（2）建立完善企业安全生产预警机制。企业要建立危险分级预警体系，通过对系统主要参数进行全过程监测，实现对危险源安全状况的有效监控；完善危险源动态监控，及时发现事故征兆，发布预警信息并启动逐级预警防范措施。

有条件的企业要建设具有日常应急管理、风险分析、监测监控、预测预警、动态决策、应急联动等功能的应急指挥平台。

（3）规范事故管理。企业要根据有关安全生产法律法规的要求，制定本单位生产安全事故管理办法，明确报告、调查、处理程序及具体要求。要建立举报制度，设立举报电话，鼓励职工举报生产安全事故。发生事故后，要按照有关规定及时报告安全监管部门和其他有关部门，不得迟报、漏报、谎报、瞒报。事故发生后要及时启动事故应急救援预案，采取措施组织抢救，防止事故扩大，减少人员伤亡和财产损失。

（4）严格开展事故调查，切实吸取事故教训。要对照安全生产法律法规和有关标准，切实查清事故原因，分清事故责任，明确防范措施和整改要求，保证落实到位。

要建立事故警示制度，及时通报各类生产安全事故信息，开展事故案例教育，提高职工安全意识和发现问题、分析问题、整改问题的能力。要结合事故暴露出的问题，针对性地辨识岗位事故隐患和风险，及时制定安全措施，修订安全操作规程和作业标准，改善现场安全设施，改进管理。要主动获取国内外同行业的事故信息，对照事故查找自身不足。定期进行事故统计分析，及时发现事故发生的趋势和规律，有效防止各类事故发生。

8. 加强监管执法，促进企业主体责任落实

（1）强化安全生产监管执法。各级安全监管部门要根据企业点多面广的实际情况，有计划、有针对性地开展监管执法工作。要针对监管范围内的企业制订检查计划、检查表，组织对企业开展落实安全生产主体责任等方面内容的监督检查。加强对企业安全生产的监督检查，对违反安全生产法律法规、规章、国家标准或者行业标准的安全生产违法行为，依法实施行政处罚。

（2）加强建设项目安全监管。各级安全监管部门要建立健全建设项目安全预评价、安全专篇、安全验收评价的备案管理制度，加强建设项目安全设施“三同时”的监督检查，严格落实建设、设计、施工、监理、监管等各方安全责任。

（3）强制淘汰落后技术和落后产能。各级安全监管部门要按照国家产业结构调整指导目录和所在地省级人民政府制定的目录，加强淘汰不符合有关安全标准、安全性能低下、职业危害严重、危及安全生产的落后技术、工艺和装备的监督检查。对目前仍使用目录中确定的落后技术装备、构成重大安全隐患的企业，实行逐级挂牌督办和公告，责令其限期治理，逾期未治理的，要提请政府依法予以关闭。要支持配合有关部门，按照国家淘汰落后产能的要求，加快淘汰炼铁、炼钢、铁合金等方面规定的落后产能。

（4）严肃事故查处，落实防范措施和责任追究。要认真查明事故原因，提出有针对性的防范措施，防止类似事故再次发生，按规定严肃追究事故责任人的责任，并及时将事故调查处理结果向社会公布，接受社会监督。要对事故防范措施的落实情况进行跟踪检查，把事故的经济处罚、责任追究落实到位。要加大对事故迟报、漏报、谎报、瞒报的处罚力度。

各企业要认真学习贯彻国务院《通知》精神，依据本实施意见并结合企业安全生产的实际，制定落实本实施意见的工作方案，并切实组织实施。

第二节　冶金企业生产现场安全管理与事故预防

在冶金企业，生产现场是作业人员管理和操作机器设备，从事生产活动的场所。生产现场的环境是否良好，直接影响生产效率，也关系到作业人员的安全。生产现场的温度、湿度、照度、颜色、噪声、粉尘、毒气、辐射等因素都会对作业人员的正常活动产生影响，而良好的生产现场管理和良好的作业环境能给人以安全舒适的感觉，使作业人员精神振奋、动作迅速、判断准确，减少操作失误和事故发生率。因此，加强生产现场的安全管理，创造良好的作业环境，是避免和减少事故发生的重要环节。

一、冶金企业生产现场安全管理

1. 生产现场合理布置原则

为实现作业行为安全，消除事故隐患及提高生产效率，冶金企业生产现场的布置应具备安全、舒适、秩序井然的基本条件。

（1）生产现场具备正常的生产秩序。生产现场无论是从平面还是从立体空间角度来讲，都应该尽可能地划定各种物体的正确安全位置，使之处于理想状态，并保证物品取用方便。无用的东西和废料应及时从作业环境中清理出去。

（2）设备、管道布局合理，按规定要求着色；设备注明名称、位号；工艺管道物料流动有方向；活门开关有旋转方向；人员操作有安全警示。

（3）现场采光充足，照明的照度能满足安全操作的要求。温度、湿度要符合标准，换气次数满足要求，做到现场空气新鲜。

（4）现场安全设施齐全、牢固可靠。生产现场的安全梯、安全门，根据生产性质需要，一般情况下不少于2个。设备的安全罩、防护栏杆齐全可靠，电气设备的接地线、厂房的防雷装置、设备管道的防静电装置按规定设置，符合安全要求。设备的吊装孔、平台、走梯上的围栏要完整紧固。地沟、阴井、池、洞等处应有盖板，篦子板铺设要牢固，通风排风装置以及事故状态下的事故排风装置要完善，随时可用。生产厂房的屋顶结构和泄压面积视生产性质而定，但不可小于规定的安全值。

（5）对设备可动的零部件，必须采取以下预防措施：

1）操作人员不得直接接触可动零件，可采取封闭或安装安全防护装置的方法解决；

2）对有超限或坠落、逆转可能的生产设备或零部件，要分别配置限位装置和限速、防逆转装置；

3）对有特别危险的防护装置，还应配备联锁保护装置；

4）对设备的防护应做到“六有”“六必”，即有轮必有罩、有轴必有套、有台必有栏、有洞必有盖、有轧点必有挡板、有特危必有联锁。

（6）对运行中有飞出物可能的设备，应采取防松脱措施，配置防护罩或防护网等安全防护装置。

（7）生产设备的一些零部件，由于运行过程中会产生过冷或过热现象，还有些生产设备加工灼热件，当操作人员靠近这些零部件或设备时就可能造成轻伤或灼伤，以致发生意外事故，因此要求对生产设备的这些部件配置防接触屏蔽。

（8）对生产、使用、储存或运输中存在易燃易爆物质的设备，锅炉、压力容器等工作中长期载压设备，使用可燃气、可燃液、可燃固体的燃烧设备，都应采取防火与防爆措施。

（9）生产设备的控制系统能及时获得设备在运行过程中产生危险和有害因素的信息，完成自动监控，建立能保证操作者安全和设备紧急、意外情况停车的监控系统。

（10）生产设备产生尘、毒、噪声和辐射等有害因素，这些因素应符合有害因素类型的安全标准要求。

（11）生产设备应按照《安全色》（GB 2893）标准使用安全色。生产设备易发生危险的部位必须有安全标志。

（12）生产现场安全通道是保证员工在通道上行走，运送材料、工件安全而设置的，如果安全通道过窄或堵塞，容易造成伤亡，因此安全通道必须按标准设置，保证畅通无阻。

（13）生产现场的门窗启闭装置应灵活，特别是重点易燃的厂房，如锅炉房、制氧站、煤气站等处的门窗的开向要有特定的要求，即门窗向外开启，而厂房内的值班室、休息室、办公室的门窗向里开启。因为一旦厂房发生火灾或其他事故时，会产生较大的气浪把门窗自动冲开，减少厂房的危险，也便于撤离；而厂房内的房间门窗向门房里开，气浪会把门窗封闭，对保证人身安全有一定的作用。

（14）生产现场或工作场所的照度和照明质量要符合国家标准要求。在明亮的环境里作业人员易集中精力、情绪饱满，在阴暗的环境里作业会导致人员精力分散、情绪低落，容易发生事故。

（15）生产现场的温度和湿度对人体的影响很大。一般在27～32℃时，肌部用功的工作效率下降，容易疲劳；当气温达32℃以上时，需要注意力集中和精密工作的效率开始受到影响；温度再高，则对智力工作产生不利影响。因此在生产作业中应尽量创造一个良好舒适的温度环境。

2. 现场安全设施标准

生产现场的安全设施主要有防护罩、防护套、防护围栏、屏蔽装置、盖板、篦子板、平台、走梯、安全梯、安全门、避雷针、静电消除装置、漏油保护装置、通排风装置、安全网、安全联锁以及警告牌和声光信号、指示灯等。

（1）生产使用的各种转动、传动设备的靠背轮，突出机体外的轴、皮带轮等，都应装设牢固的安全罩、安全套、防护围栏。

（2）生产现场的各种地沟、阴井、池、孔、洞、坑、地下工程等，都应铺盖牢固的盖板或加设围栏。

（3）各种吊装孔、走梯、平台等，都必须按规定安装栏杆，其高度不小于1.2 m，并安设高度不小于100 mm的挡脚板。上管架的爬梯应加设防护围栏。

（4）电气设备的周围，按规定距离装设防护围栏、障碍和警告牌。

（5）生产厂房，视生产性质应设有两个以上的安全门和安全梯。厂房和高大设备应按规定安设避雷装置，每年要检查一次，对地电阻不大于10Ω。

（6）盛装易燃易爆介质的设备和管道，按规定装设静电接地装置，对地电阻不大于100Ω。设备、管道的法兰连接处、容器与顶盖之间、法兰之间、装卸可燃液体的鹤管与槽车及管道法兰之间都应加装跨接导体，其接触电阻不大于0.03Ω。

（7）酸碱岗位以及有强腐蚀介质的操作岗位，应设有事故处理水源、冲洗眼睛的洗涤器、急救药品，其他生产岗位也应该有急救药品。

（8）有危险的地段、设备、建（构）筑物、地下设施和要害部位，容易忽视或易发生误操作的阀门、开关、控制点，临时安装的电气设备等，均应采取防范措施，加设围栏、挂醒目的警告牌。

（9）作业人员经常改变动作，并与开停车频繁的转动设备接触，极易发生伤害事故，此种设备应安装安全联锁，当作业人员动作错误，可能危害人身安全时，设备应停止运动或立即停车。

（10）生产岗位应设有存放各种防毒面具的事故柜和足够数量的消防器材。

（11）厂房的自然通风要合理、效果好。有可燃易爆气体和有毒有害气体逸出的生产岗位应装有完善的通风排风装置，开车概率在95%以上。此外，还应装设事故排风装置，开关设置地点要安全方便。

3. 要害部位管理标准

要害部位主要指生产区域各种储有易燃气体、可燃气体、助燃气体、易燃液体、液化石油气等有毒有害物料的罐区。加强对罐区的标准化管理是实现安全生产不可忽视的环节。

要害部位要设置警告牌。警告牌可用钢板制成，尺寸为2 000 mm×100 mm，底部着白色，牌面书写黑字。罐区名称、储存物品类别、最大储存量、安全须知等采用粗体字，其他字一律选用仿宋体或隶书体。

在罐区名称与安全须知之间要有一条宽8 mm的红线，红线与上沿的距离为200 mm，警告牌有两根钢管制成的立柱，立柱上分段交替着有黄色与黑色，以标示警告的含义。

安全须知填写如下内容：

（1）介绍罐区内储放物质的具体名称与简要物化性质；

（2）未经允许不得进入罐区的规定与管理方法；

（3）罐区的用火规定及不准穿带铁钉的鞋进入罐区；

（4）罐区的灭火设施，如设有消火栓或设有泡沫发生器等；

（5）电气要求与临时电源的管理要求；

（6）对运输工具和装车的安全要求；

（7）值班人员的职责；

（8）跑料、漏料等异常情况下的安全规定，如切断物料来源、切断一切电源、对明火进行管制、断绝车辆来往、立即准备报告等；

（9）事故电话、火警电话号码，安全负责人姓名；

（10）违反规定的惩罚办法等内容。

罐区名称应根据存放物料填写，如液化石油气站或裂解油储罐，或煤气柜、原油储罐区等。储存物品的类别应根据所储物料的性质填写，如易燃气体、助燃气体、易燃液体、有毒有害物料等。最大储存量以安全最大容量为准。

4. 安全色及安全标志设置标准

使用安全色的目的是为了使人们对周围存在的不安全因素环境、设备引起注意，使人们在危急状态下，借助安全色的含义，识别危险部位，尽快采取措施，提高自救能力，有助于预防事故的发生。

安全色是表达安全信息含义的颜色，表示禁止、警告、指令、提示等。安全色规定红、蓝、黄、绿四种颜色。

（1）红色表示禁止、停止和消防危险，蓝色表示必须遵循的规定和指令，黄色表示警告和注意，绿色表示通行、安全状态和提示等。

（2）安全色的对比色为黑白两种，其中红白间隔条纹标示为禁止超过，如道路上使用的防护栏杆；黄黑色间隔条纹标示为警告危险，如企业内的防护栏杆、铁路与道路交叉道口上的防护栏杆等。

（3）安全色应注意检查、保养、维修。当发现颜色有污染或有变色、褪色、不符合规定颜色范围时，则应及时清理或更换。每年至少对安全色检查一次。

（4）安全标志设置的目的是促使人们对威胁安全和健康的物体和环境尽快做出反映，以减少或避免发生事故。安全标志分禁止、警告、命令和提示四大类型。

（5）安全标志牌的设置、检验与维修：安全标志牌应设在醒目与安全有关的地方，并使大家看到后有足够的时间注意它所表示的内容；安全标志牌不宜设在门、窗、架等可移动的物体上，以免这些物体位置移动后，看不见安全标志；安全标志牌必须经国家指定的北京劳动保护用品产品质量监督检验中心站检验合格后方能生产与销售；安全标志牌至少每半年检查一次，如发现有变形、破损或变色，不符合安全色要求时，应及时对其整修或更换。

（6）《工业管道的基本识别色、识别符号和安全标识》（GB 7231—2003）中规定工业管路的基本识别色及其含义如下：绿色——水、铝色——蒸汽、棕色——油类和易燃液体、黄褐色——气态或液态气体（空气和氧气为浅蓝色）、紫色——酸碱、黑色——其他液体。

5. 生产现场照明标准

企业员工在生产现场进行的各种生产活动，主要是通过视觉对现场的各种情况做出判断而进行的。如果现场的采光和照明条件不好，作业人员就不能进行清晰准确的观察，从而不能做出准确的判断，容易造成错觉、接受错误的信息、产生不安全的行为，导致事故的发生。因此，生产现场或作业现场有良好的采光和照明，对于减少事故、保证安全是非常重要的。

生产现场采光方式有两种：一是天然采光，二是人工照明。其任务是利用天然光能和人工光源来创造经济合理的采光和照明条件，以满足生产和作业的安全要求。照明的方式是根据工作的具体要求而确定的。按工作面上的照明类型分类有五种：直接照明、半直接照明、漫射照明、半间接照明、间接照明。按工作面上的照度分布分类有三种：一般照明、局部照明、混合照明。

适宜照度的确定是根据工作性质、工作环境及视觉条件来选定照度标准，同时应避免眩光产生。

6. 岗位巡回检查制度与规定

巡回检查制度是生产车间技术、作业人员根据生产需要，对所分管的区域及运行设备进行巡回检查，及时发现和处理问题，确保生产正常运行的一项制度。

(1) 作业人员负有现场巡回检查、操作调整、处理有关问题的责任。

(2) 作业人员要坚守岗位，保证现场随时都有人在巡检，巡检要有明显的检后标记或记录。

(3) 巡检要坚持定点、定人、定路线、定内容。要按规定的路线逐点进行巡检。

(4) 在巡检时，要严格按照检查内容和要求，用“听、看、摸、闻、查”的检查方法，认真检查设备运行情况。对一般问题和故障要及时分析，查出原因，并采取相应的防范措施。重大问题要及时向班长、车间领导以及生产调度处汇报。

(5) 各车间要针对巡检时发现的问题，制定明确的处理和汇报程序。针对季节特点、特殊设备、隐患设备，要制定特殊的巡检规定。

(6) 建立巡检记录，要按照要求认真填写巡检纪录，做到齐、全、准、洁，不准弄虚作假。

(7) 要妥善保管好巡检工具、通讯设备和防护用品。巡检时要用对讲机与内操保持联系，夜间巡检要同时携带便携防爆灯。

(8) 对巡检不到位或不认真的人员，对巡检纪录没有做到齐、全、准、洁和弄虚作假的人员，应当对其给予相应的经济处罚。因玩忽职守，造成事故者，要按有关规定严肃处理。

7. 事故应急用品储存柜管理有关规定

事故应急用品储存柜（简称事故柜）是指在危险场所及有重大危险源的岗位配置的专用柜。设置事故应急用品储存柜的目的是为了能在危险作业情况下和事故应急救援中充分发挥作用，保护作业人员的安全，防止和降低事故造成的损害，因此，必须加强对事故应急用品的管理。

(1) 企业安全管理部门与车间共同负责确定需要配置事故柜的岗位，并对事故柜内配置应急物品的种类、型号和数量进行确定。采购部负责事故柜所配置应急器具等物品的采购和发放。

(2) 事故柜应有明显的标识，开启便捷且易于管理。在事故紧急情况下，能敲碎玻璃等易碎柜门取用柜内防护器材、器具，且能在事后很快恢复。

(3) 各车间负责事故柜的日常维护管理工作。每月对照配置清单对所配置的应急物品、器材进行清点检查和维护，确保其完整、可靠和有效。

(4) 安全管理部门每季度负责对事故柜（主要针对氧气呼吸器）进行一次综合检查，并负责氧气呼吸器等防护器材的维修或判废。

(5) 事故柜的管理列入车间日常安全管理考核。对事故柜的检查、维护及更换物品必须进行记录。

(6) 事故柜内配置的氧气呼吸器、防毒面具等防护器材、器具的更新或更换，由各车间根据需要申请配置。属劳保类防护用品的，按照临时劳保的领用程序进行办理。

(7) 事故柜的管理纳入岗位交接班制管理，必须确认铅封的完好，柜内物品实行定置摆放，应做到规范整洁，无积尘。

(8) 按规定启用事故柜内的物品进行事故处理后，必须认真填写事故柜检查、维护表单，使用记录台账进行记录，并及时通知安全管理部门对事故柜进行铅封，以保证事故柜的可靠性。

(9) 岗位人员不得随意对事故柜内的氧气呼吸器进行开启。非事故紧急状态和危险作业情况下，使用应急救援物品或造成物品和事故柜损坏，由该车间负责赔偿，同时给予扣日常安全管理考核的处罚。

(10) 因违规使用，或造成物品丢失，事故柜损坏，而导致在紧急情况下事故柜内物品、器材无法发挥作用的，严肃追究相关责任人的责任。

二、冶金企业生产现场安全技术管理

1. 安全装备和安全附件的管理规定

安全装备指为保障安全生产、预防事故、防止事故扩大，以及在应急情况下抢险救灾而设置的设备、设施、器材等；安全附件指为保证设备安全运行所配置的安全装置。对安全装备和安全附件要实行安全监督与专业管理相结合的管理方法。

(1) 设计部门的管理责任

1) 在新改扩建工程设计时，安全装备和安全附件应与主体工程同时设计。

2) 设计中应选用工艺技术先进、产品成熟可靠、符合国家标准规范、有生产经营许可的安全装备和安全附件，其功能、结构、性能和质量应满足职业安全卫生要求。应努力提高设计中采用的安全装备和安全附件的自动化水平，改善劳动条件。

3) 不得选用未经鉴定、带有试用性质的安全装备和安全附件。

4) 在防爆场所选用的安全装备和安全附件，应取得国家指定的防爆检验机构发放的防爆许可证，并应达到安装、使用场所的防爆等级要求。

(2) 技术部门的管理责任

1) 严格执行建设项目“三同时”规定，积极采用技术先进、性能可靠的安全装备和安全附件。

2) 制定安全装备和安全附件的技术措施计划并组织实施。

3) 参加安全装备和安全附件配置方案的设计审查、竣工验收，以及更新、停用（临时停用）、拆除、报废的技术论证工作。

(3) 设备（机动）部门的管理责任

1）建立完整的安全装备和安全附件档案，制定其检修、维护、保养及更新制度。参加安全装备和安全附件配置方案的设计审查工作，以及更新、停用（临时停用）、拆除的技术论证和审查工作。

2）负责组织安全装备和安全附件施工及投用前的检查、验收；负责审核、制订年（季）度检修计划；负责运行状况、检维修质量的检查；将安全装备和安全附件的完好使用情况列为设备考核评比的内容，确保安装率、使用率、完好率达到百分之百。

3）组织编制、修订安全装备和安全附件的技术操作规程，其工艺指标必须符合安全生产要求。

4）建立严格的安全联锁系统的管理制度。生产期间安全联锁系统应百分之百投入使用。严禁擅自摘除安全联锁系统进行生产。确需摘除，应经直属企业主管领导或总工程师负责审查和批准，同时应制定相应的保护措施并指派专人负责落实。

5）负责报警器校验的单位和人员应取得国家和行业规定的相应资质。校验用标准气体，校验仪器、校验方法和校验周期等应符合规范要求。

（4）安全管理部门的管理责任

1）建立完整的安全装备台账，监督检查安全装备和安全附件的配备、校验与完好情况。

2）定期组织对安全装备和安全附件的使用、维护、保养情况的专业性进行安全检查。

3）监督检查建设项目中安全装备和安全附件“三同时”执行情况，组织或参加安全装备和安全附件的设计审查和竣工、投产前的检查、验收工作。组织或参加更新、停用（临时停用）、拆除、报废安全装备和安全附件的技术论证和审查备案。

4）参加安全装备的考察调研，提出建议和意见。

5）审核并申报基层单位增设安全装备的事故隐患治理项目。

（5）计划、供应部门的管理责任

1）计划部门应保障新改扩建工程项目的安全装备和安全附件的费用专款专用，并优先保证安全生产需要而新增安全装备和安全附件资金的落实。

2）供应部门对安全装备的采购应保证质量。不得选用没有生产许可证厂家的产品，不得选用没有产品质量合格证的产品及没有经过鉴定的产品，不准采取试用的方法购进新型安全装备。

（6）施工管理部门的管理责任

1）严格执行建设项目“三同时”规定，确保安全装备和安全附件与主体工程同时施工。

2）严格执行对施工队伍和工程监督的管理，确保按图施工。

3）负责竣工资料齐全和安全装备性能良好地投入使用。

（7）保卫部门的管理责任

1）参加建设项目中消防、气防设施配置方案的设计审查，以及竣工、投产前的检查、验收工作。

2）负责消防、气防设施更新、停用（临时停用）、报废的审查备案工作。建立完整的消防、气防设施档案和台账。

3）组织编制和修订消防、气防设施的安全技术操作规定。

（8）使用单位的管理责任

1）认真落实安全装备和安全附件管理使用的有关规定，执行安全装备和安全附件的更新、检修、停用（临时停用）、报废、拆除申报程序，未经主管领导和部门批准，严禁擅自拆除、停用（临时停用）安全装备和安全附件。

2）按照安全装备和安全附件的用途及配置数量，将其安装、放置在规定的使用位置，确定管理人员和维护责任，不允许挪作他用。

3）定期对安全装备和安全附件进行专项检查，确保其完好。

4）结合生产实际，组织对操作人员进行正确使用安全装备和安全附件的技术培训，经考试合格的人员持证上岗。定期开展岗位练兵和应急演练，提高员工使用安全装备的能力。

5）对竣工资料不全或未达到安全装备和安全附件设计性能的工程项目，在移交时有权拒绝接管。

2. 安全装置和防护用品保管使用规定

配置在生产设备、厂房设施上，起保障人身安全作用的所有附属装置（防护罩、冲淋装置、洗眼器、报警器、防尘装置、安全护栏、平台、钢梯、护笼等）和保护设备安全的所有附属装置（安全阀、防爆膜、限位器、联锁装置、报警装置、防雷装置等）总称为安全防护装置，对其必须加强管理，并定期检验和校验，保证完好。

在生产过程中，为免遭或减轻事故伤害和职业危害的个人穿（佩）戴符合国家安全卫生标准的用品（如防毒、防尘、防噪声、防高温、防强光、防静电、防坠落等用品），称为安全防护用品，这些用品均属加强管理的范围。

（1）各种安全装置要有专人负责管理，经常对其检查和维护保养。

（2）各种安全装置要建立档案编入设备检修计划，定期对安全装置进行检修。

（3）各种安全装置的主管部门要按有关规程，对所管的安全装置定期进行专业检查校验，并将检查、校验情况载入档案。

（4）安全装置应有明显标志，不准随意拆除、挪用或弃置不用。因检修拆除的安全装置，检修完毕后必须立即复原。

（5）必须根据作业现场环境要求（如易燃易爆场所、有毒有害场所的动火作业、设备内作业、带料盲板抽堵作业、探伤作业等）、劳动强度和劳动卫生安全标准，正确选择符合安全卫生标准的防护用品和器具。

（6）各种防护器具都应定点存放在安全、方便的地方，并有专人负责保管，定期对其进行校验和维护，每次校验后应有记录或铅封，主管人应经常检查。

(7) 必须建立防护用品和器具的领用登记卡制度，并根据有关规定制定发放标准。

(8) 凡机械、设备上的安全装置（如压力容器上的安全阀、压力表，各种机械上的负荷、行程限位器等装置）由设备部门负责管理。

(9) 凡属电气方面的安全保护装置（如各种继电保护装置和避雷装置等）由电气部门负责管理。

(10) 凡属工艺过程中的温度、压力、液面超限报警装置和安全联锁装置，由生产部门负责管理。

(11) 凡生产区域中的火灾报警装置、自动灭火装置和其他固定、半固定灭火装置等，由消防部门负责管理。

(12) 凡在作业过程中佩戴和使用的保护人体安全的用品和器具，由安全管理部门负责管理。

3. 生产环境职业卫生管理

生产环境（作业环境）是企业安全生产管理的一个重要组成部分，生产环境的优劣好坏不仅直接影响作业人员的生产效率，还关系到作业人员的安全，因此，加强生产环境管理、消除生产环境危害是一项十分重要的工作。生产环境管理的基本任务就是发现和消除生产过程中的各种有害因素，重点是防尘防毒，防止人身伤害事故与职业病的发生，保障作业人员的安全与健康。

(1) 尘、毒治理工作要认真贯彻预防为主方针。对生产过程中散发的尘、毒有害物质应严加控制，以减少对人体和生产设施造成的危害。实施行政一把手负责，专人负责管理；生产车间和作业环境空气中有毒有害物质的浓度不得超过国家标准或有关规定。

(2) 凡未达到国家规定标准的接触尘、毒作业的岗位，本单位要制定治理规划，每年要实现一批改善劳动环境的项目，逐步达到国家规定标准。

(3) 对粉尘作业岗位或扬尘点必须采取密闭、除尘等综合防尘措施或实行湿式作业。严禁在没有防尘措施的情况下进行干法生产和干式凿岩。

(4) 尘、毒作业点进行生产前必须开动除尘、排毒设施，开机率达100%；在尘、毒作业点停止生产后再关闭除尘、排毒设施。

(5) 除尘、排毒设施与生产设施同时检查、评比，并结合评比情况对责任人进行考核。生产设施检修时，除尘、排毒设施要同时列入检修计划，检修后必须恢复，不得降低除尘、排毒效果，更不能随意将其拆除。除尘、排毒设施需要变更时，由负责变更的部门向安全管理部门、设备管理部门、技术质量管理部门提供相关的技术参数、资料，经共同审批同意后实施。

(6) 除尘、排毒设施要指派专人维护、检修，保证除尘、排毒设施的完好和正常运转，做好定期巡检。对达到报废条件的除尘、排毒设施由各单位机动部门负责解决更新，更新设施必须达到有关标准。

（7）除尘、排毒设施损坏未能及时修理，造成停机，当月累计在五天以上的，必须对责任者落实考核。安全管理部门每月至少对除尘、排毒设施的完好使用和规章制度的执行情况进行一次全面检查。

（8）新建、改建、扩建和技术改造项目的除尘排毒设施，要执行国家《职业病防治法》等有关规定，对可能产生的职业危害，要有相应的防范措施及其预期效果评价。

（9）凡从国外引进成套技术设备，在生产使用中产生尘毒危害的，必须同时引进防尘排毒设备或由国内制造相应配套的防尘排毒技术设备。这些技术设备若由国内配套制造，必须同时纳入计划，落实生产单位，与主体工程设备同时安装和投产使用。

（10）当采用新设备、新技术、新工艺、新材料和生产新产品过程中危害人身安全时，必须按规定配备经鉴定合格的防尘排毒设施，方能投产。

（11）凡接触尘、毒有害物质作业的工人必须采取个人防护措施。各种防护用品必须经有关部门鉴定合格方能使用。对从事有害作业的人员要按照《职业病防治法》的有关规定，进行上岗前、离岗前和定期的职业性健康检查。对经医疗卫生部门鉴定不适宜在这些岗位作业的人员，劳资部门不得安排或必须及时将其调离原岗位，为其妥善安排工作。

（12）粉尘测定点的确定、检测、统计工作，由安全管理部门组织开展，接受地方政府卫生监测机构对有害作业场所进行的定期监测和抽查。

（13）各单位必须建立健全除尘、排毒设施档案，做好有关安装、报废、检查等情况记录。同时，必须建立健全接触有害物质岗位的名称、作业人数、有害物质浓度及相关的数据资料。

（14）各车间班组要对职工加强防尘防毒的宣传教育，既要宣传尘、毒的有关常识及危害，更要着重宣传具体的预防办法，特别是教育职工要维护除尘、排毒设施，做到正常开机和注意个人防护。

4. 高温作业安全管理规定

高温作业指企业工作地点具有生产性热源，当室外实际出现本地区夏季室外通风设计计算温度的气温时，其工作地点气温高于室外气温 2℃或 2℃以上的作业。冶金企业所属各单位应认真贯彻“预防为主、防治结合”的方针，安全管理、职业卫生和工会等部门应制订计划，采取保障人身健康的措施，并对防暑降温工作进行监督检查。

（1）防暑降温设备应有专人管理，按时检修维护，每年在暑季前检维修一次，并进行效果评价，还要制定切实可行的使用办法和管理制度。

（2）应对高温作业场所进行定时检测，检测内容包括温度、湿度、风速和辐射强度，掌握气象条件的变化，及时采取改进措施。

（3）对封闭、半封闭的工作场所，热源尽可能设在室外常风向的下风侧，对室内热源，在不影响生产工艺过程的情况下，可以应用喷雾降温。当热源（锅炉、蒸汽设备等）影响员工操作时，应采取隔热措施。

（4）高温作业场所的防暑降温应首先采用自然通风，必要时使用送风风扇、喷雾风扇或空气淋浴等局部送风装置。

（5）根据工艺特点，对产生有害气体的高温工作场所，应采用隔热、强制送风或排风装置。

（6）对于高温环境中的狭小房室，应有良好的隔热措施，使室内热辐射强度小于700 W/m²，气温不超过28℃。

（7）对高温作业员工应进行上岗前和入暑前的职业健康检查。凡有心血管疾病、中枢神经系统疾病、消化系统疾病、严重的呼吸、内分泌、肝、肾疾病患者，均不宜从事高温作业。

（8）发现有中暑症状患者，应立即将其送到凉爽地方休息，除进行急救治疗和必要的处理外，患者还应到职业病诊断机构诊疗。

（9）对高温作业者，应按有关规定供给含盐清凉饮料，这些饮料要符合卫生要求。

（10）对承受热辐射强度较大的高温作业员工，应为其提供符合要求的防护用品，如防护手套、鞋、护腿、围裙、眼镜、隔热服装、面罩等。

（11）从事高温作业的员工应有合理的劳动休息制度，根据气温变化，适当调整作息时间，尽量避免加班加点。对高温超标严重的岗位，应采取轮换作业等办法，尽量缩短一次连续作业时间。

（12）高温作业场所应设有工间休息室。休息室应隔绝高温和热辐射，室内有良好的通风，休息室内气温应低于室外气温，设有空调的休息室室内气温应保持在25～27℃。

第三节 冶金企业危险作业安全管理

在冶金企业生产作业中，经常发生各类事故，其中，危险性较大的作业最容易导致引发事故。危险作业包括设备检修作业、动火作业、高处作业、缺氧危险作业、电工作业以及与煤气生产使用相关的作业等。对危险作业，有的冶金企业制定了比较详细的规定，以此来规范作业人员的行为，从而避免事故的发生。在此，对设备检修作业、动火作业、高处作业、缺氧危险作业以及危险作业安全监护相关安全管理规定进行介绍。

一、设备检修安全管理规定

1. 制定设备检修安全管理规定的目的

制定设备检修安全管理规定的目的是保证设备检修工作安全顺利地进行，避免和减少设备检修事故的发生。本规定适用于本企业所属各设备的各种检修、抢修工程。

2. 设备检修安全管理一般规定

（1）无论是计划性检修还是非计划检修、抢修，业主单位在委托工程基础上，检修单位在编制计划或组织检修工作的同时，各专业必须对环境、项目、方案等特点依工作程序和工作内容分别提出保证安全的要求，提供所应具备的安全条件，由检修单位的计划或施工组织部门负责组织落实。

（2）计划性检修的方案，计划应提前一周向有关单位下达。停机检修前 2～3 天必须召开工程停机（炉）会，明确操作牌交接时间、地点、联系人及按专业意见对机动车停放区域、行驶路线等整体施工组织各环节的要求。

（3）设备检修、抢修施工前必须向有关人员进行施工交底，易燃易爆特殊工作场所的设备检修，还应由业主单位向检修单位进行施工前的安全交底和安全教育。煤气地区施工项目、内容由施工单位办理煤气申请。

（4）检修单位进入业主单位进行计划性检修、抢修施工前两天，非计划检修、抢修开工前，由业主单位的机动部门牵头，组织检修单位的机动、安全部门与业主单位签订安全协议。

（5）设备检修单位的主管领导和专业人员要针对检修方案的可行性、安全性以及在实施过程中出现的不安全问题，及时向方案制定部门提出修改意见和安全措施。重点项目、部位的施工方案应有充足的安全技术数据。

（6）检修单位在施工过程中必须严格落实施工方案，在采取可靠的安全措施后方可施工，以保证施工人员及他人的安全。

（7）业主单位必须为检修单位创造良好的安全施工条件，针对设备情况、环境特点等危险因素，采取可靠措施，防止发生对检修人员的误伤害。

（8）在对设备进行重大检修或者危险性较大的重要检修前，企业可根据检修实际情况，设置检修指挥部，全面负责和领导设备检修工作。设备检修时，检修指挥部负责人为检修安全总负责人，负责监督检查各专业职能组按时开展专业活动，及时组织对各项隐患的检查处理。各单位自行组织的检修、抢修，由业主单位检修负责人为检修安全负责人。

（9）各级领导、各专业部门都要严格贯彻执行安全生产责任制。负责生产、检修的厂、车间（队）、工段、班组等行政领导为本单位检修施工的安全负责人。

（10）为检修而设置的各种临时设备、设施、管线等，在检修作业结束后应及时拆除；检修作业结束后，对原有设备、设施应及时恢复原貌，并达到标准，做到作业完工地净。

3. 设备检修安全管理部门的职责

（1）建立健全检修施工中的安全组织机构，成立检修安全组，检修安全组在上级主管安全管理部门及检修指挥部双重领导下开展工作。

（2）各级安全专业人员要组织对本单位有关人员进行施工前安全教育的检查，并针对检修的项目、方案提出具体的安全要求。

(3) 检修安全组按时参加指挥部召开的检修例会，向指挥部汇报施工中的安全问题，并定期召开检修安全例会，传达指挥部有关检修的各项决定、要求，研究解决检修中的安全问题，随时掌握检修中的安全动态。

(4) 在指挥部领导下，协助有关单位处理施工进度与安全发生的矛盾。

(5) 组织施工现场的安全检查，监督检查各级安全协议、措施和各种对安全规程及有关安全生产方面的各项规章制度的执行情况。督促有关单位及时消除安全隐患，对重大危险项目下达“不安全指令书”，并有权命令停止作业。

4. 检修安全协议与措施管理

(1) 在同一作业区域分别进行设备检修、抢修的单位之间遇有相互影响安全作业时，应制定有针对性的安全协议；施工作业进入或靠进第三方正常生产或运行线路，影响检修或正常生产时，应与生产或运行单位签订安全协议。

(2) 安全协议应根据施工项目、方案环境、季节等因素制定。

(3) 安全协议的内容应包括工作起始时间、地点、项目内容、负责人以及为保证施工安全而明确的甲乙双方或几方相互制约的事项、协作关系，甲乙双方应负的责任以及施工现场的各类管线、电气线路、危险源点等注意项。

(4) 检修施工必须制定施工安全措施，安全措施要有针对性、可行性，坚持“谁施工谁定措施，无措施不施工”的原则。

(5) 安全措施的内容应根据具体的施工项目、方案的实施办法、危险区域、重点部位的防范和现场环境、季节特点等制定。

(6) 安全措施要贯彻逐级把关的原则，经上一级主管领导审批后执行。各级行政领导对本级制定的安全措施的完善性和可行性负责。

(7) 方案、协议、措施的解释、修改权属制定审批部门，任何人不得擅自修改。

5. 有关操作牌、送电牌的管理规定

(1)“操作牌”是岗位操作人员开关设备、检修人员修理设备的权力凭证，“送电牌”是运行电工对相关设备送电的权力凭证。无“操作牌”，岗位操作人员不准操作设备、检修人员不准修理设备；无“送电牌”，运行电工无权对相关设备送电。

(2) 每台机电设备必须有“操作牌”，由主电室、基层配电室（俗称电磁站）控制的机电设备应同时有“送电牌”。“操作牌”和“送电牌”在样式、颜色、形状上必须有明显区别，以防混淆。

(3) 检修单位进厂检修，应由业主单位机动科指派专人统一办理“操作牌”的签认交换。其程序是先按电业部门及企业有关停送电管理制度办理停电手续。停电后，将“送电牌”收回，并转交给岗位操作人员，同时将“操作牌”收回，转交给检修单位后方可检修施工。

(4) 非试车阶段，岗位操作人员和主电室、电磁站运行电工不经指挥部同意，无权与

外单位修理人员办理“操作牌”“送电牌”的交接（试车时执行试车规定）。日常维修及单位内部单项设备检修，由各单位参照本规定做具体规定。

（5）非主电室、电磁站控制的机电设备检修时，由业主单位制定并执行保证其设备绝对不带电的可靠措施后，方准将“操作牌”交给检修单位。

（6）多单位在同一台及有关联的设备上进行非同工期混合检修时，由工期长的单位、工种负责人联系、索取“操作牌”；机、电修理人员同期检修一台或有相互关联的设备时，机械修理人员负责联系、索取“操作牌”，有关单位、人员在检修前、后及中途停止工作，再次检修前，均应与索取“操作牌”的单位负责人联系确认。

（7）“操作牌”“送电牌”必须妥善保管，如发生丢失，必须立即到检修指挥部办理临时的“操作牌”“送电牌”（有效期为 8 小时）。单位内部检修向有关科室申请办理“临时牌”，其有效期不超过 24 小时。

6. 有关试车的规定

（1）试车领导小组按试车方案、措施安排单体试车、无负荷联锁试车、热负荷联锁试车，对整体试车的方案制定、试车组织及各单位间的联系确认负责。有关检修、生产单位分别在试车前 3 天制定出试车安全措施，报指挥部审批后执行。

（2）非检修区域的重点部位由业主单位负责明确、采取挂牌或其他标志加以区分。在检修区域内的危险部位，由检修单位负责明确，采取挂牌或其他标志加以区分。非本单位、工种检修的设备，或设立的警示标志，任何人员不得私自拆除或破坏。

（3）设备单体试车前，负责试车单位应通知设备检修周围的单位及个人不得进入试车区域。试车时如安全装置临时不能恢复，试车人员必须在有可靠的防护措施后方准开机试车。

（4）联锁试车、重负荷试车前各种安全装置必须恢复齐全，有关单位联合检查确认安全、请示现场指挥同意后，方准试车。

（5）在试车过程中，非本岗位人员一律不准操作设备。需开机进行检修试车时，必须经指挥部和试车指挥同意后，检修人员方准将“操作牌”退还给岗位操作人员，岗位操作人员再将“送电牌”交还主电室或电磁站运行电工，申请要电开机。试车中途发生故障，一旦停机，必须与有关人员办理停机手续，再进行检修。

二、动火作业安全管理规定

1. 制定动火作业安全管理规定的目的

制定动火作业安全管理规定的目的是为了进一步加强动火作业安全管理，切实做好防火防爆工作，确保安全生产。

2. 禁火区动用明火必须遵守的规则

在禁火区需要动用明火（包括电焊、气焊、气割、喷灯等一切产生明火的作业），必须遵守以下规则。

（1）凡是能够拆除或移动的设备尽可能拆除或移动到非禁火区进行动火。

（2）凡是能用其他方法代替的，尽量用其他方法，不动用明火。

（3）非动用明火不可的，必须按规定办理《动火许可证》的申请和审批手续。

3. 禁火范围的划分

（1）一级禁火范围：煤气鼓风机室，电捕焦油器，粗苯、精苯、古马隆生产区域，苯类油车装车站，苯类设备及管道，硫黄结晶室及库房，煤气设备及管道，洗罐站，苯类槽车洗涤区，氨硫尾气管道，焦油蒸馏轻油系统，焦油槽区及槽本体，溶剂生产装置区，各煤气水封槽，煤气仪表室内，回收洗涤装置区域。

（2）二级禁火范围：焦油洗涤、蒸馏装置，酚工段，萘结晶室及库房，焦油装车站，焦炉地下室，蓄热室，配煤粉碎机室，球磨机装置，各车间仓库，油料库、氨水设备及管道，化验室，氨硫除尾气管网硫黄生产岗位外其他区域。

（3）三级禁火范围：煤场、煤储槽、配煤室、冷凝泵房、氨水泵房、酸碱槽及管道。

4.《动火许可证》的审批权限

一级禁火范围动火，《动火许可证》经车间、科室负责人签字同意，报安全管理科审核后，再报公司领导批准。

二、三级禁火范围动火，《动火许可证》由所在生产工段提出申请，报车间、科室负责人审批。

5.《动火许可证》的办理

（1）一级禁火区动火地点属车间、科室范围的，《动火许可证》由所在车间、科室负责办理；二、三级禁火区，由动火作业项目所在生产工段负责办理动火申请。

（2）动火地点涉及其他车间或部门，应由动火作业单位负责与有关车间或部门联系，并经相关车间领导同意签字，同时做好相应的配合工作。

（3）在办理动火申请时，必须按照《动火许可证》的内容、要求认真填写。

（4）一级禁火区域动火，应在动火前1～2天内办理好《动火许可证》的申请、审批手续。

6. 动火作业前的准备

（1）动火作业时的安全防火、防爆、防中毒等措施，应由动火作业所在单位提出和落实，必要时可由有关科室参加讨论制定。在生产区域内的重点动火工程，动火前车间应将动火施工方案及安全防火、防爆措施，以书面的形式报安全管理科、保卫科及其他有关科室审核。

（2）动火现场的看火人，由申请《动火许可证》的单位负责指派责任心强、熟悉生产工艺，并有着一定防火知识的人担任。看火人的职责：一是负有共同做好动火安全措施落实情况的责任，如发现防火措施不落实或未按措施要求施工，有权制止动火；二是看火人必须始终坚持在动火作业现场岗位监护，发现火情，应及时扑救。动火作业结束，应检查现场，确认动火现场无残留余火后方可离开。

（3）在一级禁火区域或二级禁火区域的主体设备上动火，动火之前，安全管理科、保卫科应指派专人到动火现场与动火作业负责人、车间安全员、看火人、执行动火人，按照《动火许可证》上提出的防火措施，逐一检查确认，全部落实后，应在《动火许可证》底联签名，方可开始动火作业。

（4）在一级禁火区域或二级禁火区域的主体设备上动火，申请《动火许可证》的单位应申请消防车到动火现场监护。消防队接到防火员通知后，应迅速将消防车开至动火现场，并将消防水带拉至动火作业点附近，消防员始终要处于临战状态。

7. 动火作业注意事项与要求

（1）凡需在存放过易燃、易爆、有毒物体的设备、管道本体上动火作业的，动火前，必须切断可燃物或有毒物质的来源，并堵上盲板，彻底清扫，用氮气或蒸汽置换至合格后方可动火。分析验测应在动火前30分钟内进行。

（2）在存放易燃易爆物质的设备、管道主体上动火，必须由申请《动火许可证》的单位在动火24 h前，填写《动火分析请验单》，报质管科进行取样分析。

1）为了保证取样的可靠性与代表性，防止出现死角，应由车间安全员或技术员陪同分析人员取样，并在请验单上签名。

2）分析人员应向动火审批单位出具动火分析化验报告，以作为审批单位确认后是否允许动火的依据。

3）动火分析合格后2小时内应动火施工，否则要重新取样分析。

（3）在易燃易爆设备上动火，必须事先把所有人孔、手孔、顶盖等进出口拆开，有压力或密封的容器、管道不得进行焊割。

（4）动火执行人在动火前，应事先验看《动火许可证》，待《动火许可证》上写明的防火措施确已落实，看火人到位后方可动火，否则拒绝动火作业。

（5）动火用工具、设备必须完好，安全附件齐全，乙炔气瓶必须安装回火器，氧气瓶、乙炔气瓶应距明火10 m以上距离，两瓶相距应在10 m以上。

（6）电焊机搭铁线不许借用工艺、动力等设备、管道，只能直接接在被焊物件的焊缝处，距离不应超过1 m。

（7）登高2 m以上（含2 m）的高处作业，必须系好安全带或设置可靠的工作台架。高处动火作业要采取防止火花飞溅的措施，有五级大风时，一般不准在高处作业。

（8）动火现场如发现紧急情况（如放散、可燃物外溢等）或有明显气味时，应立即停止动火作业，待查明原因、排除故障后，方可继续动火。

（9）在设备、容器内进行气割、气焊时，严禁将乙炔或氧气泄漏在设备、容器内，以防爆炸。检修暂时中断时，应将割炬、焊枪待放在设备、容器的外部。

（10）动火作业结束时，应熄灭余火、切断氧气、乙炔气气源和电源后，方可离开动火作业现场。

（11）《动火许可证》只能在批准的时间、内容、范围内使用，一级禁火区域每次批准动火时间最长不超过三天，二、三级禁火区域最长不应超过五天。若动火期满作业未完，必须重新办理《动火许可证》。

三、高处作业安全管理规定与要求

1. 制定高处作业安全管理规定的目的

凡在坠落高度基准面 2 m 以上（包括 2 m）有可能坠落的高处进行的作业，均称为高处作业。制定高处作业安全管理规定的目的是为了加强高处作业的安全管理，确保高处作业安全，防止伤亡事故的发生。

2. 高处作业基本要求

（1）凡参加高处作业的人员，思想必须高度集中，佩戴安全帽、安全带，安全带的挂钩应上挂或平挂在结实牢固的物体上。

（2）夜间从事高处作业，必须具有充足的照明和必要的安全措施。

（3）高处作业随带的工具等物应放置在工具包中及稳妥地点，不准任意向地面乱丢物体，作业人员下面的危险区域必须设置"禁止进入"的围栏或红白安全带。

（4）遇有六级（风速 10.8 m/s）以上大风以及暴雨、打雷、大雾等天气，应停止高处作业。冬季作业，如遇霜、雪、冰冻等情况，必须采取防滑措施后才能作业。

（5）参加高处作业者必须身体健康，对确实患有高血压、心脏病、癫痫病、精神分裂症等不宜高处作业者，由医务部门检查确定其不得从事高处作业。

3. 高处作业注意事项

（1）从事高处作业时，必须注意架空电线，要做好隔绝措施，防止触电，不得在靠近高压电线 2 m 内作业，不得在靠近低压电线 1 m 内作业。

（2）在石棉瓦、油毛毡屋顶上作业时，应铺设跳板或将竹梯顶端连接起来作为人字梯，架在屋架上，以便工作人员工作和行走，禁止直接踩在石棉瓦和油毛毡上。

（3）在梯子上作业时，梯子与地面的斜度保持 60 度左右，梯子底脚应装置防滑垫物，并将梯子上端与固定物扎牢，在未扎牢前，应有人扶梯做好保护工作，防止梯子滑移倾倒；不准两人在同一梯子上工作；人字梯的两梯横挡之间应由牢固的绳索捆住，避免滑动。工作前应认真检查梯子横挡，保证牢固可靠；靠在墙上的梯子，工作人员不准站在上三挡以上进行工作。

（4）高处作业必须穿跑鞋、胶鞋等较软的橡胶底鞋子，不准穿硬底鞋工作。

（5）高处作业上下爬动要谨慎，不得沿绳或脚手架的栏杆攀上或爬下。

（6）任何人不得骑在或坐在脚手架栏杆上休息，也不得在栏杆外的板头上工作和依靠栏杆起吊重物。

（7）工作前必须认真检查脚手架、栏杆、平台、梯子等是否牢固可靠，是否符合安全与施工要求。

（8）建筑物及设备的预留孔、吊装孔、平台等的盖板、栏杆与安全设施不得任意拆除，如因影响工作必须拆除时，应采取临时措施，工作完毕后负责恢复原状。

（9）高处作业的地点如靠近有毒气体的放散管，检修单位应及时与生产车间联系，采取临时有效的安全措施，防止中毒事故的发生。

（10）高处作业不准打闹开玩笑；上下层同时作业时，中间必须搭设严密牢固的防护隔板或其他隔离设施，上下层要保持联系，相互照顾。

四、缺氧危险作业安全管理规定与要求

1. 制定缺氧危险作业安全管理规定的目的

缺氧危险作业是指具有潜在的和明显的缺氧（空气中的氧气浓度低于18%的状态）危险的各种作业，例如在器、罐、炉、塔、槽、釜、焦仓、锅炉等密封设备，以及地下管道、焦炉地下室、沟井等地下有限空间和封闭试验等地上有限空间的缺氧危险作业环境中作业。

制定缺氧危险作业安全管理规定的目的是在企业生产过程中需要进入各类炉、塔、器、槽、罐等密封设施内部检修作业时，为了保证缺氧条件下危险作业的安全，参照GB 8958—2006《缺氧危险作业安全规程》，预防由于缺氧所造成的人身伤害事故的发生。

2. 缺氧危险作业基本要求

（1）作业前，做好充分准备，尽量减少缺氧危害程度，如打开人孔自然通风换气、冲洗干净内壁等；作业过程中可采取充分的通风换气措施，使该作业环境空气中氧气的浓度在作业全过程中始终保持在18%以上。严禁采用纯氧进行通风换气。

（2）对由于防爆、防氧化不能采用换气措施或受作业环境限制不易充分通风换气的工作场所，作业人员必须配备并使用空气呼吸器、氧气呼吸器或软管面具等隔离式呼吸保护器具。严禁使用过滤式面具。

（3）当存在因缺氧而坠落的危险时，作业人员必须使用安全带，并在适当位置可靠地安装必要的安全绳网设备。

（4）在每次作业前，必须仔细检查呼吸器具和安全带，发现异常应立即对其修补或更换，严禁勉强使用。

（5）在作业人员进入缺氧的环境作业前和离开时均应准确清点人数。

（6）在存在缺氧危险的环境中作业时，必须安排监护人员，密切监视作业状况，发现异常情况应及时采取有效的措施。

（7）作业人员与监护人员应事先明确联络信号。当发现缺氧危险时必须立即停止作业，让作业人员迅速离开作业现场。

3. **缺氧危险作业注意事项**

（1）严禁无关人员进入缺氧作业场所，并应在醒目位置做好标志。

（2）在存在缺氧危险的作业场所，必须配备抢救器具。如呼吸器、梯子、绳缆以及其他必要的器具和设备，以便在非常情况下抢救作业人员。

（3）发生缺氧危险时，作业人员和抢救人员必须立即使用隔离式呼吸保护器具。对已患缺氧症的作业人员应立即给予急救和医疗处理。

（4）在密封容器内使用 CO_2 及惰性气体进行焊接作业时，必须在作业过程中通风换气，使氧气浓度保持在18%以上，或者让作业人员使用隔离式呼吸保护器具。

（5）在通风条件差的作业场所，如焦炉地下室等，配置 CO_2 灭火器时，应将灭火器放置牢固，禁止随便启动，防止 CO_2 意外逸出。建议在放置灭火器位置设置明显标志。

（6）当作业人员在密闭设备（如槽、罐、塔、锅炉等）内部作业时，如果其作业人员出入的门或盖不能很容易地从内部打开而又无通信、报警装置时，严禁关闭门和盖。但输送管道连接此密闭设备处，必须严密关闭阀门或者装好盲板，输送有毒有害物质的管道的阀门应有人看守，或在醒目处设立禁止启动的标志。

（7）对参加缺氧作业的所有人员应进行教育与加强管理，教育内容包括防护用品、呼吸保护器具及抢救装置的使用、检查与维护等常识，缺氧症的症状、职业禁忌证的防治措施以及缺氧症的急救知识等。

五、危险作业安全监护规定与要求

1. **制定危险作业安全监护规定的目的**

制定危险作业安全监护规定的目的是为了保证在危险作业过程中作业人员的安全，防止因意外事件发生而造成人员伤害和企业财产损失。

2. **危险作业安全监护范围**

（1）易燃易爆区域动火作业。

（2）塔、釜、槽、罐、容器内清扫、检修作业。

（3）斗槽、煤塔、焦仓内清扫作业。

（4）电捕焦油器内作业。

（5）大工件、危险物品及整台机电设备吊装作业。

（6）多工种、多层次同时交叉作业。

（7）高压倒电闸作业。

（8）带电作业。

（9）煤气系统停送作业。

（10）蒸汽系统停送作业。

（11）高空作业。

（12）从事有毒有害、腐蚀性作业。

（13）抽堵煤气盲板作业。

（14）焦炉碳化室热态修补作业。

（15）锅炉内检修作业。

（16）锅炉汽包检验作业。

（17）排除重大故障作业。

（18）各种突击抢修作业等。

3. 危险作业安全监护基本要求

（1）凡在危险作业前，各单位必须确定安全监护人，并对作业全过程负责监护。各单位在车间施工，车间安全员负责检查、督促安全措施的落实。

（2）安全监护人必须由责任心强、熟悉作业全过程的人担任，能懂得了解作业过程可能会出现哪些危险及其危险性质、危险程度，并能提出控制危险向事故转化的措施。安全监护人员应佩戴安全监护标志。

（3）安全监护人必须忠于职守，不得擅自离开监护岗位。作业人员必须听从安全监护人的指令。

（4）安全监护人一旦发现作业区域内有危险情况，有权停止作业，必要时组织人员立即撤离现场，待险情排除后再进行作业。

（5）安全监护人应对安全防护措施进行事前检查，落实不到位的，要及时向施工负责人提出，督促安全防护措施落实到位。

（6）安全监护人发现作业人员有违章蛮干现象，应及时制止；制止不听者，应立即向施工负责人汇报，直到作业人员停止违章蛮干行为。

（7）安全监护人发现作业现场有不安全因素时，如超负荷吊运、煤气区域CO浓度未进行监测、防火墙不符合要求、塔釜内有害气体浓度不明等，应立即与作业负责人联系，在确认安全后才能进行作业。

（8）危险作业现场的通道必须保持畅通无阻，一旦发生意外，便于人员疏散。若通道条件不具备，安全监护人应配合施工队疏通安全通道。

（9）除施工单位指定的专人实行安全监护之外，负责该危险作业的主管科室负责人、有关安全员应经常到现场检查、督促安全防范措施的落实，协助安全监护人员搞好监护工作。

第三章　冶金企业员工安全操作要求

班组是企业生产作业的基本单位，是企业完成各项经营目标的主要承担者和直接实现者，同时班组（尤其是生产班组）又是企业实现长期稳定安全生产的基础，班组能否长期保持安全生产的局面，决定着企业整体的安全生产形势。因此，必须提高班组安全管理水平，通过强化班组安全管理，加强班组安全建设，增强班组员工的安全意识，促进班组员工的安全操作和遵章守纪，促进各项事故预防措施的落实。只有这样，才能有效地预防事故的发生。

第一节　冶金企业班组安全管理基本要求

在企业中，班组是企业安全管理的基础，又是企业生产现场管理的前沿阵地，可以说，班组是企业预防事故发生、保证安全生产的一个重要环节。冶金企业生产的一个特点是班组员工的集体作业，在班组集体作业中特别需要相互配合、通力合作，因而也就更加需要重视班组的安全管理。根据调查分析，90%以上的事故发生在生产班组，80%以上的事故的直接原因都是因班组生产中违章指挥、违章作业或者各种隐患没有被及时发现和消除造成的。这个事实说明，防止人的不安全行为，消除物的不安全状态，必须从班组做起，一切安全管理的措施方法只有在班组中真正发生作用，才能有效避免事故和伤害的发生。

一、冶金企业班组安全管理要求

1. 班组安全管理基本要求

班组安全管理基本要求包括以下内容。

（1）安全生产规章制度齐全，并能严格执行。

1）工作岗位有工艺技术操作规程、安全操作规程、设备维护检修规程。

2）安全生产责任制明确具体，并能执行好。

3）交接班制、巡回检查制，执行情况良好。

4）对违章、违纪、事故、伤亡情况进行详细记载，并按规定进行分析和及时上报。

5）坚持经常性的安全活动，安全活动内容明确，并有一定的成效。

6）严格执行安全生产奖惩制度，并认真考核。

7）建立安全互保对子，班组负有连带责任，人人上标准岗、干标准活，上安全岗、干安全活。

8）严格执行持证上岗制度。

9）严格执行企业的各项安全生产规章制度及标准。

（2）做好安全文明生产的各项工作。

1）岗位上各种应设的安全防护装置（设施）齐全完好、灵敏可靠，按规定定期检验无隐患。

2）工作场所材料、制品堆放整齐，安全通道符合要求。

3）设备无积尘、无油垢，地面清洁无杂物、无积水，达到“清洁文明工厂”要求。

4）现场安全标志、色标、管道介质、物料流向符合国家标准和安全生产要求。

5）能正确使用和维护好防尘、防毒、防噪声等设备，并使其正常运转。

（3）班组员工要正确使用防护用具和防护用品。

1）按规定穿戴劳动保护用品，特别是在易燃易爆场所必须穿戴无化纤织物的衣服。

2）正确使用、维护、放置防护用品、用具和设施。

3）定期检查或更换、放置防护用品、用具和设施。

4）防护用品、用具、设施要有具体的管理制度，并由专人管理。

5）每个成员都能掌握触电、爆炸、外伤、中毒等自救、互救的方法。

（4）班组员工劳动纪律要求。

1）按时上下班，不迟到、不早退。

2）坚守岗位，不脱岗、不串岗，不在岗位上打盹睡觉。

3）班前班中不饮酒，当班精力充沛。

4）不带小孩上岗，不在岗位上接待客人。

5）当班不看书报杂志或闲谈。

6）当班不干与工作无关的事，不干私活。

2. 班组生产的动态安全管理要求

动态安全管理是针对企业生产活动的基本特征提出来的，其核心是企业安全生产的全员参与、全过程跟踪、全方位控制和全天候管理。动态安全管理的基本思路可概括为四句话：安全生产全员到位，安全目标总体推进，安全过程全程跟踪，安全工作科学运作。

班组在动态安全管理中的控制方法，主要是采取制度控制、作业控制、重点控制、跟踪控制和群防控制的方法，这些方法已被实践证明是行之有效的。

（1）制度控制。动态安全管理必须有一套严密完备的规章制度做保证。当前，企业伤亡事故多的重要原因之一在于现行的规章制度不完善、不健全。要对班组实行动态安全管理，就要在不断完善和充实规章制度上下功夫，建立一套符合本企业特点的安全生产管理规章制度，使安全生产管理向科学化、规范化、标准化发展。执行制度要严在贯彻上、严在动态管理上、严在事故发生前，使规章制度起到安全生产的导向作用。

（2）作业控制。据数理统计，大量的事故多发生在作业中或作业现场，因此，作业控制是安全生产动态管理的重要方面。作业控制就是经常分析作业工序中的危险因素，有针对性地采取控制对策，按班、按日检查落实情况，发现问题及时解决。

（3）重点控制。重点就是危险源（点），如有毒有害作业场所、易燃易爆生产场所、立体交叉作业场所、高处作业和其他特种作业等。对于重点场所，要配备各种醒目的安全标志，做到“有眼必有盖，有边必有栏，有空必有网，有线必有杆”。

（4）跟踪控制。跟踪控制就是按照事故“四不放过”的原则，对已发生的事故和出现的事故苗头狠抓不放、跟踪控制，从事故苗头中寻找失控点，制定控制对策，杜绝类似事故的发生。

（5）群防控制。班组实施动态安全生产管理，意味着管理密度的增加，工作量显著增大，只靠少数安全管理人员显然不够，必须采取专业管理和员工自主管理相结合，特别要注意发挥岗位工人的安全生产积极性。班组岗位的工人是企业安全生产的实践者，广大员工行动起来，在生产作业过程中做到个人不违章、岗位无隐患、过程无危险，才能实现班组乃至整个企业的安全生产。

二、班组长和班组安全作业基本要求

1. 班组长安全工作职责与要求

（1）对本班组的员工在生产过程中的安全负有责任。

（2）认真执行安全生产的各项政策、法令及公司分厂、工段的有关规定，严格执行各项安全生产规章制度和交接班制度。

（3）经常教育、检查岗位员工，确保其遵守安全技术操控规程和正确使用机械、设备、工具原材料、安全设施、个人防护用品等。

（4）经常检查并保证生产作业场所安全文明生产，物品要坚持定置管理。

（5）每周要组织一次安全日活动，开展班前会、班后会，分析本班组危险源（危险点）和隐患的危险情况，如事故的预知活动和标准化作业活动。

（6）有权拒绝上级的违章指挥，发现有事故险情时，有效指挥员工撤离现场，不得冒险蛮干。

（7）发生伤亡事故要积极组织抢救伤员，保护现场，立即报告，并认真如实汇报事故的发生情况。

2. 班组安全管理标准与要求

（1）班组的安全组织标准

1）班组长是班组安全工作的第一责任人，对班组安全工作负全责。

2）班组必须设一名兼职安全员，主要是协助班组长全面开展班组的安全管理工作。安全员不在时，班组长必须明确代管人员。班组长不在时，安全员有权安排班组有关人员处理与安全有关的工作。

3）班组分散作业时，每摊工作的负责人即为安全负责人。

4）班组必须实行安全轮流值日制度，除学徒工外，每天或每周轮换一人进行安全值日，安全值日员的主要任务是协助班组长、安全员开展好日、周的安全工作。

（2）班组的安全教育内容标准

1）本班组的概况和工作范围，本岗位、工种或其他对应岗位发生过的一些事故教训及预防措施。

2）本班组的危险源及控制措施。

3）本岗位、工种的安全规程，厂安全通则、职工安全守则，通用和相关安全规程和有关安全生产制度。

4）安全防护用品的正确使用方法，所操作机械设备、工具、器具的安全使用要求。

5）岗位间工作衔接、配合安全注意事项。

6）各种事故的处理、紧急救护知识。

7）企业及本单位的安全动态。

（3）班组的安全教育要求

1）在新技术、新工艺、新材料、新设备使用前，班组必须组织职工进行有针对性的安全教育和测试。

2）新职工、换岗职工上岗前必须经过班组级安全教育，教育时间不少于40学时。

3）休假一个月以上的人员、工伤休假复工的人员、已（未）遂事故责任者、违反安全规程的人员必须经过安全教育后方可上岗，安全教育时间必须在4 h以上。休假在七天以上不满一个月的复工人员，复工前的安全教育时间必须在2 h以上。

4）安全规程考试100分为及格，不及格者要复学复考，经考试合格者方可上岗独立操作。教育内容、考试分数要记入“班组安全教育台账”，教育合格后要及时转递三级教育卡片。

5）对完成安全教育后的人员，班组长或安全员必须检查教育效果，并签署是否同意其上岗的意见，一周以后一月以内复查。

（4）班组班前会标准

1）结合当日的具体生产（检修）任务及工作环境，详细布置安全工作，并明确安全值日人。

2）根据每一时期的思想倾向和季节变化，讲解安全注意事项。

3）传达上级有关安全生产指示和事故案例。

4）学习、抽考职工安全规程。

5）班前会情况记入班组安全生产日志。

6）班组每周必须组织一次安全活动，时间不少于1小时，活动时间应安排在周一，如遇特殊情况，经车间主管领导批准后，活动可在本周其他时间补上。

（5）安全活动内容

1）总结上周安全工作，并对班组各岗位进行安全讲评，研究布置下周工作。

2）结合实际问题学习讨论上级有关安全生产指示精神，系统学习安全规程，研究解决班组在安全生产方面存在的问题，检查揭露不安全隐患和提出在安全生产方面的合理化建议，交流安全生产经验以及分析事故教训等。

3）对因故没有参加活动的人员，班组要将主要精神及时传达，并在活动记录结束处加以注明。

（6）班组安全检查标准

1）班组长要组织进行班前和班中检查。班前检查可结合交接班进行，对设备安全设施进行检查和交接，有问题要交接清楚。各岗位在班前要对所管区域、所用设备、使用工具进行检查，包机人要对所包设备重点检查。班中要对设备运行动态情况进行检查，重点是安全装置完好情况及设备是否有不正常现象等。

2）长期闲置不用的设备，使用前应全面检查，经检查合格后方可使用。

3）值日人员应督促本班组人员按规定穿戴好劳保用品，检查各岗位执行安全规程情况，检查各岗位查出问题整改及上报情况。

4）安全检查查出的问题无论是否整改都应记入安全值日栏内，未整改的要立即上报，并注明整改情况和报告部门名称、接受报告人姓名及职务。

（7）班组安全规程与制度管理标准

1）班组的每个岗位、工种和所操作的机电设备、工具都必须有健全的“安全规程”，并统一版本，字迹清楚，人手一册，人人熟知，严格执行。

2）班组要根据生产设备等因素的变化，事故教训等情况及时检查现有规程制度是否健全。要根据实际情况及时提出补充修改意见，上报批准后执行。

3）凡检修、抢修及临时性工作，班组都必须提前制定出书面安全措施，并由车间主管领导审批，大、中修安全措施逐级把关、审批。所有安全措施都必须在检修、抢修施工前认真学习，并在实际工作中严格执行。临时安全措施要结合现场、环境、季节、施工方案、危险区域、重点部位、互保联系信号、标志等实际情况来制定。

4）凡上级颁发的与本班组有关的各项规章制度及各类操作证、票、表，在班组内必须健全，并妥善保管，经常组织学习，认真贯彻执行。

5）班组必须要保证每周抽考安全规程，抽考规程要全面，全班组每月每人至少被抽考2次。抽考范围是厂安全通则、岗位安全规程、相关通用安全规程、相关规章制度、危险源控制措施、紧急情况的处理程序，岗位安全规程抽考必须达到100分。

6）结合当天工作实际，应学习、抽考相关安全规程的有关条款和相关的其他规程。

7）班组应适时组织岗位安全操作的技能训练，举行反事故演习，掌握处理各种故障的能力，提高自我保护能力。

8）班组各岗位人员熟知本岗位安全生产责任制并严格遵守。

（8）班组人员互保联保标准

1）班组必须实行安全互保制，主保对象要明确，有图表或文字确认。

2）工作前，班组长应根据出勤情况和人员变动情况，明确当天的互保对象，不得遗漏。

3）在每一项工作中，工作人员形成事实上的互联保。应履行互保、联保职责。

4）作业中，互保双方要对对方人员的安全健康负责，做到四个互相：一是互相提醒，即发现对方有不安全行为和不安全因素、可能发生意外情况时，要及时提醒纠正，工作中要呼唤应答；二是互相照顾，即工作中要根据工作任务、操作对象合理分工，互相关心、互创条件；三是互相监督，即工作中要互相监督，严格执行劳动防护用品穿戴标准，严格执行安全规程和有关制度；四是互相保证，即保证对方安全生产（施工）作业，不发生人身事故。

（9）班组安全生产标准

1）班组内的机电设备、工具、车辆及工作现场等都必须做到无隐患。安全防护装置、设施齐全可靠并符合“六有”规定，严禁设备带病作业。

2）上岗前必须按规定穿戴好劳动保护用品，杜绝疲劳作业。

3）对于班组内每项操作，每个职工都能认真执行安全操作规程和各项规章制度，无冒险蛮干，无违规操作。

4）特种作业人员从事相关操作，必须持证上岗，实习人员必须在具有相应资格人员的监护下工作。不得安排无证人员从事特种作业。

5）班组要严格执行“四不放过”“联系确认”“操作牌（票）”以及交接班制度。

6）新上岗职工（含换新工种人员）必须明确专人对其监护，负责其安全工作，在监护期间不得独立操作。安全监护期不少于一个月。

7）凡有危险源的班组必须有完整的“危险源”控制图（或表）。每个职工都要熟知本岗位的“危险源”及控制措施和应急预案。

8）要根据生产工艺、环境等的变化，及时对“危险源”进行核实，根据已根除的“危险源”情况和新发现认识的“危险源”情况等，及时修改、补充“危险源”控制图（或表），并使职工及时熟知。

第二节　冶金企业安全生产规定与禁令

对于冶金企业来讲，生产环节存在易燃易爆、有毒有害、连续作业等特点，因此应强化对作业人员的安全管理。在安全管理方式上，有的企业制定安全生产通则、规定、禁令等，用简洁明快、清晰易懂的语言，对员工必须遵守的基本安全要求做出明确规定。不同的安全要求可以采用不同的方式，有的安全要求采用“通则”的方式较好，有的安全要求采用“禁令”的方式更加妥当，这需要根据具体情况而定。这样做有两个好处：一是有利于培养职工的安全意识，强化安全观念；二是有利于职工遵章守纪，避免发生低层次的严重违章事故。

一、职工安全准则

全公司员工以及外来施工人员和实习、代培人员，凡进入生产或施工现场及上岗作业，均必须严格执行本准则。

（1）进入现场“两必须”：一是进入现场必须“两穿一戴”，即穿着工作服、工作鞋和戴安全帽（女职工发辫必须盘入帽内）；二是进入 2 m 以上高处作业，必须佩挂安全带。

（2）现场行走“五不准”：一是不准跨越皮带、辊道和机电设备；二是不准钻越道口栏杆和铁路车辆；三是不准在铁路上行走和停留；四是不准在起重吊物下行走和停留；五是不准带小孩或闲杂人员到现场。

（3）上岗作业“五不准”：一是不准未经领导批准私自脱岗、离岗、串岗；二是不准在班前班中饮酒及在现场打盹、睡觉、闲谈、打闹及做与工作无关的事；三是不准非岗位人员触动或开关机电设备、仪器、仪表和各种阀门；四是不准在机电设备运行中进行清扫及隔机传递工具物品；五是不准私自带火种进入易燃易爆区域并严紧在该区域抽烟。

二、职工安全通则

（1）职工必须牢固树立“安全第一，预防为主”的思想，认真贯彻国家安全生产政策和法规，严格执行安全技术操作规程和各项安全生产规章制度。

（2）工作前必须按规定穿戴好劳动保护用品，女工必须将发辫放入帽内；旋转机床严禁戴手套操作。作业前必须检查设备和工作场地，发现异物和异常现象，应立即清除和排除。二人以上共同工作时必须有人负责，统一指挥。

（3）不准带小孩进入工作场所，上班前和工作中严禁饮酒，不能穿拖鞋、穿高跟鞋、赤脚、赤膊、敞衣、戴头巾、戴围巾工作。

（4）搞好安全防护，确保信号、保险装置齐全、灵敏、可靠；认真做好设备维护保养，确保设备正常工作。

（5）工作中应集中精力，坚守岗位，不准把自己的工作交与他人，不准打闹、睡觉和做与本职工作无关的事。

（6）严格执行交接班制度，实行面对面交接班。非连续作业岗位下班前必须切断电源、汽（气）源、熄灭火种。

（7）操作工必须熟悉其设备性能、工艺要求和设备操作规程。设备应专人操作，未经领导批准，严禁操作他人设备。

（8）全体职工必须学会和正确使用防护器材和消防器材。

三、防火、防爆十大禁令

（1）严禁在厂内禁烟区域吸烟，严禁将易燃、易爆、有毒、易腐蚀物品带入厂内。

（2）严禁未经批准擅自进行用火作业。

（3）严禁穿易产生静电的服装进入油气区工作。

（4）严禁穿带铁钉的鞋进入油气区及靠近易燃、易爆装置。

（5）严禁用汽油、易挥发溶剂擦洗设备、衣物、工具及地面等。

（6）严禁未经批准的各种机动车辆进入生产装置区、罐区及易燃易爆区。

（7）严禁就地排放易燃、易爆物料及危险化学品。

（8）严禁在油气区用黑色金属或易产生火花的工具敲打、撞击和作业。

（9）严禁堵塞消防通道及随意挪用或损坏消防设施。

（10）严禁损坏厂内各类防爆防火设施。

四、车辆安全十大禁令

（1）严禁超速行驶、酒后驾车。

（2）严禁无证开车或学习、实习司机单独驾驶。

（3）严禁空档放坡或采用直流供油。

（4）严禁人货混载、超限装载或超员。

（5）严禁违反规定装运危险化学品。

（6）严禁迫使、纵容驾驶员违章开车。

（7）严禁车辆带病行驶或私自开车。

（8）严禁非机动车辆或行人在机动车临近时，突然横穿马路。

（9）严禁吊车、叉车、电瓶车等工程车辆违章载人行驶或作业。

（10）严禁撑伞、撒把、带人及超速骑自行车。

第三节　冶金企业部分工种安全操作规程

员工安全操作规程是对客观规律和经验的科学总结，是企业员工进行安全操作的法规和依据。安全操作规程应包括以下内容：生产工艺和施工检修流程中各环节的作业与设备、工具的操作使用过程中，引起事故或危及人身安全与健康因素的控制要求；禁止事项、注意事项和检查事项；各类事故教训与正确处理的办法；操作证、操作牌（票）使用过程中的联系、确认，安全互保等执行和安全防护装置、劳动保护用具的正确使用要求等。为维护企业的正常生产秩序，保障员工在劳动生产过程中的人身安全与健康，依据《安全生产法》的有关法律法规的规定，必须制定切合实际的安全操作规程，员工在生产作业过程中也必须遵守安全操作规程。在此介绍冶金企业部分工种安全操作规程以作为参考。

一、冶金企业安全技术操作规程基本要求

（1）安全生产，人人有责，所有的职工必须加强法制观念，认真执行党和国家有关安全生产、劳动保护政策、法令，严格遵守安全技术操作规程和各项安全生产规章制度。

（2）凡不符合安全生产要求，有严重危险的厂房、生产线和设备，以及遇有严重危及生命的情况，职工有权停止操作并及时报告工厂领导处理。

（3）入厂前，工人、实习生、代培工、临时参加劳动及变换工种的人员，未经三级安全教育或考试不合格者，不准参加生产或单独操作。电气起重、蒸汽锅炉、受压容器、电焊、天车等特殊工种的操作人员均应经专业培训和考试合格后，凭证操作。外来参观人员，接待部门应组织对其进行安全教育。

（4）进入生产岗位，必须按规定穿戴好劳动防护用品，女工要把发辫放入帽内。旋转机床严禁戴手套操作。检查设备、排除故障和隐患，保证安全防护信号、保险装置齐全、灵敏、可靠，不准带小孩进入公共工作场所，不准穿拖鞋、穿凉鞋、赤脚、赤膊、敞衣、戴头巾工作。上班前不准饮酒。

（5）工作中应集中精力，坚守岗位，不准擅自把自己的工作交给他人，不准打闹、睡觉和做与本职工作无关的事。凡对动转设备，不准跨越传递物件和触动危险部位。不准用手拉、嘴吹铁屑。不准站在砂轮前方进行磨削。调整检查设备需要拆卸防护罩时，要先停电关车，不准无罩开车。各种机具不准越限使用，中途停电，应关闭电源。

（6）做好文明生产，保持工厂、车间、库房整齐清洁，过道畅通无阻。

（7）严格执行交接班制度，末班工人下班前必须切断电源，熄灭火种，清理现场。

（8）二人以上共同工作时，必须指定安全负责人，有主有从，统一指挥。夜班、加班以及在封闭厂房作业时，必须安排两人一起工作。

(9) 厂内行人要走安全通道，注意各种警示，严禁贪近道而跨越危险区，严禁从行驶中的机动车辆上爬、跳、抛掷物件。厂房内不准骑自行车。厂区路面施工，要设置安全遮挡和标记，夜间设红标灯，凡动土要经过有关部门批准。

(10) 严禁任何人攀登吊运中的物体以及在吊钩下通过和停留。

(11) 操作工必须熟悉其设备性能、工艺和设备操作规程。设备应定人操作。工人开动本工种以外的设备时，必须经有关领导批准后，方可操作。

(12) 检修机械、电气设备时，必须挂停电警告牌，设人监护，停电牌必须谁挂谁收，非工作人员严禁合闸，合闸前要细心检查，确认无人检修时方准合闸。

(13) 各种安全防护装置、照明、信号、监测仪表、警戒标记、防雷装置等，不准随意拆除或挪用。

(14) 一切电气、机械设备的金属外壳和天车轨道等必须有可靠的接地或重复接地安全设施，非电气人员不得装修电气设备和线路。使用手持电动工具必须确保其绝缘可靠，有良好的接地和接零措施，并应戴好绝缘手套操作，行灯和机床局部照明电压不得超过 36 V，容器内和危险潮湿地点电压不准超过 12 V。

(15) 高空作业必须扎好安全带，戴好安全帽，不准穿破底鞋。严禁抛掷工具材料等物件。

(16) 对易燃、易爆、剧毒、放射和腐蚀等物品，必须分类妥善存放，并设专人严格管理易燃、易爆等危险场所，严禁吸烟和明火作业，不得在有毒、粉尘生产场所进餐、喝水。

(17) 对于产生危害人体的气体、尘埃、渣滓、放射线、噪声的场所，生产线和设备必须配置相应的三废处理装置或安全保护措施，并保持其良好有效。

(18) 变压站、配电室、空压机房、锅炉房、油泵房等要害部门，非岗位人员未经批准严禁入内。

(19) 各种消防器材、工具应按消防规范设置齐全，不准随意动用，安放地点周围不得堆放其他物品。

(20) 发生重大事故或恶性未遂事故，要及时挽救，保护现场，并立即报告领导和有关部门。

二、冶金企业专业操作工安全技术操作规程

●炉前工安全技术操作规程

1. 作业前准备

(1) 平台上各种器物不准乱抛以防伤人。

(2) 进入车间必须穿戴好劳动防护用品。

(3) 接备用电极时，电极之间平面必须紧密，钻定位销子要正确使用电钻。

2. 开、停炉作业

（1）通电时禁止任何人上炉顶作业。

（2）炉体倾动、炉盖升降时炉顶不准有人。

（3）电炉在出钢或停电时间大于 2 h 后，再供电时要求电工在场检查和监护并排除故障。

3. 正常作业

（1）开新炉或停电大于等于 4 h，送电前必须经检修员工全面检查并征得同意，方可开炉。

（2）出钢口堵住后，在处理过程中，人要站在两侧，防止红渣掉入伤人，加填料前检查托盘是否关到位，填料加满后方可摇炉。

（3）炉内塌料且表面渣温较高时，严禁倾炉。

（4）新炉第一炉不宜吹氧助熔，在炉料熔化 90%后方可吹氧。

（5）严禁氧化期在偏心区下清渣。

（6）不准在天车吊物下行走或停留，听到铃声立即让开。

（7）粘在前渣坑挡渣板上的渣子，必须定期处理。

（8）不准在炉盖、炉身漏水的情况下作业。

（9）进第一次料时，料罐入炉后插销拉脱，允许炉前用吹氧处理，但工人必须立在炉门两侧，握住氧枪尾端，进第二次或进三次料时严禁吹氧处理。

4. 注意事项

（1）炉顶上不得有任何重物，防止炉体倾动时滑下伤人。

（2）各种取样工具必须干燥，不准将钢液倒在潮湿或有水的地方。

（3）吹氧操作时，先检查皮管是否松动，氧枪接头是否滑牙，发现时应及时排除，吹氧枪或氧气管严禁搁在肩上，油污的手和手套不准接触开关。

（4）炉料高出炉顶时，应用专用压料渣包，禁止用炉盖顶撞或用其他重物压料。

（5）平台上的各种器物不准向下乱抛，以防伤人。

5. 安全检修

（1）上炉顶作业，必须有两人确认电源已经切断，方可作业。

（2）炉内有积水时，严禁进料供电。

6. 事故隐患处理

（1）清理前坑，必须有人监护，严禁炉料熔清后在前坑或炉下轨道两侧清渣。

（2）压料渣包钢丝绳和吊渣包钢丝绳，必须在使用前认真检查，发现磨损严重或断丝过多应立即停止使用并及时调换。

●炉前配电工安全技术操作规程（电炉）

1. 作业前准备

（1）进入厂房必须穿戴好劳动防护用品。

（2）配电工必须是素质良好考试合格的专职配电工。

2. 开、停炉作业

（1）接班必须检查电器、机械设备，如有异常情况要及时汇报，处理好后，方可供电。

（2）不准带负荷送电，不准带负荷分电。

3. 正常作业

（1）配电工必须按规定穿绝缘胶鞋，座椅和地面必须绝缘良好。

（2）配电室及供电系统区域不允许存放易燃易爆、易引起短路的其他物品。

4. 注意事项

送电前必须先检查变压器的油温水压，一定要观察炉顶及短网上是否有人作业，在征得当班炉长的同意后，发出警铃信号方可合闸送电。

5. 事故隐患处理

（1）停炉时间大于等于 1 h 后，继续开炉送电前必须通知值班电工全面检查后征得同意，并有人在场监护方可送电。

（2）炉顶有人在调换电极时，配电工注意力必须集中，升降电极时要慢并使用锁定。

●炉衬工安全技术操作规程

1. 作业前准备

（1）上班必须穿戴好劳动防护用品。

（2）检查一切生产工具、吊具、机械设备。

2. 开、停机作业

（1）天车吊物要有专人指挥，自己站位有利退让，起吊时钩头有吊物，人员必须主动让开。

（2）堆放耐材要平稳放置，不宜堆放过高，防止倒塌伤人。

（3）使用风扇前要检查防护罩是否齐全、是否接地。

3. 正常作业

（1）吊运炉盖必须使用专用的钢丝绳，使用前要认真检查，发现严重生锈、断丝磨损严重、不符合标准的钢丝绳，绝对不允许使用。

（2）炉内吊放砖要平稳，吊放镁碳砖要更加注意，以防滑下伤人。

4. 注意事项

（1）使用大锤子时，严禁戴手套，握扦人与打锤人不得站在同一方向，高空作业时必须佩戴安全带。

（2）倒废砖时工人要站立在安全位置，并提示周围人让开。

5. 安全检修

用天车拉炉底冷钢时，炉内不准站人，防止弹击伤人。

6. 事故隐患处理

拆炉、回收旧砖时要防灼伤和击痛手脚，使用锤子、撬棒拆炉时，要注意立位，防止耐火砖或方心钢倒塌伤人。

●炉前清渣工安全技术操作规程

1. 作业前准备

作业前按规定正确穿戴好劳动防护用品。

2. 正常作业

（1）严禁在炉浇流渣时进行打水冷却作业，防止爆炸伤人。

（2）严格做好一层一冷的打水制度。

（3）调炉检修或清理炉下杂物垃圾必须安排好，严禁向炉下扔物，同时派人在炉前平台监护。

（4）清理场地垃圾时，应注意天车是否在头顶上过柱，严禁在天车吊物下停留或行走。

（5）指挥铲车工作或天车吊物时应注意退路，防止被车压伤、挤伤、碰伤。

（6）水泼渣场地每次清完后露出钢轨面时，应撒上一层渣子或泥土，并不准在轨面上积水，防止红渣爆炸。

●砌包工安全技术操作规程

1. 作业前准备

（1）作业前必须按规定正确穿戴好劳动防护用品。

（2）砌包时，包外必须有人监护。

（3）工作前，必须认真检查生产工具、吊具和所有设备，有问题及时通知修理。

2. 正常作业

（1）吊物进入钢包前，要有专人指挥，包内人员应主动让开。

（2）使用榔头与撬扛时要相互配合好，并注意站位，防止砖倒下伤人。

（3）用天车拉冷钢时，包口周围不准站人，指挥人员站在安全位置。

3. 注意事项

（1）在传递物件或工具前，必须等接稳后，递物者才能松手，严禁用抛、掷方法传递。

（2）拆包时，应随时注意上方砖头，防止倒塌伤人。

●大包工安全技术操作规程（连铸）

1. 作业前准备

（1）操作人员进入现场必须穿戴好劳动防护用品，各岗位人员必须熟练掌握本岗位安全操作技术规程，熟知本岗位各种设备原材料性能。

（2）对一切电器、机械设备、供水系统、液压系统、供气系统的防护装置必须认真检查，确保其处于正常状态。

（3）保持工作平台整洁，非操作人员不得在平台上停留。

2. 开停机作业

（1）放置或起吊钢包时，回转台的回转臂必须在“放置/起吊”位，并且锁定，不允许回转臂回转。

（2）起吊钢包时必须确认吊钩已挂到钢包的耳轴上，方可起吊。

3. 正常作业

（1）旋转钢包前，必须确认吊钩完全脱离，钢包水口液压缸已卸下，旋转臂范围内无障碍，方可旋转。

（2）应尽可能减少停留在危险区域的时间，连接好或拆卸下液压缸之后人员应尽快离开。

（3）在连接好或拆下滑动水口液压缸之后，应解除对回台的锁定。

（4）在更换钢包时，不允许有人站在回转台、回转圈之内。

（5）在回转台回转过程中，钢包的滑动水口必须关闭，必须驱动声视警报系统，回转前，回转半径内不得有人或障碍物。

4. 应急措施与操作注意事项

（1）发生大包穿包或漏滑板时，提醒有关人员立即离开危险区域，然后把大包从事故通道打到事故包位。

（2）吹氧管必须干燥，不得含有油污，在烧氧引流过程中，若发生回转台移动或中包车开动，必须立即停止烧氧，离开危险区域。

（3）严禁站在中包盖上烧氧，一旦烧氧引流成功，必须立即关闭氧气，离开危险区域。

（4）在上水口套装时，若发生回转台转动或中包车开动应立即停止作业，人员应马上撤离危险区域。

（5）套好上水口套装时，配好配重，马上离开作业区，应尽量减少停留在该区域的时间。

●连铸出坯工安全技术操作规程

（1）巡查维护和修理工作必须在停浇时完成。

（2）开展维护和修理工作时，电气系统必须切断开关，悬挂禁止操作牌，以防他人合闸。

（3）浇注时禁止进行冷床区域的调整、维护和修理工作。

（4）冷床有任何动作时，禁止进入冷床摆梁区域。

（5）进入冷床区域之前和走出床区域之后，必须同控制室联系，建立联系确认信号。

（6）对冷床的巡查、维护和修理必须在设备停止时进行。

（7）调整、维护、修理冷床时，相邻设备必须断开，并确保防止其合闸。

(8) 吊运冷床部件时，对吊索具必须检查确认，准确指挥吊运。

●中包工安全技术操作规程

1. 作业前准备

(1) 操作人员进入现场必须穿戴好劳动防护用品，各岗位人员必须熟练掌握本岗位安全操作技术规程，熟知本岗位各种设备，原材料性能。

(2) 中包工在浇铸操作时必须戴平光眼镜。

2. 开停机作业

(1) 中包车开出或开进浇注位时，必须先启动警报系统，严禁有人在运行线路和中包车下站立或行走。

(2) 点火时，烘烤机预热盖必须在点火位，不允许有人在中包预热区域停留。

3. 正常作业

(1) 吊运中包必须有专人指挥，起吊和放置中，人员应离开危险区域，以免被中包挤伤，中包吊运只能用专用的吊钩，严禁有人从中包底下经过。中包吊运之前，必须插杆，确定凝固之后才能起吊。

(2) 在中包从中包车上起吊之前，所用的液压缸各介质供应接头都得断开，满中包至少要冷却凝固后一小时才允许吊运，吊运要保持平稳，不允许倾斜，吊运前必须检查好吊具的安全性。

(3) 在密封引锭时，必须保证结晶器及所有材料干燥、不含油污及不能严重铁锈，封完锭后必须保证结晶器壁不含有冷凝水，封引锭后应尽快开浇，封完全引锭后等待浇注，不得开启足辊冷却水。

4. 故障处理

(1) 在浇注过程中，中包工必须密切注视结晶器液面高度，经常检查水口侵蚀情况，如果水口破裂，应停止浇注，若结晶器发生溢钢、漏钢，应立即关闭中包水口，停止浇注。

(2) 结晶器漏水严重或拉钢过程中漏水，发生掉下水管等事故，应将全部水管关闭，立即停止浇注，再次开水时应缓慢供水，不准过急打开阀门，预防产生蒸汽。

5. 检修安全

(1) 在浇注过程中，不允许有人进入二冷室，二冷室检查、维护只能在浇注间隙进行，进入二冷室必须通知主控室，并挂警示牌，以防发生意外。

(2) 操作人员到拉矫机作业时，要确认引锭杆摆放可靠安全，并且必须有人监护。

(3) 操作引锭杆时，必须注意天车位置，严禁盲目操作。

6. 事故应急措施

(1) 中包覆盖剂及结晶器保护渣必须干燥，若潮湿不允许使用。

(2) 在浇注过程中，应注意中包是否有穿包的迹象，中包使用寿命必须限制在规定范围之内，若发生穿包事故，人员应离开危险区域，中断浇注，将中包车开到事故渣罐位。

（3）若结晶器区域发现火苗（可能发生拉漏），应立即关闭中包水口，人员离开危险区域。

（4）在二冷室进行事故切割时，铸坯必须凝固且被拉矫机夹持，切割人员应站在安全可靠的平台上完成作业，并有人监护配备灭火器材及防范措施。

（5）意外停水时应及时通知中包工，采取紧急措施，防止爆炸事故发生。

●中包运作工安全技术操作规程

1. 作业前准备

（1）作业前按规定正确穿戴好劳动防护用品。

（2）吊运中包、中包盖、渣罐、塞杆机构、冷钢渣块时，要有专人挂钩或套索，挂、套前检查吊索是否可靠，是否安全，并注意周围作业环境，确认安全可靠后指挥天车慢起、收行、慢放。

2. 正常作业

（1）台架上方吊运中包等重物时，离台面不超过 1 m，吊物下严禁站人。

（2）装拆闸板、塞杆等其他部件时，操作人员要互相配合，以防伤人。

3. 故障处理

使用煤气时，按《煤气作业规程》执行，严防煤气泄漏及非正常熄火，注意报警信号。

4. 检修安全

（1）中包在干燥时，应严格执行操作制度，有专人负责，对口交接无关人员禁止在干燥区逗留。

（2）中包翻包作业时，应有专人指挥，翻包前要确认包内残钢已完全凝固，倾翻时，要先确认中包与倾翻台架的四个锁是否锁牢。

5. 操作注意事项

（1）刚浇完的中包，必须等完全冷却后才可进行其他作业，冷却期间不得向包内打水，以防放炮伤人。

（2）用铁锤砸碎塞杆取螺杆时要戴防沙镜，以防碎片飞溅伤人，取下的连接件立即放入指定的水槽中冷却，以防烫伤。

（3）中包盖必须存到固定位置，要摆放到位，防止滑动造成事故，砌筑中包渣罐时，包（罐）上应有标识以警示天车工。

（4）使用风镐时，小心摔下、烫伤，应尽量避免在中包区烧氧气，保护工作环境。

●主控操作工安全技术操作规程

1. 作业前准备

（1）作业前必须按规定正确穿戴好劳动防护用品。

（2）对于所有在出坯区域、辊道区域和辅助设备的操作，必须由经过培训的专职人员执行，未经同意，非本岗位工作人员禁止进入主控室。

（3）操作前确认所有操作设备处于安全可靠的状态，对职责范围外的仪表、电气开关不得乱摸乱动。

2. 正常作业

切割时，火切机切割区域必须无人。

3. 检修安全

（1）严格执行氧气，燃气系统的点检制度，发现问题必须及时通知有关人员处理。

（2）在辊道区域进行辅助设备的维护、检修时，相关设备必须断电，液压、气压悬挂警示牌，确保防止其合闭。

●火切机工安全技术操作规程

1. 作业前准备

（1）作业前必须按规定正确穿戴好劳动防护用品。

（2）火切机必须处于可靠的操作环境中，各种设备连接和管线设置必须正确、精确。

（3）接班后对气割枪接头进行全面、仔细检查，以防回火伤人。

2. 正常作业

（1）点燃火焰切割机及试样切割机时，要两人共同完成，一人先将火靠近烧嘴，另一人再慢慢打开阀门，严禁先送气后点火。

（2）手工切割时，必须戴防护眼镜。

3. 检修安全

（1）对火焰切割机进行维护修理时，必须确认每个移动动作已停止和火焰切割机已停机，同时做好防止火焰切割机移动、开机的防范工作。

（2）功能检查要事先通知各控制站人员，作业时要保留安全距离，横过辊道必须走安全道。

（3）在维护、调整和修理火焰切割机时，禁止各辊道动作，停止操作相邻辊道，开关复位到零位，切断电源，引锭杆必须处于存放位。

●配料工安全技术操作规程

1. 作业前准备

（1）进入厂区和工作时必须正确穿戴好劳动防护用品。

（2）工作前，要详细地观察地形与地貌。

2. 正常作业

（1）使用天车必须有专人指挥，指挥人员一定要站在有退路的地方，确认不会发生危险，才能指挥天车起吊和降落。

（2）通过铁路道口和横穿马路要一停、二看、三通过，不要抢道，不要在铁路附近休息或作业。

（3）上下火车皮时，要抓稳扶手，找好立脚点，以免跌伤，不准在车皮边缘停车，不得站在车皮边缘指挥天车卸货。

(4) 中、晚班时，按接到铁路通知开大铁门时，带好手电筒，以免看不清路面造成跌伤事故发生。

(5) 指挥天车卸生铁时，必须有专人指挥，人员站位要安全、合理，以防天车把车皮撞坏。

●送料工安全技术操作规程

1. 作业前准备

(1) 进入厂区和工作时必须正确穿戴好劳动防护用品。

(2) 接班前，必须检查吊具、合金料斗和钩子是否完好。

2. 正常作业

(1) 搬送合金时，必须搬牢拿稳，以免合金滑脱将人砸伤，不许乱扔和用脚踢合金料。

(2) 吊合金每次只能逐斗吊装，不允许料斗叠料斗。

(3) 堆放合金要按门别类堆放整齐，保证其安全，料斗放在地上要垫实，不许跷脚。

(4) 立式烘烤炉上料时，必须谨慎，人的站位要安全，以防料、物落下伤人。严禁在炉边取暖。

(5) 送到炉前的一切原材料，必须保持干燥，操作人员挂钩时，还要注意车在范围内运作，确保安全。

3. 故障处理

本工种所有电气、机械设备如有损坏，必须通知专业人员修理，以防事故发生。

4. 事故应急措施

如发生安全伤亡事故，应立即保护好现场，等上级主管安全部门处理。

●电炉除尘机操作工安全技术操作规程

(1) 进入岗位前必须戴好安全帽，穿戴好劳动保护用品。

(2) 启动设备之前，先检查一下提升机是否有水，如有水要将水排除。

(3) 启动设备之前，先检查一下各除尘配合链条、绞龙是否顺畅，如有故障应立即通知钳工检修。

(4) 启动设备时应做到以下几点。

1) 将电极间的挡风板关闭。

2) 注意送配电箱上的开关。

3) 按如下顺序操作：按绿色电钮 2、3，当指示灯不闪时，将电极间的挡风板打开，把排灰冷阀、旋转阀打开。

●电炉质检员安全技术操作规程

1. 作业前准备

(1) 上班前穿戴好劳动防护用品，开好班前会，交接好生产情况。

（2）准备好生产中的使用工具。

（3）做好新工人和换岗、探亲、公出及休假后员工复岗前的各级安全教育工作。

2. 正常作业

（1）电炉通电两次进料，每次进料时（或非工艺特别要求的检查）熔化期应离开平台、不准在平台上休息。

（2）观察炉内炉料、吹氧助熔、流渣、取样投料和记录时都应站在炉门两侧，不准站在炉门口正面，防止爆炸、塌料火焰喷出或钢渣溅射伤人。

（3）取样、测温所用的样瓢和扒渣工具必须干燥。

（4）出钢时，人员必须离开出钢口。

（5）严禁串岗、离岗，严禁动用不属于本岗位的电气设备。

3. 注意事项

（1）认真贯彻“三不伤害”防护卡的建立学习和落实。

（2）负责事故调查分析处理工作，做到“四不放过”。

●仪表工安全技术操作规程

1. 作业前准备

（1）穿戴好劳动防护用品，仔细检查所有的工具及设备是否安全、可靠。

（2）查看交接班记录，做好巡检前的准备工作。

2. 开停机工作

（1）开浇前，检查试调所有的电器及仪表设备的运行情况，运行正常后，方可开浇。

（2）需要手动操作的设备，必须和操作工、机长说明。

3. 故障处理

（1）发现有故障的设备应及时处理，并做好记录；不能及时处理的，应及时向上级反映。

（2）严禁仪表设备、变频器带故障工作。

4. 正常作业及检修安全

（1）检修电器及仪表设备时，必须切断电源，挂上警告牌。

（2）未经证明无电的设备和导体，操作者都应认为其有电，必须认真对待。

（3）所有电器凡有金属外壳和框架，必须可靠接地。

（4）检修引锭杆限位时，应有两人同时进行工作，一人操作，一人监护。有坯料出来时，严禁爬杆操作。

（5）炉前倒渣、进料及连铸大包钢水刚浇注时，禁止校验仪表或检查测温导线。

（6）检修带压阀门和或蒸汽仪表及管道时，先将阀门关好，排泄压力或蒸汽后再检修。

（7）检修电气仪表设备应时刻注意周围环境变化。

5. 事故应急措施

（1）万一发生触电事故，抢救者应迅速使触电者脱离电源，再实施抢救。

（2）电气起火、报警时，必须先将电源切断，然后救火。

（3）抢救人员在未确知所有电线无断电情况下，应做有电处理。

（4）大包钢水发生泄漏影响电器设备安全时，应马上切断电源，保护仪表和设备。

●副原料工安全技术操作规程

（1）进入厂区和工作时，必须正确穿戴好劳动保护用品。

（2）工作前，要详细地观察作业现场的环境，使用天车必须有专人指挥，起吊前必须认真检查吊具、合金料斗、吨袋挂套是否完好，确认完好后方可指挥起吊。

（3）搬运各种辅助原料（合金料、电极、耐火材料等）时，必须搬牢拿稳，以免出现人身伤害事故。

（4）吊运各种辅助原料必须逐件吊装，不允许重叠吊运。

（5）各种辅助原料应按门别类地堆放整齐，将辅助原料安全平稳地放在地面上，底层要垫实，避免倒塌压伤脚。

（6）指挥天车吊运辅助原料时，运行时要指挥天车鸣铃示警，吊物不允许在人的头顶上通过。

送到炉上的一切原材料，必须保持干燥，操作人员挂钩时，还要注意作业现场环境，确保安全。

（7）要按照炉前生产的需要供运当班的各种辅助原料，为下班储备的辅助原料，堆放时不允许占用人行通道。

（8）本工种所有电气、机械设备如有损坏，必须通知专业维修人员修理，以防事故发生。

（9）定期开展班组的安全活动。

三、冶金企业特种作业人员安全技术操作规程

●天车工安全技术操作规程

1. 作业准备

（1）天车工必须经体检合格后，方可上岗。凡有心脏病、高血压、眼病、耳病者不得从事天车驾驶工作。

（2）天车工经专门训练，考试合格，在相关管理部门办证后，方可上岗。

（3）工作前必须按规定正确穿戴好劳动防护用品。

（4）做好交接班记录，接班时询问设备运行情况，并经过检查确认与记录相符合方可接班。

（5）检查钢丝绳、机械、电气、制动器、限位、电铃、润滑等安全装置。

2. 开、停车作业

（1）启动天车时必须鸣铃，确认天车和轨道无人工作，方可运行。

（2）工作完毕，关掉紧急开关，将控制器手柄放在零位，切断总电源，龙门天车工作完毕必须抛锚，用铁鞋塞住大车车轮。

（3）上下天车必须走安全通道及安全扶梯，严禁乱爬天车。

3. 正常作业

（1）卸车皮、装料必须听从地面人员指挥，装卸在指定位置进行，严禁将废钢乱堆乱放。

（2）吸铁盘吸料严禁从通车道和人行道经过。

（3）进料天车用龙门架套挂料罐时必须听从地面人员指挥，进行慢进、点动操作，如无人指挥应拒绝作业。

（4）挂好料罐后，必须进行负载测试，验证刹车完好后方可起吊。

（5）严禁吊着满料罐停在空中或放在电炉平台或从设备、人顶上经过。

（6）放料罐或穿料罐时，必须与地面作业人员配合协调好，必须听从指挥，点动作业。

（7）更换炉体时，吊炉天车必须进行全面检查测试，起吊前进行负载试吊，确认无电气、机械故障且刹车完好可靠时，方可起吊，换炉过程中必须听从起重工的指挥。

（8）放钢天车在吊钢包前必须对该车仔细进行检查，发现有异常情况及时汇报，不得勉强使用。

（9）放钢天车吊满包钢水必须在放钢平车上进行负荷载重检查试吊，避免刹车盘热胀冷缩，起吊后在0.5 m左右的高度，反复试车多次，确认刹车可靠后，才能正常起吊，当刹车无把握时，严禁勉强起吊冒险作业。

（10）钢包浇钢时，严禁天车上下、左右、前后动作，不允许吊着钢水在不平坦的地方上升、下降。

（11）钢水需等候浇注时，必须将钢包松到离地面一尺以下的距离，禁止将钢包停留在高低不平物品上方或空中等待。

（12）厂房内设置的多层天车禁止上层天车推撞下层天车或下层天车推撞上层天车。

（13）天车驾驶员应服从专人指挥，如指挥人员或地面操作人员站立位置不当，在无退路的情况下，可以拒绝操作。

（14）吊物不准从人头顶和重要设备上通过。

（15）除试车以外，不准依赖限位作为停车用。

（16）当有人对天车大梁、大车、小车进行检修时，当班驾驶员应到上面协助监护工作。

（17）地面指挥人员违章指挥或多人指挥有误时应鸣铃警告，拒绝操作。

（18）天车应停靠在指定位置交接班，上下天车必须打开安全门，天车停稳后方可上去。

4. **天车十不吊**

(1) 吊物上站人或有浮动物不吊。

(2) 超负荷不吊。

(3) 光线阴暗、信号看不清不吊。

(4) 易燃、易爆危险物品不吊。

(5) 设备带病或强烈抖动负荷不吊。

(6) 钢丝绳不合格、捆绑不牢不吊。

(7) 埋在地下或凝固在地面上的物体不知负荷时不吊。

(8) 钢铁水包过满、吊物重心过偏不吊。

(9) 不歪拉斜吊,锐角、刀角不垫好不吊。

(10) 违章作业不吊。

5. **天车十大安全装置**

(1) 主、副钩抱闸。

(2) 大、小车抱闸。

(3) 主副钩限位开关。

(4) 紧急开关。

(5) 开车电铃。

(6) 大车左右限位开关及缓冲器。

(7) 大车前后限位开关及缓冲器。

(8) 超负荷保险装置。

(9) 天窗、门联锁开关。

(10) 驾驶室门联锁开关。

6. **故障处理**

(1) 天车发生故障时,必须立即停车检查,停车时必须挂"有人工作,严禁合闸"的警示牌,并指定专人负责安全监护。

(2) 天车推移发生故障的天车时,必须上下各方联系好,征得同意后,鸣铃示意,用均匀缓慢的速度推行。

(3) 故障处理完毕后,检修天车时遗留下的杂物必须清理掉,由停电人发出通知后,方可继续运行。

7. **检修作业**

(1) 天车属高空设备,检修时必须填写检修安全报告书,经主管部门批准后方可执行。

(2) 停电挂牌,检修现场应挂警示旗、警戒线,2 m 以上高空作业必须系安全带。

(3) 使用扶梯作业,扶梯需要有人扶、放稳、放牢,还必须有专人监护。

（4）更换备件、工具用具要放稳，严防其坠落伤人。

（5）两人以上工作时，必须相互配合，协调一致。

（6）检修完毕后，各项防护设施必须复位。

8. 事故应急措施

（1）如发生人身事故或重大设备事故，应保护事故现场，迅速报告领导，并进行事故的分析调查，落实事故的原因责任。

（2）无论何时发现隐患都必须及时解决处理，严禁天车带故障操作。

●天车电工安全技术操作规程

1. 作业前准备

（1）上岗前必须经有关部门培训合格后，持证方可从事电工作业。

（2）必须按规定正确穿戴好劳动防护用品。

（3）作业前必须检查验电笔、手虎钳等电工使用工具，检查其绝缘程度是否达到安全标准。

2. 停、开车作业

（1）检修电器设备时，必须切断总电源，挂上"严禁合闸，有人工作"的警示牌，检修完毕应由停电者送电。

（2）停送电要有专人负责，并在工作处做好接地防护。

（3）低压配电回路的倒闸操作由专职电工进行。切断电源应先拉断负荷开关再拉刀开关。合上电源应先合刀开关，再合负荷开关，严禁违章作业。

（4）非检修工作的任何人员，严禁擅自取下警告牌和送电。

3. 正常作业

（1）所有电器凡有金属壳和框架必须可靠接地。

（2）更换较大容量的熔丝，必须在切断电源后进行。

（3）正在运转的设备发生不正常现象时，一律不准带负荷拉刀开关。

（4）安装马达风扇等要接可靠的接地线。2 m以上作业必须系安全带。

（5）上下天车必须走安全通道，严禁乱爬天车。

（6）天车电器进行检修、更换部件时，必须做好记录台账。

4. 故障处理

（1）因线路故障造成停电，在排除故障前，必须由停送电负责人联系，得到检修人员的许可方可送电。

（2）处理电气故障时，必须由两人一起作业。

5. 检修作业

（1）带电工作应由经过培训、考试合格的人员担任，并且必须在有人监护下进行。监护者应对操作人员的人身和设备安全负责，并且保证监护操作的正确性，监护人在工作中不准离开工作地点。

（2）试车时须站在安全可靠的地方指挥天车试车。

（3）天车检修完毕后，必须将遗留杂物清理干净，严禁在检修时往地面上乱扔物件。

6. 事故应急措施

（1）万一发生触电事故，抢救者应迅速使触电者脱离电源。

（2）电器起火、报警时，必须先将电源切断，然后救火。

（3）电气设备着火，应用二氧化碳、四氧化碳灭火器或黄沙扑灭，不得用水或普通泡沫灭火器灭火。

（4）天车十大安全装置存在隐患，尤其是吊钩限位存在隐患时，必须及时解决处理。

●天车钳工安全技术操作规程

1. 作业前准备

（1）上岗前，必须正确穿戴好劳动防护用品。

（2）必须检查所使用的工具是否完好，绝对禁止使用带有危险因素的工具。

2. 停、开车作业

（1）天车检修人员必须了解天车的工作原理和操作工艺，以及地面工艺流程。

（2）天车检修人员必须严格遵照天车工安全操作规程上下天车、检修天车。

（3）天车检修时必须在该天车上挂上警告旗或拉上警戒线，并且需要与邻近天车联系好。

（4）天车停车检修时有专人监护。

（5）严禁一边操作或作业，一边检修天车。

3. 正常作业

（1）在现场作业时，必须站好位置，注意四周情况，防烫、防跌、防溅。

（2）锉锯各种物件，必须将物件夹在工作台上，圆形的工作物件要用木块垫好。

（3）用凿子凿工作物件时，必须先清除凿上的毛头，如对面有人工作，必须用木板或铁皮、网板挡好，以免铁屑飞出伤人。

（4）榔头不准作为垫铁用，榔头柄必须用无节硬木并安装牢固，榔头柄和面不能沾染油污，使用榔头时，不可戴手套。

（5）双人敲击调平铁板或裁切铁皮时，击打榔头者和握砧钳者不可面对面站立。

（6）调整机器设备和使用的机械转动时，严禁戴手套或把手放在机器运转部分，以免将手卷入机器内发生危险。

（7）在高空作业时，必须注意自己站立的地方是否稳固，要把所有工具放入工具袋中，随用随取，有必要时拴上绳，勿使其落下，同时不许向上或向下乱抛东西，在 2 m 以上高空作业必须系安全带。

（8）不准私自拆除安全装置，如因检修必须将其拆除，事后应安装妥当。

（9）在圆物或地轴上面不能放置任何东西，以免滑落伤人。

4. 故障处理

（1）做好每天的天车巡点检工作，对检查、检修要有记录台账。

（2）天车的升降设备如制动器、转动轴、牙箱等发生松动、失灵要及时处理。

5. 检修作业

（1）上下天车或检修其他设备，一定要和操作人员取得联系，得到同意，方可检修。

（2）对于放钢水天车必须由专人检查、调整。

（3）凡攀登的地方，必须确保其牢固；凡可能发生挤压的空间不准人员站立或作业，若非作业不可，必须采取绝对安全措施。

6. 事故应急措施

无论何时发现隐患都必须及时处理，严禁带故障操作。

●电焊工安全技术操作规程

1. 作业前准备

（1）工作前必须严格执行劳动防护用品穿戴规定。

（2）焊接前必须检查电焊机是否有故障，电焊机的外壳必须有接地，电缆接头要接牢。

（3）电焊机电源应由电工拆装，氧气、乙炔使用前要检查，保证其完好不漏气。

2. 开停机作业

（1）在电器设备上焊接必须切断电源，挂上警示牌。

（2）所有设备都应停机焊接，焊接管道必须关水、气、液，焊接氧气、乙炔、煤气管道前应先进行吹扫。

3. 正常作业

（1）焊接或切割封闭容器时，应检查容器内是否有油或易燃易爆品，并且容器需经过清洗、置换，确认后方可动火，确保通风。

（2）气瓶、乙炔瓶装运要轻拿轻放，严禁其沾油脂，防止高温日晒，氧气瓶与乙炔发生器之间距离不应小于 5 m，电焊机接地线严禁接在煤气管、油管、氧气管上，严禁在易燃易爆等物附近过焊烧。

（3）高处焊接时，2 m 以上系好安全带，背好工具袋，防止工具掉落，不准向下抛物。

（4）氧气瓶不能用空，应留有 1～1.5 MPa 压力的余气，乙炔使用时不能横放，乙炔气管不能装铜质零件。

4. 故障处理

（1）焊炬、割炬使用前应检查其是否漏气，正确点火关火，万一发生氧气、乙炔漏气起火，要立即关上氧气、乙炔开关后进行处理。

（2）焊炬、割炬点火时不准对着人，焊完的热电焊条头不能乱丢，以防烧伤人。

（3）雨天在室外作业时，电焊机要有防雨棚，电线用木棍架起，遇到暴风雷击和闪电，要立即切断电源，停止作业。

（4）电焊机的电线接头要接触良好，导线不可露芯，如有破损的地方，要用绝缘布包扎好。

（5）焊接时发现电焊机有异常声音或开关冒烟，应停止焊接，查找故障原因。

5. 检修安全

（1）工作电焊机放置的地方要干燥清洁，要防止电焊机线路和高压线交叉，电焊机一、二次线禁止混合在一起。

（2）仰面焊接时，衣服扣需扣好，袖口扎紧，以防焊渣将人烧伤。

（3）禁止使用纯氧气来改善环境或通风换气，禁止以纯氧代替压缩空气吹扫尘屑或工作服。

（4）拉合开关时要戴手套，并站在侧面，不能面向开关，换焊条时也要戴手套。

（5）在水泥地上进行焊割时，工件底下必须垫上铁板，戴防护眼镜，防止水泥炸伤眼睛和脸。

（6）作业时必须考虑到所有涉及的人员，上炉作业必须戴口罩，做好防尘、防烫工作。

6. 事故应急措施

（1）使用焊、割炬时，万一发生回火，应迅速关掉氧气、乙炔，点火顺序是先开乙炔慢开氧气。

（2）在得知有乙炔或氧气泄漏时，严禁明火作业，应把乙炔或氧气泄漏排除后方可作业，以免引起爆炸。

●电工安全技术操作规程

1. 作业前准备

（1）工作前必须严格执行本工种劳动防护用品穿戴规定。

（2）作业前仔细检查所有工具及设备是否安全可靠，严禁单独作业。

2. 开停机作业

（1）检修电器必须切断电源，挂上警示牌。检修完毕应由停电者送电，正在运转的设备发生异常现象时，一律不准带负荷拉刀开关。

（2）接到任何违反安全规定的工作命令时，应拒绝执行，并对发令人指出错误的地方及不能执行的理由。

3. 正常作业

（1）所有电器凡有金属外壳的框架，必须可靠接地，任何电气设备在未确定无电前一律视为有电，严禁用铜丝代替熔断器熔丝。

（2）严禁在没有安全措施的电气设备上做检修工作，如因生产需要无法停电，必须经上级有关部门批准后，做好防止触电的安全措施，才能从事低压带电作业。

4. **检修安全**

（1）电气作业人员合刀开关不能正对开关；工作中必须与高压带电体保持安全距离，最小安全距离：3 kV 以下为 0.5 m，6 kV 为 1 m，10 kV 为 1.5 m。

（2）高压柜检修时，由值班人员停电后，挂上警告牌，接好地线，工作人员在刀开关处放上隔离板，防止操作失灵。

（3）扶梯只能用木竹扶梯，禁止使用金属导电扶梯，一般扶梯与地面成 60°角为宜，梯脚有防滑装置，下面有专人扶，禁止两人同登一梯，人字梯中间必须有可靠的安全绳。

5. **故障处理**

（1）钢炉失控时，应立即通知有关人员停电，与液压站一起检查失控原因，并进行故障处理。

（2）发生短路时，应先拉掉电源，挂好警告牌，再仔细检查线路。

（3）开关或电器发生冒烟或异常情况，应马上切断电源进行检查，严禁超负荷运作。

6. **事故应急措施**

（1）发生电器火警时，必须尽快将电源切断，电气设备着火，应用二氧化碳、四氯化碳灭火器或黄沙灭火，一般不用水及普通泡沫灭火器灭火。

（2）万一发生触电事故，应尽快使触电者脱离电源，如开关不明或太远，可用干燥木棒、竹竿、塑料棒等绝缘物拔开电源，在高空作业时应防止触电者从高空坠下摔伤。

（3）抢救人员在一切电线未确知有无断电时，应做有电处理，电工应学会紧急救护法、触电解救法和人工呼吸法。

●气焊工（火切）安全技术操作规程

（1）工作前必须检查并试验焊炬（割炬）、表（减压器）、保险装置及氧气带和乙炔带是否良好，发现问题及时修理更换，氧气带、乙炔带严禁混用。

（2）点燃焊（割）枪时动作要快，操作中如遇哨嘴堵塞和突然灭火时，必须先关闭乙炔阀再关氧气阀，如压力表式气体导管着火，要立即关闭氧气瓶的阀门。

（3）严禁焊接（割）带电压的物件，如有可能爆炸的油箱、有压力的容器及有引信的弹壳。

（4）在锅炉等大型容器内进行工作时，所有的阀门和人孔都要打开，必要时采用机械通风。照明要用 36 V 以下安全电压，外面应设专人监护。

（5）焊（割）有色金属时，必须通风良好，防止中毒。在水泥地面上进行操作时，必须垫上铁板或石棉板。

（6）焊接盛过油的密封容器时，必须先用热水或蒸汽将其冲刷干净，并留有排气孔后方可进行作业。

（7）移运氧气瓶和乙炔瓶时，应暂时停止焊接操作。

（8）禁止骑着氧气带和乙炔带进行焊接或切割。

(9) 在危险区域工作动火时，需要经过有关部门同意，并有可靠的安全措施，必要时应设专人监护。

(10) 使用氧气瓶时应遵守下列规定：

1) 搬运时要轻拿轻放，不准在坡度较大的、高低不平的地面上滚动或用肩扛，禁止碰撞。

2) 放置地点距明火 10 m 以上，距暖气 1 m 以上。

3) 氧气瓶库内不得有可能发生火花的电气开关，周围不得堆放易燃物品，附近严禁有烟火。

4) 搬运、使用乙炔气瓶时，不准碰撞瓶体，操作时不准将气瓶躺放，更不准火烧、水烫、暴晒气瓶。

●司炉工安全技术操作规程

(1) 工作前必须检查锅炉各部位和三大安全附件（安全阀、压力表、水位表）及消烟除尘设施，确认完好后方可操作。

(2) 锅炉正常运行时，应连续供水，水位应保持在 1/2 水位计处，不准烧低水位或满水。

(3) 锅炉经“叫水”确认水位下降或满水时，应采取措施及时处理。经“叫水”仍不见水位恢复，应停止上水，并应紧急停炉，并找出故障原因。

(4) 每班应冲洗水位表，冲洗次数不得少于两次，同时检查两块水位表显示水位是否一致。如发现其中一块水位表失灵，要立即修复，如两只水位表同时坏掉，应立即停炉检修。

(5) 司炉人员应每两周试验一次安全阀门的排汽情况，以检查和确保安全阀灵敏可靠。安全阀失灵锅炉不准运行。

(6) 在锅炉运行稳定及低负荷时，应按规定每班打开排污阀排污一次，排污时应戴手套。

(7) 锅炉在运行时，压力要控制在额定范围内。如发现两只压力表压力误差超过 0.1 MPa 时，应找出失灵的压力表，并立即更换。

(8) 锅炉在运行中，严禁在锅炉本体、阀门、人孔、管道等部位敲击和修理受压元件，以防汽水喷出伤人。

(9) 打开锅炉供汽阀门向外供汽时，为均匀供汽管路的温度，要求生产锅炉 15 min，取暖锅炉 30 min 阀门开完。开完汽门时，应留出汽门旋出总量的 1/10。

(10) 打开汽阀门时，身体应站在汽门芯子的侧面，应缓慢开动阀门。

(11) 储汽罐和送汽管道在送汽前应先放水，待发现蒸汽时，再关上放水阀，以免汽水冲击造成事故。

(12) 设备在运转中，禁止在危险处做擦抹、清扫或修理工作。

(13) 到炉上检查工作时，必须从阶梯、走台上下，禁止跨越或攀登，防止摔伤。

(14) 燃煤锅炉在加煤时，不准将爆炸物投入到炉内。

●维护电工安全技术操作规程

(1) 工作前要按规定正确穿戴劳动保护用品，必须穿绝缘胶鞋。

(2) 维护电工必须熟悉工作规程和车间电气设备及线路的种类和性能，在未采取安全措施和不熟悉设备情况前，禁止冒险作业。

(3) 维护电工应严格执行每月定期巡视检查制度。

1) 电动机温度不允许超过75℃。

2) 变压器、电缆温度不允许超过60℃。

3) 检查电缆是否漏油、接头是否紧密、设备地线是否接地良好。

4) 定期测试绝缘电阻，绝缘电阻不得小于1 kΩ/V，发现问题及时处理。

5) 电气设备必须保持清洁和干燥，严防潮湿及灰尘浸入，以保持绝缘良好，防止漏电危险的发生。

6) 对于运行的电气设备及漏出的带电部分，必须设置围栏和防护罩，围栏和防护罩不得随意拆除。

7) 对于一切电气设备和线路，不论停电与否，在设备和线路装好接地线和三相短路前，一律视作有电，在已停电的设备和线路上作业时，必须装好地线和三相短路。

8) 对于任何已经挂上停电标志牌或警示牌的电气设备，不得私自挪动和开启，需要挪动和开启时必须认真对其检查和联系有关人员，经请示，主管领导确认后，方可动用。

9) 严禁带负荷拉隔离开关，应先切断开关或动力接触器后再拉隔离开关。操作高压设备时要戴绝缘手套，并站在绝缘板上，禁止用手碰触带电部分进行检查。

10) 更换熔丝应按设备的额定容量要求更换，熔丝容量不准过大，禁止用铁丝做熔丝及其他不合格的金属丝代替熔丝。

11) 电气设备发生燃烧起火时，应立即断开电源，然后用二氧化碳、四氯化碳和泡沫灭火器灭火，不得用水灭火。

●变配电工安全技术操作规程

(1) 凡从事变配电的工作人员必须持证上岗。新工人、实习人员必须经过安全培训后，在有经验的技工带领下进行工作。

(2) 变配电工作人员必须具备以下条件。

1) 经医生鉴定，没有妨碍工作的病症。

2) 具有必要的电气知识，熟悉《电业安全工作规程》。

3) 掌握电解救法和人工呼吸法。

(3) 变配电工作人员必须严格执行“两票三制”制度，必须按规定穿戴和使用防护用品和绝缘工具。

(4) 停送电时必须有调度命令（或令牌），必须有两人以上共同进行操作，并严格执行操作票制度和受令复诵制度，按照操作程序进行操作。事故处理和拉合开关的单一操作可以不写操作票，但必须记录清楚，不准临时停送电。

（5）在发生人身触电时，可以不经允许立即断开有关设备的电源，事后必须立即报告上级。

（6）电气设备停电后，必须验电，未做好安全措施前任何人不得靠近设备或触及设备。

（7）外来人员禁止单独停留在高压室和高压设备区域内。运行人员进行设备巡视检查时，必须与带电设备保持一定的安全距离。当设备电压为 60 kV 时，安全距离为 1.5 m，当设备电压小于 10 kV 时，安全距离为 0.7 m。

●叉车安全技术操作规程

（1）按照叉车例行保养规范对叉车进行检查保养，对工作器具进行检查，确保各部技术状况处于完好状态。

（2）起步前，应观察车辆周围，确认没有妨碍行车的障碍后，方可鸣号起步，起步操作要平稳。

（3）气压式制动的气压表读数达到规定值方可起步。

（4）叉车载物起步时，所载物品要放置平稳、牢靠，载荷分布均衡，不得偏斜，载运高大、贵重、易损物品时要捆牢。

（5）行驶时，货叉底端距离地面高度应保持 300～400 mm，起重门架要后倾。

（6）行驶时，不得将货叉起升过高，进出作业现场或行驶中，要注意上空有无障碍物刷碰。严禁将货叉起升过高进行长距离载物行驶。

（7）行驶中，应避免急刹车和高速转弯。

（8）内燃叉车在下坡时严禁熄火滑行。

（9）载物行驶在坡度超过 7°和用高于一挡的速度上下坡时，非特殊情况不得使用制动器。

（10）严禁横跨坡道行驶和在坡道上转弯。

（11）载运影响驾驶员视线的货物时，应低速行驶。

（12）禁止用制动惯性溜放货物，禁止用货叉挑翻货盘的方法卸物，禁止用单货叉作业，禁止超负荷作业，禁止用高速惯性力叉取货物，禁止人员站在货叉上，禁止叉物悬空时驾驶员离车。

（13）叉车叉物作业时，货叉周围禁止站人，以防货物倒塌伤人。

（14）严禁用货叉举升人员从事高处作业。货叉举起后，货叉下严禁站人。

（15）作业时，应注意车轮不要碾轧物品和防止叉头刮碰物品及作业人员。

（16）检修时，应将变速杆置于空挡，并采取制动、掩轮以及支顶起重滑架等安全防护措施。

（17）停车后，应将起重滑架落下，将货叉水平置于地面上。

（18）蓄电池叉车除应遵守以上有关安全操作规程外，还应遵守蓄电池车的有关安全操作规程。

●装载机安全技术操作规程

（1）按照例行保养规范对车辆进行检查保养，确保各部技术状况处于完好状态。

（2）起步前，应观察车辆周围，确认没有妨碍行车的障碍后，方可鸣号起步，起步操作要平稳。

（3）气压式制动的气压表读数达到规定值方可起步。

（4）行驶前应取下前后车体安全连接杆，并妥善保管。

（5）行驶时，应保持动臂下铰点离地面 400 mm 以上，不得将铲斗举升到最高位置运送物料。

（6）行驶时，不得将铲斗起升过高进行长距离载物行驶。

（7）行驶中，应避免急刹车和高速转弯。

（8）下坡时严禁熄火滑行。

（9）严禁横跨坡道行驶和在坡道上转弯。

（10）下坡向后行驶时，要减速慢行并利用发动机控制速度，中途不得换挡，必要时用制动器控制下坡速度。

（11）铲货前，车体前后应成直线，对正并靠近货堆，同时把铲斗平行接触地面，然后铲货。

（12）铲货时，要根据货物的阻力，选用适当的速度，铲斗插入货堆后，提升悬臂，同时把铲斗向后收，车体继续前进。

（13）为货车卸货时，操作要平稳，铲斗不得刚碰车厢。

（14）除散粮以外，不准用高速挡铲货。

（15）铲斗铲装货物应均衡，不准装载过重的货物。

（16）禁止边行驶边起升铲斗，禁止用铲斗举升人员从事高处作业，禁止在铲斗悬空时驾驶员离车，禁止超负荷作业。

（17）起升的铲斗下面禁止站人或进行检修作业，若必须在铲斗起升时进行检修，应对铲斗采取支撑措施，并确保牢固可靠。

（18）停车后，应将铲斗平放在地面上，将换向操纵杆放至中央位置，拉好手刹车，并将前后车体的安全连接杆安装好。

四、冶金企业相关设备设施安全技术操作规程

●精炼钢包烘烤安全技术操作规程

1. 新砌的渣线包

新砌的渣线包应及时安排烘烤，立式（卧式）连续烘烤时间大于等于 6 h，若因生产条

件限制不能连续烘烤 6 h 以上（含 6 h），则累计烘烤必须大于等于 6 h，但每次烘烤时间应大于等于 2 h（11～次年 3 月为大于等于 3 h）方可计入累计烘烤时间。

2. 新砌的整包

新砌的整包应及时安排烘烤，立式连续烘烤时间应大于等于 8 h，若因生产条件限制不能连续烘烤 8 h 以上（含 8 h），则累计烘烤时间必须大于等于 8 h。但每次烘烤时间应大于等于 3 h（11～次年 3 月为大于等于 4 h）方可计入累计烘烤时间。

3. 新砌透气砖的精炼钢包

新砌透气砖的精炼钢包立式（卧式）连续烘烤时间应大于等于 2 h（11～次年 3 月大于等于 3 h）。

4. 钢包周转使用制度

（1）新砌的精炼钢包去湿烘烤后，应保证放汽时间大于等于 2 h 方可进行卧式烘烤，并投入生产使用。

（2）可以投入生产使用的室温精炼钢包卧式烘烤时间应大于等于 6 h（12～次年 3 月大于等于 8 h）。

（3）三（四、五）包周转时，采用立式烤包器烘烤保温，6 h 内精炼钢包保持在 700～800℃以上，能够满足生产需要；但遇到下列情况时，备用钢包在保温 4 h 后，必须点火烘烤。

1）冶炼含碳量小于等于 0.20％低碳钢。

2）冶炼真空脱气品种钢。

3）钢包使用次数达到 40 次以上时。

4）出现生产和设备热停，备用钢包保温时间大于 6 h。

5）冬季 11 月到春季 3 月。

5. 对达不到烘烤时间和烘烤温度的钢包因生产急需而投入生产时，应按如下工艺要求操作。

（1）必须经生产指挥长签字同意后，由生产指挥长通知电炉、精炼班组并在冶炼操作记录上签字。

（2）LF 炉样温度要力争达到出钢温度下限。

（3）LF 炉冶炼过程要在出钢温度中上限保持 20 min 以上。

（4）出钢温度比工艺规程上限提高 10℃。

（5）不得冶炼含碳量小于等于 0.20％的低碳钢。

（6）由于各种原因造成的包中粘铁，原则上应在本班或下一班尽快洗出，一般情况下不能转为备用包，如转为备用则应在卧式烤包器上烘烤，尽早安排洗出。室温粘铁包烘烤时间比正常精炼钢包延长 3 h。

（7）注意返回 LF 炉时，规定由吊包者负责安装和拆卸液压缸及引流工作，同时加强滑动水口检查及透气砖检查清扫。

●连轧机组安全技术操作规程

（1）各轧钢机组的作业人员听到轧机鸣响的开车信号时，应立即站到安全位置，严禁在连轧机组的危险区域内停留。

（2）轧钢机运转时，不得在轧机入口一侧进行测量孔型和触摸轧辊及各种转动部件，如需调整入口导位，必须在轧钢机停车后方可作业。

（3）轧辊需要磨孔时，必须使用专用的工具，并停止轧钢作业。站立在轧钢机孔型的出口处进行磨孔，并需要一人磨孔一人监护。

（4）连轧机各机组在轧制中，出现卡钢、跑钢及更换入、出口的导卫时，必须通知主控台停机，待停机停稳后再进行处理作业。

（5）正常生产时，轧钢工不许背向轧制线进行作业，以防轧制中出现跑钢伤人事故。轧制中出现跑钢事故，轧钢工应立即赶到现场进行处理，防止跑出的红钢撞击各种管路造成事故。

（6）轧钢机轧制过程中，不准站在轧机的出口处，严禁穿越轧制线，防止发生事故。

（7）在调整轧钢机时，平轧机调整要停钢进行，立式轧机要停车进行。

（8）吊运轧辊、半成品、铁头等物品时，要与天车工配合好，指挥天车手势准确，注意不要碰撞轧机和主操作台。

（9）轧机调整工严禁在正常生产时到大冷床去量钢或处理乱床事故。

（10）飞剪在正常作业中，要有专人监护，任何人不许靠近。

（11）在清理飞剪的铁头时，轧钢机必须停止轧制，同时应设专人监护。吊运铁头时，铁头坑内不许站人，防止铁头陨落和铁头掉出伤人。

（12）飞剪发生故障应立即停车断电，并通知有关人员进行处理。

（13）生产作业中，轧钢机操作人员必须着装整齐，系紧衣扣。夏季作业严禁赤膊，冬季操作时不准穿棉大衣。

（14）轧钢机作业人员严禁到操作台休息或闲谈，确因工作需要进入操作台的，处理完工作后应立即离开。

（15）交班前必须将本班的半成品、热废品清理干净，作业现场保持无废品、无杂物，现场整洁。

●飞剪安全技术操作规程

（1）启动飞剪前，操作人员必须观察飞剪周围的作业人员，确认无误方可开车。

（2）飞剪进行检修或更换剪刃时，飞剪操作台必须断电，方可进行作业。

（3）飞剪发生拱钢、卡钢时要立即紧急停车。

（4）飞剪正常作业时，操纵工应随时注意观察飞剪周围，严禁人员通过。

●轧机主操作台安全技术操作规程

（1）主操作台的作业人员必须熟练掌握本岗位操作和控制系统的各种开关、音响信号的作用，操作时必须精神集中，严防误操作。

（2）轧钢机启动前，操作时必须发出鸣响信号，并注意观察生产现场的作业人员，确认无误，方可启动。

（3）操作工作业中应与地面操作人员保持密切合作，随时观察轧制线的生产情况，遇有紧急情况，应立即停机。

（4）生产中，当轧钢工在轧钢机调整或处理导卫装置时，所在机组的前机来钢，操纵人员应提前鸣响，通知作业人员离开现场。

（5）操纵工必须听从生产作业人员的指挥，当地面人员指挥有误或手势不清时，不许盲目开车，以防发生设备和人身事故。

（6）如遇突然停电或设备停止运转，应立即将操作手柄、控制器、按钮等回到零位。

（7）非操作台作业人员进入操作台，操作台人员应阻止无关人员入内。

●冷床作业安全技术操作规程

（1）轧制过程中，作业人员严禁上冷床，不准在辊道、齿条上行走。

（2）生产中出现乱床等事故，必须等停轧以后进行处理。

（3）冷床取样要使用专用工具进行取样。

（4）作业中应注意观察周围的情况，无关人员严禁进入大冷床的危险区域。

（5）因乱床等事故造成的热废品，当班必须将其清出，确保冷床周围的环境整洁。

●剪切、锯切安全技术操作规程

（1）接班前必须检查所属设备是否完好，检查剪刃上下是否吻合，螺钉是否松动，发现问题应立即找有关人员处理。

（2）大剪剪切应严格按大剪工艺规程作业，不准超负荷剪切。

（3）开动剪辊道时，应事先察看辊道盖板上是否有人站立，确认安全后方可运转。正常剪切时，大剪周围不许站人。

（4）大剪剪切只能作为生产工具使用，不得剪切其他物品。

（5）剪切辊道有弯钢时，若弯钢度超过辊道的宽度时不许强行剪切，应立即甩出，若弯钢度小于辊道宽度时，不准同组剪切。

（6）吊运铁头时，必须做到一人操作，一人监护，待铁头坑下方人员挂好绳子，离开铁头坑后，再指挥天车进行吊运。

（7）检修大剪和更换剪刃时，必须与操作台联系好，待操作台切断电源，设备停稳后，再进行作业。

（8）剪刃更换后，必须进行电动试车，以防剪刃咬合伤人。

●结捆包装安全技术操作规程

（1）码把时，两人作业要紧密配合，发现弯钢、毛头、病料要及时甩出，甩出时两人动作要一致，注意周围环境，避免甩料伤人。

（2）处理堆钢时，要与操作台人员相互配合好，以防发生挤压伤事故。

（3）吊料时应使用专用的吊料工具，并应随时检查钢丝绳的使用情况，如发现有断股及大结则严禁使用，并应及时更换。

（4）吊料起吊后，作业人员必须远离吊料 1 m 以外，严禁在吊料下通过。

（5）放料时，应详细检查所放料位置是否安全可靠；顺吊时，需吊料停稳在适当位置后，方可顺吊。

●主电室安全技术操作规程

（1）主电室人员属维护电工，除应认真执行公司维护电工的安全技术操作规程以外，还应执行下列规程。

（2）主冷床电气部位检修时必须切断电源，挂“有人操作禁止合闸”的警示牌。检修结束后，必须确认设备无误，冷床下无人工作后方可送电试车。

（3）特殊情况必须带电调试检修时，应设专人监护进行。

（4）检修自动裙板（抛钢机）时，除挂停电牌外，辊道还必须停止转动，方可进行。调整冷床开关时，不准在轧制中进行。卸料装置手动试车时，要与操作台工作人员协调好，信号必须一致，以免发生误操作。

（5）检查直流电机时，应切断电源，挂“有人操作禁止合闸”的警示牌。

（6）检修直流柜时，必须切断该柜供电系统接触器电源，停低压配电柜供电源，同时挂“禁止合闸”的警示牌。

（7）检修结束后，应由专人负责检查所检修部位，查看是否有漏检遗物、工具等，查看是否符合送电条件，确认后方可由负责人送电。

（8）主电室停送电应履行专人负责制，做到谁停电、谁送电。在停电时必须见有停电牌方可确认停电，绝不允许口头传达或电话通知进行停送电作业。送电时应由停电单位取回停电牌后，明确送电部位，确认无误后方可送电。

（9）主电室是防火安全的重点部位，非本室工作人员严禁入内。

（10）必须设专人负责主电室的防火安全工作，各代班班长对本班的防火安全工作负有不可推卸的责任。

（11）全体主电室工作人员必须履行本岗位的“防火安全”制度，应熟练掌握“三懂”“三会”的防火知识。做到经常检查岗位消防器材，保证消防器材的完好无损。

（12）主电室的照明应采用防爆型照明灯，各种开关设在室内的，必须采取防爆措施。

（13）室内严禁存放各种易燃、易爆等物品和随意动用明火，必须动用明火时必须领取“动火证”后方可动火。当班作业人员负责动火过程的监护工作。

（14）保持各种用电设备的清洁，检查设备运行情况，确保设备运行完好。

（15）遇有电气设备着火时，应立即将有关设备的电源切断，然后进行救火。对带电设备必须使用干粉灭火器，不得用衣物等物品拍打。

（16）室内严禁吸烟，严禁穿带钉子的鞋上岗，严禁酒后上岗。

●煤气加热炉安全技术操作规程

（1）工作前必须按规定穿戴劳动保护用品。

（2）发生炉在正常生产运行时，必须按标准操作，不准脱离岗位。

（3）及时检查炉上各种传动部位运行情况，发现问题时，及时报告当班班长把问题解决好。

（4）对仪表、机械的各种阀门要勤检查保养，发现有缺陷应及时报告。

（5）正常打开看火炉孔时，必须将蒸汽阀关好，炉内负压时，严禁打开看火孔，拨针时要注意前后左右的人员和设备。各处水封要保持正常溢流，切断时要保持高水位溢流，并保持严密。

（6）热备用炉严禁打开看火孔。

（7）冷备用炉在点炉后将余火及时熄灭（指试炉时剩下的火源）。

（8）对除灰转动部分进行检查调正时，必须停车进行。

（9）进入炉内管道净化设备和清扫，必须经煤气防护站检查确认后方可进行。

（10）严禁用嗅觉、火检验的方法检查煤气泄漏处。

（11）一切危险区域应挂警示牌。

（12）出现紧急停电、停气、停水、大量泄漏煤气时，应杜绝明火，操作人员要听从当班班长指挥处理。

（13）在开、关压力阀门时，身和头部要躲闪开，严禁用锤头敲打或用脚关。

（14）应掌握本岗位的防火知识，对一切防火器材要保管好。

●汽化冷却安全技术操作规程

（1）工作前要认真检查设备、安全阀、仪表等，发现问题，立即找有关人员处理。

（2）坚守岗位保证水位正常和规定的压力。

（3）安全阀必须灵活可靠，坚持经常检查，安全阀失灵不准开炉生产。

（4）开汽阀门时，身子在侧面将其慢慢开动，严禁用锤子敲阀门。阀门开后，不要开到最大位置。

（5）分汽缸在送气前，先放水，避免汽水混合造成事故。

（6）排污前将水位调到高水位，排污时严格监视水位计，防止排污过量，造成欠水事故。

（7）汽包欠水应及时调整处理，汽包无水（干锅）时，绝对禁止补水，以防爆炸事故发生。

●精轧机安全技术操作规程

（1）在精轧机进行点检、处理故障时，必须将安全罩升起到位，插上安全链螺栓。

（2）严禁在轧机未停稳情况下，打开安全罩。接班检查安全罩、安全挂链是否好用，有问题及时联系有关人员处理，并向班长或调度室汇报，将问题记录在当班的安全记录和交接班记录上。

（3）在轧制中调整铁型时，必须做好确认，在轧机无钢情况下进行调整，防止调整时堆钢伤人。

（4）精轧工在进行压铅作业时，要对该线精轧的其他岗位作业人员进行确认，并同主控台操作人员联系，执行操作牌制度，由两人以上进行压铅作业，至少一人监护，作业结束后通知主控台操作人员。

（5）在通过剪切机前安全走桥时，应快速通过，不能停留，在通过安全桥运送备件时不许双手拿备件，以防止滑倒。

（6）处理剪刃故障以及进行事故处理时，要和主控台联系停机，剪切机电机停稳后，将地面操作台允许开关断开，关闭来风阀门或风闸开关，方可作业。更换剪切机剪刃时，不准用手搬动剪子的刃部，以防止伤手。

（7）精轧换辊时要严格执行换辊作业程序，搬运轧辊时要用双手完成，且手上不能有油污，防止轧辊滑掉伤人。

（8）处理精轧机内废钢需要捆绑时，200 kg 以下可用 $\phi 6.5$ mm 铁线捆绑吊运，必须绑两道绕，拧 4 圈以上锁紧线扣；用钢质线必须是软线，不得采用其他规格钢质的铁线进行捆绑、吊运。200 kg 以上必须使用钢绳。

（9）吊车在吊运废钢时，必须缓钩操作，即先将废钢吊起不超过 1 m，再将废钢落下一定高度，确认不会脱钩再吊运；吊运较长废钢时，每吊出 5 m 以内要进行一次缓钩，重新再吊一次，避免伤人和设备。

（10）处理剪切机废钢时，吊车向精轧方向缓吊，捆绑牢固，人员必须远离吊物，严禁将废钢搭在精轧机设备上。吊运废钢时要高于安全桥 0.5 m 以上。

（11）处理废钢过程中必须有专人跟踪指吊，严禁吊车自行吊运。

●精整区安全技术操作规程

（1）接班后认真检查所有设备，严格执行操作牌制度。

（2）打包机开车之前必须鸣铃示警，检查设备上是否有人工作，确认无误后方可作业。

（3）设备运转时严禁处理事故，设备正常运行时，周围 3 m 以内不准有人停留。

（4）线卷不规整时不准用手直接接触线卷，要用专用工具。

（5）在向喂线轮里穿线时，严禁将铁线挽入胳膊内侧进行作业，防止将手或胳膊勒伤。

（6）更换打捆线时，必须停机作业，特别是在后部上线和处理线库内线打结等高处作业时，防止滑倒摔伤。

（7）打包机的使用和维护要遵守操作牌制度，处理打包机故障时，必须索取操作牌，停机（油、风、电）后，关闭锁定开关，确认无误后，方可作业。

(8) 升降段停止器一定要保持完好，防止钩子蹿出或钩子掉下伤人。

(9) 在处理事故时，要注意观察，出现意外时，立即停车。

(10) 手动打包必须等线卷下降到位，稳钩器稳好以后，才能压紧；压紧装置压稳后，才能穿线打捆；打捆时必须待手离开拧结器后，才能启动拧结器；打好四道腰后，打包人员闪开，才能松开压紧装置；不打捆时，升降和压紧泵都得关闭。

(11) 修剪钩子内侧的线环时，当剪下的线环超过两环时，不准直接外拽，必须剪断后，慢慢将其导出。

(12) 修剪下来的废线应及时归垛，要及时清理打包机周围乱线，以免将人绊倒。

(13) 作业环境要保持清洁，及时清理油污，防止人员滑倒。

●空压机安全技术操作规程

(1) 工作前袖口、裤脚必须扎紧，女工必须将发辫挽起来戴好帽子。

(2) 停送电时，事先必须戴好绝缘工具，相互联系好站在绝缘地点操作。

(3) 机器在运转中禁止做擦拭、清扫和处理工作。

(4) 工作中不准脱离工作岗位，必须经常检查风压机，确保其不准超过规定允许压力。

(5) 风泵压力表每月试验一次，安全阀每周试验一次，其压力为风压力的1.25倍，风泵头温度不超过150℃，冷却温度不超过45℃。

(6) 电气设备出故障时，必须找电工来修理，禁止擅自处理。

(7) 风泵电缆头、电刷、带轮等传动部分，必须有可靠的防护栏杆和罩子，并保持其经常处于良好状态。

(8) 在日常工作中，检查发现机械有不正常声音时，要及时报告处理。

(9) 机械在运转中如遇停电时，应拉断电源。

(10) 空压机开泵前先冷却水阀门，如中途停水应立即停车，关闭阀门。

(11) 检修时拉断电源，打开放风阀门，关闭大罐阀门。

第四章　冶金企业安全生产标准化建设

安全生产标准是国家、行业制定的安全生产基础和工作规范，目的是使安全生产工作系统化、规范化、标准化。实践证明，推行安全生产标准化工作是落实企业安全生产主体责任、加强安全生产管理工作、提高安全生产管理水平、有效预防事故发生的长效机制建设，也是加强安全监管工作的重要环节。在各类企业，特别是危险性较大的行业企业开展安全生产标准化企业创建活动，推动岗位达标、专业达标和企业达标，规范企业安全生产管理，能够尽快使这些企业形成比较健全的安全生产标准规范体系，形成比较稳定的安全生产管理长效机制，从而预防事故的发生，保障职工的安全和健康。

第一节　安全生产标准化建设规范化规定与要求

安全生产标准化建设是企业实现安全发展、可持续发展的先决条件。开展安全生产标准化工作，通过制定企业安全条件和设备设施安全生产标准，制定各工种、岗位安全操作规程和作业场所安全生产标准，并狠抓贯彻落实，做到有标（章）可依、违标（章）必究，规范作业人员的行为，夯实安全管理基础，保障作业场所的安全条件，提高企业的安全保障能力，是从根本上预防生产安全事故的一项重要措施。为了全面推进企业安全生产标准化建设，进一步规范企业安全生产行为，改善安全生产条件，强化安全基础管理，有效防范和坚决遏制重特大事故发生，国务院以及国家安监总局等部门先后出台了一系列规定、标准、规范，推动和促进了企业安全生产标准化建设。

一、《企业安全生产标准化基本规范》相关要点

1. 安全生产标准化的定义与适用范围

《企业安全生产标准化基本规范》（AQ/T 9006—2010）于 2010 年 4 月 15 日公布，自 2010 年 6 月 1 日起施行，这意味着我国广大企业的安全生产标准化工作得到规范。本标准由国家安全生产监督管理总局提出，由全国安全生产标准化技术委员会归口。

本标准适用于工矿企业开展安全生产标准化工作以及对标准化工作的咨询、服务和评审；其他企业和生产经营单位可参照执行。有关行业制定安全生产标准化标准应满足本标

准的要求；已经制定行业安全生产标准化标准的，优先适用行业安全生产标准化标准。

本标准对安全生产标准化的定义：通过建立安全生产责任制，制定安全管理制度和操作规程，排查治理隐患和监控重大危险源，建立预防机制，规范生产行为，使各生产环节符合有关安全生产法律法规和标准规范的要求，人、机、物、环处于良好的生产状态，并持续改进，不断加强企业安全生产规范化建设。

《企业安全生产标准化基本规范》分为范围、规范性引用文件、术语和定义、一般要求、核心要求五部分。

2.《基本规范》的一般要求

《基本规范》一般要求的具体内容如下。

（1）原则。企业开展安全生产标准化工作，遵循“安全第一、预防为主、综合治理”的方针，以隐患排查治理为基础，提高安全生产水平，减少事故发生，保障人身安全健康，保证生产经营活动的顺利进行。

（2）建立和保持。企业安全生产标准化工作采用“策划、实施、检查、改进”动态循环的模式，依据本标准的要求，结合自身特点，建立并保持安全生产标准化系统；通过自我检查、自我纠正和自我完善，建立安全绩效持续改进的安全生产长效机制。

（3）评定和监督。企业安全生产标准化工作实行企业自主评定、外部评审的方式。企业应当根据本标准和有关评分细则，对本企业开展安全生产标准化工作情况进行评定；自主评定后申请外部评审定级。

安全生产标准化评审分为一级、二级、三级，一级为最高。安全生产监督管理部门对评审定级进行监督管理。

3.《基本规范》的核心要求

（1）目标。企业根据自身安全生产实际，制定总体和年度安全生产目标。按照所属基层单位和部门在生产经营中的职能，制定安全生产指标和考核办法。

（2）组织机构和职责。企业应按规定设置安全生产管理机构，配备安全生产管理人员。企业主要负责人应按照安全生产法律法规赋予的职责，全面负责安全生产工作，并履行安全生产义务。

企业应建立安全生产责任制，明确各级单位、部门和人员的安全生产职责。

（3）安全生产投入。企业应建立安全生产投入保障制度，完善和改进安全生产条件，按规定提取安全费用，专项用于安全生产，并建立安全费用台账。

（4）法律法规与安全管理制度

1）法律法规、标准规范。企业应建立识别和获取适用的安全生产法律法规、标准规范的制度，明确主管部门，确定获取的渠道、方式，及时识别和获取适用的安全生产法律法规、标准规范。

企业各职能部门应及时识别和获取本部门适用的安全生产法律法规、标准规范，并跟踪、掌握有关法律法规、标准规范的修订情况，及时向企业内负责识别和获取适用的安全生产法律法规的主管部门汇总。

企业应将适用的安全生产法律法规、标准规范及其他要求及时传达给从业人员。

企业应遵守安全生产法律法规、标准规范，并将相关要求及时转化为本单位的规章制度，贯彻到各项工作中。

2）规章制度。企业应建立健全安全生产规章制度，并发放到相关工作岗位，规范从业人员的生产作业行为。

安全生产规章制度至少应包含下列内容：安全生产职责、安全生产投入、文件和档案管理、隐患排查与治理、安全教育培训、特种作业人员管理、设备设施安全管理、建设项目安全设施“三同时”管理、生产设备设施验收管理、生产设备设施报废管理、施工和检维修安全管理、危险物品及重大危险源管理、作业安全管理、相关方及外用工管理、职业健康管理、防护用品管理、应急管理、事故管理等。

3）操作规程。企业应根据生产特点，编制岗位安全操作规程，并发放到相关岗位。

4）评估。企业应每年至少一次对安全生产法律法规、标准规范、规章制度、操作规程的执行情况进行检查评估。

5）修订。企业应根据评估情况、安全检查反馈的问题、生产安全事故案例、绩效评定结果等，对安全生产管理规章制度和操作规程进行修订，确保其有效和适用，保证每个岗位所使用的为最新有效版本。

6）文件和档案管理。企业应严格执行文件和档案管理制度，确保安全规章制度和操作规程编制、使用、评审、修订的效力。

企业应建立主要安全生产过程、事件、活动、检查的安全记录档案，并加强对安全记录的有效管理。

（5）教育培训

1）教育培训管理。企业应确定安全教育培训主管部门，按规定及岗位需要，定期识别安全教育培训需求，制定、实施安全教育培训计划，提供相应的资源保证。

应做好安全教育培训记录，建立安全教育培训档案，实施分级管理，并对培训效果进行评估和改进。

2）安全生产管理人员教育培训。企业的主要负责人和安全生产管理人员，必须具备与本单位所从事的生产经营活动相适应的安全生产知识和管理能力。法律法规要求必须对其安全生产知识和管理能力进行考核的，须经考核合格后方可任职。

3）操作岗位人员教育培训。企业应对操作岗位人员进行安全教育和生产技能培训，使其熟悉有关的安全生产规章制度和安全操作规程，并确认其能力符合岗位要求。未经安全教育培训，或培训考核不合格的从业人员，不得上岗作业。

新入厂（矿）人员在上岗前必须经过厂（矿）、车间（工段、区、队）、班组三级安全教育培训。

在新工艺、新技术、新材料、新设备设施投入使用前，应对有关操作岗位人员进行专门的安全教育和培训。

操作岗位人员转岗、离岗一年以上重新上岗者，应进行车间（工段）、班组安全教育培训，经考核合格后，方可上岗工作。

从事特种作业的人员应取得特种作业操作资格证书，方可上岗作业。

4）其他人员教育培训。企业应对相关方的作业人员进行安全教育培训。作业人员进入作业现场前，应由作业现场所在单位对其进行进入现场前的安全教育培训。

企业应对外来参观、学习等人员进行有关安全规定、可能接触到的危害及应急知识的教育和告知。

5）安全文化建设。企业应通过安全文化建设，促进安全生产工作。

企业应采取多种形式的安全文化活动，引导全体从业人员的安全态度和安全行为，逐步形成为全体员工所认同、共同遵守、带有本单位特点的安全价值观，实现法律和政府监管要求之上的安全自我约束，保障企业安全生产水平持续提高。

（6）生产设备设施

1）生产设备设施建设。企业建设项目的所有设备设施应符合有关法律法规、标准规范要求；安全设备设施应与建设项目主体工程同时设计、同时施工、同时投入生产和使用。

企业应按规定对项目建议书、可行性研究、初步设计、总体开工方案、开工前安全条件确认和竣工验收等阶段进行规范管理。

生产设备设施变更应执行变更管理制度，履行变更程序，并对变更的全过程进行隐患控制。

2）设备设施运行管理。企业应对生产设备设施进行规范化管理，保证其安全运行。

企业应有专人负责管理各种安全设备设施，建立台账，定期检维修。对安全设备设施应制订检维修计划。

设备设施检维修前应制定方案。检维修方案应包含作业行为分析和控制措施。检维修过程中应执行隐患控制措施并进行监督检查。

安全设备设施不得随意拆除、挪用或弃置不用；确因检维修拆除设备设施，应采取临时安全措施，检维修完毕后立即复原。

3）新设备设施验收及旧设备拆除、报废。设备的设计、制造、安装、使用、检测、维修、改造、拆除和报废，应符合有关法律法规、标准规范的要求。

企业应执行生产设备设施到货验收和报废管理制度，应使用质量合格、设计符合要求的生产设备设施。

拆除的生产设备设施应按规定进行处置。拆除的生产设备设施涉及危险物品的，须制定危险物品处置方案和应急措施，并严格按规定组织实施。

（7）作业安全

1）生产现场管理和生产过程控制。企业应加强生产现场安全管理和生产过程的控制。对生产过程及物料、设备设施、器材、通道、作业环境等存在的隐患，应进行分析和控制。对动火作业、受限空间内作业、临时用电作业、高处作业等危险性较高的作业活动实施作业许可管理，严格履行审批手续。作业许可证应包含危害因素分析和安全措施等内容。

企业进行爆破、吊装等危险作业时，应当安排专人进行现场安全管理，确保安全规程的遵守和安全措施的落实。

2）作业行为管理。企业应加强生产作业行为的安全管理。对作业行为隐患、设备设施使用隐患、工艺技术隐患等进行分析，采取控制措施。

3）警示标志。企业应根据作业场所的实际情况，按照 GB 2894 及企业内部规定，在有较大危险因素的作业场所和设备设施上设置明显的安全警示标志，进行危险提示、警示，告知危险的种类、后果及应急措施等。

企业应在设备设施检维修、施工、吊装等作业现场设置警戒区域和警示标志，在检维修现场的坑、井、洼、沟、陡坡等场所设置围栏和警示标志。

4）相关方管理。企业应执行承包商、供应商等相关方管理制度，对其资格预审、选择、服务前准备、作业过程、提供的产品、技术服务、表现评估、续用等进行管理。

企业应建立合格相关方的名录和档案，根据服务作业行为定期识别服务行为风险，并采取行之有效的控制措施。

企业应对进入同一作业区的相关方进行统一安全管理。

不得将项目委托给不具备相应资质或条件的相关方。企业和相关方的项目协议应明确规定双方的安全生产责任和义务。

5）变更。企业应执行变更管理制度，对机构、人员、工艺、技术、设备设施、作业过程及环境等永久性或暂时性的变化进行有计划的控制。

变更的实施应履行审批及验收程序，并对变更过程及变更所产生的隐患进行分析和控制。

（8）隐患排查和治理

1）隐患排查。企业应组织事故隐患排查工作，对隐患进行分析评估，确定隐患等级，登记建档，及时采取有效的治理措施。

法律法规、标准规范发生变更或有新的公布，以及企业操作条件或工艺改变，新建、改建、扩建项目建设，相关方进入、撤出或改变，对事故、事件或其他信息有新的认识，组织机构发生大的调整的，应及时组织隐患排查。

隐患排查前应制定排查方案，明确排查的目的、范围，选择合适的排查方法。排查方案应依据有关安全生产法律、法规要求、设计规范、管理标准、技术标准、企业的安全生产目标等。

2）排查范围与方法。企业隐患排查的范围应包括所有与生产经营相关的场所、环境、人员、设备设施和活动。

企业应根据安全生产的需要和特点，采用综合检查、专业检查、季节性检查、节假日检查、日常检查等方式进行隐患排查。

3）隐患治理。企业应根据隐患排查的结果，制定隐患治理方案，对隐患及时进行治理。

隐患治理方案应包括目标和任务、方法和措施、经费和物资、机构和人员、时限和要求。重大事故隐患在治理前应采取临时控制措施并制定应急预案。

隐患治理措施包括工程技术措施、管理措施、教育措施、防护措施和应急措施。

治理完成后，应对治理情况进行验证和效果评估。

4）预测预警。企业应根据生产经营状况及隐患排查治理情况，运用定量的安全生产预测预警技术，建立体现企业安全生产状况及发展趋势的预警指数系统。

（9）重大危险源监控

1）辨识与评估。企业应依据有关标准对本单位的危险设施或场所进行重大危险源辨识与安全评估。

2）登记建档与备案。企业应当对确认的重大危险源及时登记建档，并按规定备案。

3）监控与管理。企业应建立健全重大危险源安全管理制度，制定重大危险源安全管理技术措施。

（10）职业健康

1）职业健康管理。企业应按照法律法规、标准规范的要求，为从业人员提供符合职业健康要求的工作环境和条件，配备与职业健康保护相适应的设施、工具。

企业应定期对作业场所职业危害进行检测，在检测点设置标识牌予以告知，并将检测结果存入职业健康档案。

对可能发生急性职业危害的有毒、有害工作场所，应设置报警装置，制定应急预案，配置现场急救用品、设备，设置应急撤离通道和必要的泄险区。

各种防护器具应定点存放在安全、便于取用的地方，并有专人负责保管，定期校验和维护。

企业应对现场急救用品、设备和防护用品进行经常性的检维修，定期检测其性能，确保其处于正常状态。

2）职业危害告知和警示。企业与从业人员订立劳动合同时，应将工作过程中可能产生的职业危害及其后果和防护措施如实告知从业人员，并在劳动合同中写明。

企业应采用有效的方式对从业人员及相关方进行宣传，使其了解生产过程中的职业危害、预防和应急处理措施，降低或消除危害后果。

对存在严重职业危害的作业岗位，应按照GBZ 158要求设置警示标识和警示说明。警示说明应载明职业危害的种类、后果、预防和应急救治措施。

3）职业危害申报。企业应按规定，及时、如实向当地主管部门申报生产过程存在的职业危害因素，并依法接受其监督。

（11）应急救援

1）应急机构和队伍。企业应按规定建立安全生产应急管理机构或指定专人负责安全生产应急管理工作。

企业应建立与本单位安全生产特点相适应的专兼职应急救援队伍，或指定专兼职应急救援人员，并组织训练；无须建立应急救援队伍的，可与附近具备专业资质的应急救援队伍签订服务协议。

2）应急预案。企业应按规定制定生产安全事故应急预案，并针对重点作业岗位制定应急处置方案或措施，形成安全生产应急预案体系。

应急预案应根据有关规定报当地主管部门备案，并通报有关应急协作单位。

应急预案应定期评审，并根据评审结果或实际情况的变化进行修订和完善。

3）应急设施、装备、物资。企业应按规定建立应急设施，配备应急装备，储备应急物资，并进行经常性的检查、维护、保养，确保其完好、可靠。

4）应急演练。企业应组织生产安全事故应急演练，并对演练效果进行评估。根据评估结果，修订、完善应急预案，改进应急管理工作。

5）事故救援。企业发生事故后，应立即启动相关应急预案，积极开展事故救援。

（12）事故报告、调查和处理

1）事故报告。企业发生事故后，应按规定及时向上级单位、政府有关部门报告，并妥善保护事故现场及有关证据。必要时向相关单位和人员通报。

2）事故调查和处理。企业发生事故后，应按规定成立事故调查组，明确其职责与权限，进行事故调查或配合上级部门的事故调查。

事故调查应查明事故发生的时间、经过、原因、人员伤亡情况及直接经济损失等。

事故调查组应根据有关证据、资料，分析事故的直接、间接原因和事故责任，提出整改措施和处理建议，编制事故调查报告。

（13）绩效评定和持续改进

1）绩效评定。企业应每年至少一次对本单位安全生产标准化的实施情况进行评定，验证各项安全生产制度措施的适宜性、充分性和有效性，检查安全生产工作目标、指标的完成情况。

企业主要负责人应对绩效评定工作全面负责。评定工作应形成正式文件，并将结果向所有部门、所属单位和从业人员通报，作为年度考评的重要依据。

企业发生死亡事故后应对绩效重新进行评定。

2）持续改进。企业应根据安全生产标准化的评定结果和安全生产预警指数系统所反映的趋势，对安全生产目标、指标、规章制度、操作规程等进行修改完善，持续改进，不断提高安全绩效。

二、《全国冶金等工贸企业安全生产标准化考评办法》相关要点

1. 制定《考评办法》的目的

2011年6月7日，国家安全生产监督管理总局下发《关于印发全国冶金等工贸企业安全生产标准化考评办法的通知》（安监总管四〔2011〕84号）（以下简称《通知》）。《通知》指出：为贯彻落实《国务院关于进一步加强企业安全生产工作的通知》（国发〔2010〕23号）和《国务院办公厅关于继续深化“安全生产年”活动的通知》（国办发〔2011〕11号）精神，进一步规范和推进冶金等工贸企业安全生产标准化建设工作，制定了《全国冶金等工贸企业安全生产标准化考评办法》。

制定《全国冶金等工贸企业安全生产标准化考评办法》的目的是根据《安全生产法》《国务院关于进一步加强企业安全生产工作的通知》（国发〔2010〕23号），为有效实施《企业安全生产标准化基本规范》（AQ/T 9006—2010），规范冶金等工贸企业安全生产标准化考评工作。本办法所称冶金等工贸企业是指冶金、有色、建材、机械、轻工、纺织、烟草、商贸等行业企业。

《全国冶金等工贸企业安全生产标准化考评办法》规定，企业安全生产标准化考评，采取自评、申请、评审、审核公告、颁发证书和牌匾的方式进行。

2. 有关安全生产标准化企业分级

安全生产标准化企业分为一级企业、二级企业和三级企业。一级企业由国家安全生产监督管理总局（以下简称总局）审核公告，二级企业由企业所在地省（自治区、直辖市）及新疆生产建设兵团安全生产监督管理部门（以下简称省级安全监管部门）审核公告，三级企业由所在地设区的市（州、盟）安全生产监督管理部门（以下简称市级安全监管部门）审核公告。

3. 有关申请安全生产标准化评审企业的条件

申请安全生产标准化评审的企业应具备以下条件。

设立有安全生产行政许可的，已依法取得国家规定的相应安全生产行政许可。

申请一级企业的，应为大型企业集团、上市公司或行业领先企业。申请评审之日前一年内，大型企业集团、上市集团公司未发生较大以上生产安全事故，集团所属成员企业90%以上无死亡生产安全事故；上市公司或行业领先企业无死亡生产安全事故。

申请二级企业的，申请评审之日前一年内，大型企业集团、上市集团公司未发生较大以上生产安全事故，集团所属成员企业80%以上无死亡生产安全事故；企业死亡人员未超过1人。

申请三级企业的，申请评审之日前一年内生产安全事故累计死亡人员未超过2人。

行业评定标准中的企业安全绩效要求高于本条款的，按照行业标准执行；低于本条款

要求的，按照本条款执行。

4. 有关评审依据相应的评定标准

评审依据相应的评定标准（或评分细则，下同）采用评分的方式进行，满分为100分，评审标准如下。

一级：评审评分大于等于90分（大型集团公司90%以上的成员企业评审评分大于等于90分）。

二级：评审评分大于等于75分（集团公司80%以上的成员企业评审评分大于等于75分）。

三级：评审评分大于等于60分。

评定标准满分不为100分的，按100分制折算。

5. 有关安全生产标准化考评程序

安全生产标准化考评程序如下。

（1）企业自评：企业成立自评机构，按照评定标准的要求进行自评，形成自评报告。企业自评可以邀请专业技术服务机构提供支持。

（2）申请评审：企业根据自评结果，经相应的安全生产监督管理部门（以下简称安全监管部门）同意后，提出书面评审申请。

（3）申请安全生产标准化一级企业的，经所在地省级安全监管部门同意后，向一级企业评审组织单位提出申请；申请安全生产标准化二级企业的，经所在地市级安全监管部门同意后，向所在地省级安全监管部门或二级企业评审组织单位提出申请；申请安全生产标准化三级企业的，经所在地县级安全监管部门同意后，向所在地市级安全监管部门或三级企业评审组织单位提出申请。

符合申请要求的，通知相关评审单位组织评审；不符合申请要求的，书面通知申请企业，并说明理由。由评审组织单位受理申请的，评审组织单位对申请进行初步审查，报请审核公告的安全监管部门核准同意后，方可通知相关评审单位组织评审。

（4）评审与报告：评审单位收到评审通知后，应按照相关评定标准的要求进行评审。评审完成后，经申请受理单位初步审查后，将符合要求的评审报告，报送审核公告的安全监管部门；对于不符合要求的评审报告，书面通知评审单位，并说明理由。

评审结果未达到企业申请等级的，经申请企业同意，限期整改后重审；或根据评审实际达到的等级，按本办法的规定，向相应的安全监管部门申请审核。

评审工作应在收到评审通知之日起3个月内完成（不含企业整改时间）。

6. 有关审核与公告、颁发证书和牌匾

审核与公告：审核公告的安全监管部门对提交的评审报告进行审核，对符合标准的企业予以公告；对不符合标准的企业，书面通知申请受理单位，并说明理由。

颁发证书和牌匾：经公告的企业，由安全监管部门或指定的评审组织单位颁发相应等级的安全生产标准化证书和牌匾。

证书和牌匾由总局统一监制，统一编号。

安全生产标准化一级企业评审组织单位和评审单位由总局确定，二级、三级企业评审组织单位和评审单位由省级安全监管部门确定。

评审单位按照评定标准，对申请企业采用资料核对、人员询问、现场考核和查证的方法进行评审。人员询问、现场考核和查证可以按一定比例进行抽查。

安全生产标准化企业证书和牌匾有效期为3年。期满前3个月，企业可按本办法的规定申请延期，换发证书、牌匾。

7. 有关撤销安全生产标准化等级企业事项

取得安全生产标准化证书的企业，在证书有效期内发生下列行为的，由原审核单位公告撤销其安全生产标准化企业等级。

（1）在评审过程中弄虚作假、申请材料不真实的。

（2）不接受检查、抽查的。

（3）迟报、漏报、谎报、瞒报生产安全事故的。

（4）大型企业集团、上市集团公司一级企业发生较大以上生产安全事故，或所属成员企业10%以上发生死亡生产安全事故的。

（5）一级、二级、三级企业发生人员死亡生产安全事故，半年内须申请复评，复评不合格的。

（6）企业再次发生人员死亡生产安全事故的。

被撤销安全生产标准化等级的企业，按降低至少一个等级重新申请评审；自撤销之日起满一年的，方可申请被降低前的等级。

三级企业符合撤销等级条件的，由市级审核公告单位责令限期整改，通知评审组织单位收回其证书、牌匾。整改期满，经原评审单位评审，符合三级企业要求的，方可重新颁发原证书、牌匾。整改期限不得超过一年。

被撤销安全生产标准化等级的企业，应向原发证单位交回证书、牌匾。

企业取得安全生产标准化证书后，每年应对本单位安全生产标准化的实施情况至少进行一次自我评定，并形成自评报告，及时发现和解决生产中的安全问题，持续改进，不断提高安全生产水平。

企业安全生产标准化年度自评报告须按有关规定抄送相应的安全监管部门。

评审单位应严格按照相关安全生产标准化评定标准的要求开展考评的相关工作，确保安全生产标准化考评工作的质量，并对评审结果负责。

对取得安全生产标准化证书的企业，各级安全监管部门视情况组织日常检查、抽查，并对检查、抽查情况进行通报。企业在考评过程中弄虚作假、申请材料不真实，不接受检查、抽查，或者发生生产安全事故、符合本办法相关规定的，撤销其安全生产标准化企业等级。

本办法自印发之日起施行。2005 年 1 月 24 日原国家安全生产监督管理局印发的《机械制造企业安全质量标准化考核评级办法》（安监管管二字〔2005〕11 号）和 2008 年 1 月 31 日总局印发的《冶金企业安全标准化考评办法（试行）》（安监总管一〔2008〕23 号）同时废止。

附件：①企业安全生产标准化评审申请，②企业安全生产标准化评审报告，③企业安全生产标准化证书样式，④安全生产标准化牌匾式样（略）。

三、《冶金等工贸企业安全生产标准化基本规范评分细则》考评说明

在国家安全生产监督管理总局公布的《冶金等工贸企业安全生产标准化基本规范评分细则》中，对评分细则进行了说明。

（1）本评分细则适用于冶金、有色、建材、机械、轻工、纺织、烟草、商贸等行业企业（以下统称冶金等工贸企业）根据《企业安全生产标准化基本规范》（AQ/T 9006—2010）开展安全生产标准化自评、申请、外部评审及各级安全监管部门监督审核等相关工作。冶金等工贸企业已有专业评定标准的，优先适用专业评定标准。

（2）本标准共有 13 项一级要素、42 项二级要素及 194 条企业达标标准。

（3）在评分细则中的自评/评审描述列中，企业及评审单位应根据评分细则的有关要求，针对企业实际情况，如实进行得分及扣分点说明、描述，并在自评扣分点及原因说明汇总表中逐条列出。

（4）本评定标准中累计扣分的，均为直到该考评内容分数扣完止，不出现负分。有特别说明扣分的（在考评方式中加粗的内容），在该类目内进行扣分。

（5）本评定标准共计 1 000 分，最终标准化得分换算成百分制。换算公式如下：标准化得分（百分制）＝标准化工作评定得分÷（1 000－不参与考评内容分数之和）×100。最后得分采用四舍五入，取小数点后一位数。

（6）标准化等级共分为一级、二级、三级，其中一级为最高。评定所对应的等级须同时满足标准化得分和安全绩效等要求，取最低的等级来确定标准化等级（见下表）。

评定等级	标准化得分	安全绩效
一级	≥90	应为大型企业集团、上市公司或行业领先企业。申请评审之日前一年内，大型企业集团、上市集团公司未发生较大以上生产安全事故，集团所属成员企业 90％以上无死亡生产安全事故；上市公司或行业领先企业无死亡生产安全事故
二级	≥75	申请评审之日前一年内，大型企业集团、上市集团公司未发生较大以上生产安全事故，集团所属成员企业 80％以上无死亡生产安全事故；企业死亡人员未超过 1 人
三级	≥60	申请评审之日前一年内生产安全事故累计死亡人员未超过 2 人

（7）冶金等工贸企业安全生产标准化考评程序、有效期、等级证书和牌匾等按照《全国冶金等工贸企业安全生产标准化考评办法》（安监总管四〔2011〕84号）的有关要求执行。

第二节　冶金企业安全生产标准化建设相关评定标准

通过开展安全生产标准化建设工作，强化企业的安全生产内功，解决企业深层次的问题，激活企业安全生产管理的内在动力，有利于建立安全生产的长效机制。安全生产标准化建设，实际上是企业全体人员共同参与、有针对性的企业安全整治、隐患排查、持续改进活动，也是一项长期持久性的工作，从而促进企业的安全生产。对于冶金企业来讲，主要有炼钢、炼铁、煤气三个安全生产标准化评定标准，有色企业主要有有色金属压力加工企业、有色重金属冶炼企业安全生产标准化评定标准。在这里，主要对作业安全考评相关内容进行介绍。

一、冶金企业安全生产标准化评定标准

1. 冶金企业安全生产标准化评定标准（炼钢）（摘要）

（1）考评说明

1）本评定标准所指的炼钢企业包括钢铁联合企业中的炼钢单元及独立炼钢生产企业，适用于炼钢企业开展安全生产标准化自评、申请、外部评审及各级安全监管部门监督审核等相关工作。

2）在考核年度内未发生较大及以上生产安全事故、依法生产的炼钢企业，可以参加安全生产标准化等级考评。

3）本评定标准分为13项考评类目、47项考评项目和211条考评内容。

4）在评定标准表中的自评/评审描述列中，企业及评审单位应根据评定标准的有关要求，针对企业实际情况，如实进行得分及扣分点说明、描述，并在自评扣分点及原因说明汇总表中逐条列出。

5）本评定标准中累计扣分的，均为直到该考评内容分数扣完为止，不出现负分。有特别说明扣分的，应在该类目内进行扣分。

6）本评定标准共计650分，最终标准化得分换算成百分制。换算公式如下：标准化得分（百分制）＝标准化工作评定得分÷（650－不参与考评内容分数之和）×100。最后得分采用四舍五入，取小数点后一位数。

7）标准化等级共分为一级、二级、三级，其中一级为最高。评定所对应的等级应同时满足标准化得分和安全绩效要求，取其中较低的等级确定最后标准化等级。

8）炼钢企业安全生产标准化考评程序、有效期、等级证书和牌匾等按照《全国冶金等工贸企业安全生产标准化考评办法》（安监总管四〔2011〕84号）中的有关要求执行。2008年1月31日国家安全监管总局印发的《冶金企业安全标准化炼钢单元考评标准》（安监总管一〔2008〕23号）同时废止。

（2）作业安全考评相关内容

1）生产现场管理和生产过程控制

对生产现场和生产过程、环境存在的风险和隐患进行辨识、评估分级，并制定相应的控制措施。

铁水罐、钢水罐内的铁水、钢水有凝盖时，不应用其他铁水罐、钢水罐压凝盖，也不应人工使用管状物撞击凝盖。

无关人员不应乘坐锭坯车、铁水罐车、钢水罐车、渣罐车或运渣车、废钢料篮车及其他料车；运输炽热物体的车辆，不应在煤气或氧气管道、电缆通廊、管架等下方停留。

氧气转炉出钢后，炉内不准许留有剩渣，特殊工艺要求留渣时，必须有可靠的防喷防爆措施。烘炉应严格执行烘炉操作规程。转炉生产期间需到炉下区域作业时，应通知转炉控制室停止吹炼，并不得倾动转炉。倒炉测温取样和出钢时，人员应避免正对炉口，待炉子停稳、无喷溅时，方可作业。

电炉开炉前应认真检查，确保各机械设备及联锁装置处于正常的待机状态，各种介质处于设计要求的参数范围，各水冷元件供排水无异常现象，供电系统与电控正常，工作平台整洁有序无杂物。

电炉氧燃烧嘴开启时应先供燃料，点火后再供氧；关闭时应先停止供氧，再停止供燃料。

电炉通电冶炼或出钢期间，人员应处于安全位置，不应登上炉顶维护平台，不应在短网下和炉下区域通行。

电炉维修炉底出钢口的作业人员与电炉主控室人员之间，应建立联系与确认制度。

进行炉外精炼炉工作之前，应认真检查，确保设备处于良好待机状态、各介质参数符合要求。

炉外精炼区域与钢水罐运行区域、地坪不得有水或潮湿物品。无防喷溅措施的，人员不得在钢包周围行走和停留。

用钢包内钢液浇注后，应进行检查，发现异常，应及时处理或按规定报修、报废。

新砌或维修后的钢包，应经烘烤干燥方可使用。

模铸浇注时应遵守：开浇和烧氧时应预防钢水喷溅，水口烧开后，应迅速关闭氧气；正在浇注时，不应往钢水包内投料调温；不应在有红锭的钢锭模沿上站立、行走和进行其他操作。

连铸浇注之前，应检查确认设备处于良好待机状态，各介质参数符合要求。连铸钢包或中间罐滑动水口开启时，滑动水口正面不应有人。

连铸浇注时应遵守：二次冷却区不应有人；出现结晶器冷却水减少报警时，应立即停止浇注；大包回转台旋转过程中，旋转区域内不应有人。

钢锭（坯）堆放高度应符合安全规程的规定。钢锭退火时应放置平稳，确认退火窑内无人方可推车。钢锭（坯）库内人行道宽度应不小于 1 m，锭（坯）垛间距应不小于 0.6 m。

新敷设的氧气管道应脱脂、除锈和钝化；氧气管道在检修和长期停用后再次使用，应预先用无油压缩空气或氮气彻底吹扫。燃油管道和煤气管道施工完毕，应进行强度试验和严密性试验。

炉渣应加强渣罐检查，罐内不应有水、积雪或其他潮湿物料。采用钢渣水淬工艺，发现冲渣水量小于规定值时，应停止水淬，以防爆炸。

修炉作业的危险区域内不应有人员通行或停留。修炉用的脚手架应连接牢固，并经检查确认。

转炉修炉在炉体内外作业，除执行停电挂牌制度外，还应将炉体倾动制动器锁定。

设备检修应按设备维护规程的规定按时检修设备，不应拖延。设备检修完毕，应先做单项试车，然后联动试车。试车时，应严格按照设备操作程序进行。

2）作业行为管理

对生产作业过程中人的不安全行为进行辨识，并制定相应的控制措施。主要包括：①在没有排除故障的情况下操作，没有做好防护或已提出警告；②在不安全的速度下操作；③使用不安全的设备或不安全地使用设备；④处于不安全的位置或不安全的操作姿势；⑤在运行中或有危险的设备上工作；⑥在存在职业危害环境和场所中，未使用或未正确佩戴劳动防护用品。

建立“三违”行为检查制度，明确人员行为监控的责任、方法、记录、考核等事项。

对生产作业过程中人的不安全行为进行辨识，并制定相应的控制措施。

设备大修应明确相应的指挥协调机构、制定检修方案、论证、审批，并明确各单位安全职责。参加检修工作的单位，应在检修组织协调机构统一指导下，按划分的作业地区与范围工作。检修现场应配备专职安全员。

检修中拆除的安全装置，检修完毕应及时将其恢复。安全防护装置的变更应经安全部门同意，并应做好记录归档。

设备检修和更换时，必须严格执行各项安全制度和专业安全技术操作规程。检修前，应对检修人员进行安全教育，介绍现场工作环境和注意事项，做好施工现场安全交底。

设备检修完毕，应先做单项试车，然后联动试车。试车时，应严格按照设备操作程序进行。

3）危险作业

建立至少包括下列危险作业的安全管理制度，明确责任部门、人员、许可范围、审批程序、许可签发人员等：①危险区域动火作业；②煤气设施检修作业；③进入受限空间作业；④能源介质作业；⑤高处作业；⑥大型吊装作业；⑦交叉作业；⑧其他危险作业。

对危险性大的作业实行许可制、工作票制。要害岗位及电气、机械、起重设备等设备，应实行操作牌制度。

修炉作业施工时高处作业人员应佩戴安全带。

带煤气作业如带煤气抽堵盲板、带煤气接管、操作插板等危险工作，不应在雷雨天进行，不宜在夜间进行；作业时，应有煤气防护站人员在场监护；操作人员应佩戴呼吸器。

有窒息性气体的底吹阀门站，应加强检查，发现泄漏及时处理。进入阀门站应预先打开门窗与排气扇，检测合格，确认安全后，方可进入，维修设备时应始终打开门窗与排风扇。

连铸采用煤气、天然气、乙炔、丙烷和氧气切割铸坯时，应安装煤气、天然气、乙炔、丙烷和氧气的快速切断阀，并应配备灭火器材。

修炉作业施工区有可能泄漏煤气、氧气、高压蒸汽、其他有害气体与烟尘的部位，应采取防护措施。

起重机应由经专门培训、考核合格的专职人员指挥，同一时刻只应一人指挥，指挥信号应符合要求。吊运重罐，起吊时应进行试重，人员应站在安全位置，并尽量远离起吊地点。

炉外精炼吊运满包钢水或红热电极，应有专人指挥；吊运钢包应检查确认挂钩、脱钩可靠，方可通知司机起吊。

起重机启动和移动时，应发出声响与灯光信号，吊物不应从人员和重要设备上方越过；吊物上不应有人，也不应用起重设备载人。

废钢装卸作业时，电磁盘或液压抓斗附近不应有人。

吊运装有铁水、钢水、液渣的罐，应与邻近设备或建、构筑物保持大于 1.5m 的净空距离。

起重机的龙门钩挂重铁水罐时，应有专人检查是否挂牢，待核实后发出指令，吊车才能起吊；吊起的铁水罐在等待往转炉兑铁水期间，不应提前挂上倾翻铁水罐的小钩。

4）警示标志和安全防护

建立警示标志和安全防护的管理制度。

在有较大危险因素的作业场所或有关设备上，设置符合《安全标志及其使用导则》（GB 2894）、《安全色》（GB 2893）、《图形符号　安全色和安全标志　第 1 部分：工作场所和公共区域中安全标志的设计原则》（GB/T 2893.1）规定的安全警示标志和安全色。在厂房内的生产作业区域和有关建筑物的适当部位设置符合规定要求的安全警示标志。

在检（维）修、施工、吊装等作业现场设置警戒区域，以及厂区内的坑、沟、池、井、陡坡等设置安全盖板或护栏等。

对于设备裸露的转动或快速移动部分、不便绝缘的电气设备以及裸电线，应设有结构可靠的安全防护罩、防护栏杆、防护网或防护挡板。

放射源和射线装置，应有明显的标志和防护措施，并定期检测。

2. 冶金企业安全生产标准化评定标准（炼铁）（摘要）

（1）考评说明

1）本标准适用于炼铁企业开展安全生产标准化自评、申请、外部评审及各级安全监管部门监督审核等相关工作。本评定标准所指的炼铁企业包括钢铁联合企业中的炼铁单元及独立炼铁生产企业。

2）依法生产的炼铁企业在考核年度内未发生较大及以上生产安全事故的，可以参加安全生产标准化等级考评。

3）本评定标准分为13项考评类目、47项考评项目和236条考评内容。

4）在评定标准表中的自评/评审描述列中，企业及评审单位应根据评定标准的有关要求，针对企业实际情况，如实进行得分及扣分点说明、描述，并在自评扣分点及原因说明汇总表中逐条列出。

5）本评定标准中累计扣分的，均为直到该考评内容分数扣完为止，不出现负分。有特别说明扣分的，应在该类目内进行扣分。

6）本评定标准共计650分，最终标准化得分换算成百分制。换算公式如下：标准化得分（百分制）＝标准化工作评定得分÷（650－不参与考评内容分数之和）×100。最后得分采用四舍五入，取小数点后一位数。

7）标准化等级共分为一级、二级、三级，其中一级为最高。评定所对应的等级须同时满足标准化得分和安全绩效等要求，取最低的等级来确定标准化等级。

8）冶金企业炼铁单元安全生产标准化考评程序、有效期、等级证书和牌匾等按照《全国冶金等工贸企业安全生产标准化考评办法》（安监总管四〔2011〕84号）中有关要求执行。2008年1月31日国家安全监管总局印发的《冶金企业安全标准化炼铁单元考评标准》（安监总管一〔2008〕23号）同时废止。

（2）作业安全考评相关内容

1）生产现场管理和生产过程控制

建立至少包括下列危险作业的安全管理制度，明确责任部门/人员、许可范围、审批程序、许可签发人员等：①危险区域动火作业；②进入受限空间作业；③能源介质作业；④高处作业；⑤大型吊装作业；⑥交叉作业；⑦其他危险作业。

对生产现场和生产过程、环境存在的风险和隐患进行辨识、评估分级，并制定相应的控制措施。

未经允许，禁止与生产无关的人员进入生产操作现场。

设备检修或技术改造，应制定相应的安全技术措施。多单位、多工种在同一现场施工时，应建立现场指挥机构，协调作业。

所有设备设施的检修，应遵守下列规定：①检修作业区域设明显的标志和灯光信号；②检修作业区上空有高压线路时，应架设防护网；③检修期间，相关的铁道设明显的标志和灯光信号，有关道岔锁闭并设置路挡。

吊车的滑线应安装通电指示灯或采用其他标识带电的措施。滑线应布置在吊车司机室的另一侧；若布置在同一侧，应采取安全防护措施。

吊具应在其安全系数允许范围内使用。钢丝绳和链条的安全系数和钢丝绳的报废标准应符合《起重机械安全规程》（GB 6067）的有关规定。

地沟的照明装置，固定式装置的电压不应高于 36 V，开关应设在地沟入口；手持式的不应高于 12 V。

电磁盘吊应有防止断电的安全措施。

上料系统料坑上面应有装料指示灯，应有两个出入口，良好的照明及躲避危害的安全区域。敞开的料坑应设围栏；在有供电滑线的料车上卸料，应有防止触电的措施。

卷扬机室应设与中控室（高炉值班室）和上料操作室联系的电话和警报电铃。

不应用料车运送氧气、乙炔或其他易燃易爆品。

料车应用两条钢丝绳牵引并应有行程极限、超极限双重保护装置和高速区、低速区的限速保护装置。

高炉炉顶压力不断增高又无法控制时，应按照制定的预案，及时减风，并打开炉顶放散阀，找出原因，排除故障，方可恢复工作。

开、停炉及计划检修期间，应有煤气专业防护人员监护。

应组成以生产厂长或总工程师为首的领导小组，负责指挥开、停炉，并负责制定开停炉方案和安全技术措施。

高炉突然断风，应按紧急休风程序休风，同时出净炉内的渣和铁。

高炉应有事故供水设施。

高炉生产系统（包括鼓风机）突然停电时，应按紧急休风程序处理。

人员进入高炉炉缸作业前，应拆除所有直吹管，有效切断煤气、氧气、氮气等危险气源，并认真做好监护、检测和通风措施。

炉皮开裂的护炉方案，应制定有保护人员和设备安全的安全措施。

喷吹煤粉一般规定：①喷吹无烟煤时，煤粉制备系统、喷吹系统及制粉间、喷吹间内的设备、容器、管道和厂房，均应采取安全防护措施；喷吹烟煤（混合煤）时，氧气含量、温度、储存时间、水雾式灭火还应符合有关规定。②煤粉仓、储煤罐、喷吹罐、仓式泵等设备的泄爆孔，应按有关规定进行设计；泄爆孔的朝向应不致危害人员及设备。③操作值班室应与用氮设备及管路严格分开。④在喷吹过程中，控制喷吹煤粉的阀门（包括调节型阀门和切断阀门）一旦失灵，应能自动停止向高炉喷吹煤粉，并及时报警。⑤检修制粉和喷吹系统时，应将系统中的残煤吹扫干净，应使用防爆型照明灯具。检修作业过程中，需要动火时，按照规定办理动火许可证，确认安全措施到位后方可进行检修。

烟煤及混合煤喷吹系统管理要求：①烟煤制粉系统应采用惰化气体做干燥介质，且应设氧含量和一氧化碳浓度在线监测装置，并实现超限报警和自动惰化。②输粉和喷吹系统的供气管道，均应设置逆止阀；输粉和喷吹管道，应有供应压缩空气的旁通设施，并能与氮气管路互换。③烟煤喷吹系统，应设置气控装置和超温、超压、含氧超标等事故报警，还应设置防止和消除事故的装置。

氧煤喷吹管理要求：①用以喷吹的氧气管道阀门及测氧仪器仪表，应灵敏可靠，并制定专门的氧煤喷吹安全措施。②氧煤枪供氧系统应具有自动转换或充氮保护功能。③煤粉制备系统，应设有氧气和一氧化碳浓度检测和报警装置。④喷吹系统应使用防爆电器。

连接富氧鼓风处，应有逆止阀和快速自动切断阀。吹氧系统及吹氧量应能远距离控制；对氧气管道进行动火作业，应事先制订动火方案，办理动火手续，并经有关部门审批后，严格按方案实施。

出铁、出渣以前，应做好准备工作，并发出出铁、出渣或停止的声响信号；水冲渣的高炉，应先开动冲渣水泵（或打开冲渣水阀门）。

维护铁口和渣口作业，应点燃煤气，防止中毒。

摆动溜嘴往两边受铁罐受铁时，摆动角度应保证铁水流入铁水罐口的中心；接班时应认真检查开关、机械传动部分、电机、减速机、溜嘴工作层等，发现异常及时处理。停电时应按规定操作摆动溜嘴。

使用的铁水罐应烘干，非电气信号倒罐的，应建立渣、铁罐使用牌制度；无渣、铁罐使用牌，不应倒罐，高炉不应出铁、出渣。

转鼓渣过滤系统运转前的检查应做到：设备无异常，粒化头无堵塞，接受槽格栅无渣块，高低沟、渣闸正常，热水槽无积渣，地坑无积水，管道阀门无泄漏，胶带运行平稳、无偏离，事故水位正常；正常生产时，系统设备的运转应实行自动控制。

对于转鼓渣过滤系统各种联锁、保护装置的调整，应经主管部门同意，并报主管厂长批准；调整应记录存档。

带式输送机运转期间，不应进行清扫和维修作业，也不应从胶带下方通过或乘坐、跨越胶带。

铁水溜槽的移动、安装，铸铁机下的污物清理，均应实行机械化。

检修铸铁机，应事先取得“铸铁机操作牌”；检修完毕，铸铁机司机应收回操作牌，确认人员全部撤离、杂物已清完，并发出开车信号，方可重新开车。

渣罐倾翻装置应能自锁，应远距离操作翻罐；罐口结壳及翻渣后罐内结壳，应使用打渣壳机和撞罐机处理。

2）作业行为管理

对生产作业过程中人的不安全行为进行辨识，并制定相应的控制措施。主要包括：①在没有排除故障的情况下操作，没有做好防护或提出警告；②在不安全的速度下操作；③使用不安全的设备或不安全地使用设备；④处于不安全的位置或不安全的操作姿势；⑤在运行中或有危险的设备上工作。⑥在存在职业危害环境和场所中，未使用或未正确佩戴劳动防护用品。

建立“三违”行为检查制度，明确人员行为监控的责任、方法、记录、考核等事项。

对生产作业过程中人的不安全行为进行辨识，并制定相应的控制措施。

对危险性大的作业实行许可制、工作票制。

要害岗位及电气、机械等设备，应实行操作牌制度。

不应带电作业。特殊情况下不能停电作业时，应按有关带电作业的安全规定执行。

当为从业人员配备与工作岗位相适应的符合国家标准或者行业标准的劳动防护用品，并监督、教育从业人员按照使用规则佩戴、使用。

在矿槽上及槽内作业前应与槽上及槽下有关工序取得联系，并索取其操作牌；矿槽、焦槽发生棚料时，不应进入槽内捅料。

在全部停电或部分停电的电气设备上作业，应遵守下列规定：①拉闸断电，并采取开关箱加锁等措施；②验电、放电；③各相短路接地；④悬挂“禁止合闸，有人作业”的标示牌和装设遮拦。

3）危险作业

煤气管道应设有可靠的隔断装置，需要检修的煤气设备设可靠的软连接。

煤气区域的值班室、操作室等人员较集中的地方，应设置固定式一氧化碳监测报警装置；进入煤气区域作业的人员，应配备便携式一氧化碳报警仪。一氧化碳报警装置应定期校核。

带煤气作业如带煤气抽堵盲板、带煤气接管、操作插板等危险工作，不应在雷雨天进行，不宜在夜间进行；作业时，应有煤气防护站人员在场监护。

进入设备检修前，应确认切断煤气来源，必须用蒸汽、氮气或合格烟气吹扫和置换煤气管道、设备及设施内的煤气，不允许用空气直接置换煤气；煤气置换完后用空气置换氮气和烟气，然后进行含氧量检测，含氧量合格，确认安全措施后，方可进入。

对煤气设备进行定期检修，每次检修应有相关记录档案。检修时，应有相应的安全措施。

具体明确各类煤气危险区域。在第一类区域，应带上呼吸器方可作业；在第二类区域，应有监护人员在场，并备好呼吸器方可作业；在第三类区域，可以作业，但应有人定期巡查。

4）警示标志和安全防护

建立警示标志和安全防护的管理制度。

在有较大危险因素的作业场所或有关设备上，设置符合《安全标志及其使用导则》（GB 2894）和《安全色》（GB 2893）规定的安全警示标志和安全色。

吊装孔应设置防护盖板或栏杆，并应设警示标志。

设备裸露的转动或快速移动部分，应设有结构可靠的安全防护罩、防护栏杆或防护挡板。

放射源和射线装置，应有明显的标志和防护措施，并定期检测。

3. 冶金企业安全生产标准化评定标准（煤气）（摘要）

（1）考评说明

1）本评定标准所指煤气包括冶金企业中的煤气（含天然气），适用于冶金企业（不包括炼铁、炼钢、轧钢、焦化、铁合金、烧结球团专业评定标准中涉及的范围）开展煤气单元安全生产标准化自评、申请、外部评审及安全监管部门监督审核等相关工作。

2）依法生产的冶金企业在考核年度内未发生较大及以上生产安全事故的，可以参加煤气单元安全生产标准化等级考评。

3）本评定标准分为13项考评类目、48项考评项目和219条考评内容。

4）在评定标准表中的自评/评审描述列中，企业及评审单位应根据评定标准的有关要求，针对企业实际情况，如实进行得分及扣分点说明、描述，并在自评扣分点及原因说明汇总表中逐条列出。

5）本评定标准中累计扣分的，均为直到该考评内容分数扣完为止，不出现负分。有特别说明扣分的，应在该类目内进行扣分。

6）本评定标准共计650分，最终标准化得分换算成百分制。换算公式如下：标准化得分（百分制）＝标准化工作评定得分÷（650－不参与考评内容分数之和）×100。最后得分采用四舍五入，取小数点后一位数。

7）标准化等级共分为一级、二级、三级，其中一级为最高。评定所对应的等级须同时满足标准化得分和安全绩效等要求，取最低的等级来确定标准化等级。

8）冶金企业煤气单元安全生产标准化考评程序、有效期、等级证书和牌匾等按照《全国冶金等工贸企业安全生产标准化考评办法》（安监总管四〔2011〕84号）中有关要求执行。

（2）作业安全考评相关内容

1）生产现场管理和生产过程控制

建立至少包括下列危险作业的安全管理制度，明确责任部门、人员、相关资质、许可范围、审批程序、许可签发人员等：①危险区域动火作业；②带煤气作业；③进入受限空间作业；④能源介质作业；⑤高处作业；⑥大型吊装作业；⑦交叉作业；⑧其他危险作业。

对生产现场和生产过程、环境存在的风险和隐患进行辨识、评估分级，并制定相应的控制措施。

未经允许，禁止与生产无关的人员进入生产操作现场。

设备检修或技术改造，应制定相应的安全技术措施。多单位、多工种在同一现场施工时，应建立现场指挥机构，协调作业。

进入煤气设施作业的时间应符合《工业企业煤气安全规程》（GB 6222）中10.2.2的规定。

任何煤气设备均必须保持正压操作，在设备停止生产而保压又有困难时，则应可靠地切断煤气来源，并将内部煤气吹扫干净。

送煤气后，应检查所有煤气设施及附属设备是否泄漏煤气，并进行确认。

长期检修或停用的煤气设施，应打开上、下人孔、放散管等，根据设备的要求保持设施内部的自然通风或用氮气进行保护。

施工完毕未投入运行的天然气管道，宜采用惰性气体或空气保压。

煤气发生炉的煤气输入网路（或加压）前应进行含氧量分析，含氧量大于1%时，禁止并入网路。

需要使用行灯照明的场所，行灯电压一般不应超过36 V，在潮湿的地点和进入设备内部工作时，所用照明电压不得超过12 V。

2）作业行为管理

对生产作业过程中人的不安全行为进行辨识，并制定相应的控制措施。主要包括：①在没有排除故障的情况下操作，没有做好防护或提出警告；②在不安全的速度下操作；③使用不安全的设备或不安全地使用设备；④处于不安全的位置或不安全的操作姿势；⑤在运行中或有危险的设备上工作；⑥在存在职业危害环境和场所中，未使用或未正确佩戴劳动防护用品。

建立“三违”行为检查制度，明确人员行为监控的责任、方法、记录、考核等事项。

对生产作业过程中人的不安全行为进行辨识，并制定相应的控制措施。

要害岗位及电气、机械等设备，应实行操作牌制度。

在煤气区域作业或检查时，应带好便携式煤气报警仪，作业时应有两人及两人以上协作，有专人监护；检查应携带可靠的通信工具。

检修期间不应关闭放散管，保证空气流通，随时检测一氧化碳及氧含量，应携带一氧化碳及氧含量检测装置，并采取防护措施，设专人监护。

在检修向煤气中喷水的管道及设备时，应防止水放空后煤气倒流。

停送煤气作业过程中，不应在煤气设施上栓、拉电焊线，煤气设施周围40 m内严禁火源。

打开煤气加压机、脱硫、净化和储存等煤气系统的设备和管道时，应采取防止硫化物、干灰等自燃的措施。

进入燃气抢修作业区，应按规定穿防静电服、鞋及防护用具，并禁止在作业区穿脱和摘戴，作业现场应有专人监护，禁止单独操作。

在警戒区内煤气浓度未降至安全范围时，禁止使用非防爆型的机电设备、手机及仪器仪表等。

进入煤气调压室、压缩机房、阀门井和检查井等场所作业时，应根据需要穿戴防护用具，系好安全带；应设专人监护，作业人员应轮换操作；维修电气设备时，应切断电源；带气进行维护检修时，应使用防爆工具或采取防爆措施，作业过程中严禁产生火花。

在全部停电或部分停电的电气设备上作业，应遵守下列规定：①拉闸断电，并采取开关箱加锁等措施；②验电、放电；③各相短路接地；④悬挂“禁止合闸，有人作业”的标示牌和装设遮栏。

3）危险作业

对危险性大的作业实行许可制、工作票制。

在煤气设备上动火应保证设备内煤气保持正压，动火部位应可靠接地，在动火部位附近应装压力表或与附近仪表室联系，并应取得煤气防护站或安全主管部门的书面批准方可作业。

带煤气作业如带煤气抽堵盲板、带煤气接管、操作插板等危险工作，不应在雷雨天进行，不宜在夜间进行；作业时，应有煤气防护站人员在场监护；操作人员应佩戴呼吸器。

进入设备检修前，应确认切断煤气来源，必须用蒸汽、氮气或合格烟气吹扫和置换煤气管道、设备及设施内的煤气，不允许用空气直接置换煤气；煤气置换完后用空气置换氮气和烟气，然后进行含氧量检测，含氧量合格，确认安全措施后，方可进入。

检修动火前，必须置换煤气设施内可燃气体，并用可燃气体测定仪测定合格或爆发实验合格后方可动火。

4）警示标志和安全防护

建立警示标志和安全防护的管理制度。

在有较大危险因素的作业场所或有关设备上，设置符合《安全标志及其使用导则》（GB 2894）和《安全色》（GB 2893）规定的安全警示标志和安全色。《图形符号　安全色和安全标志　第 1 部分：工作场所和公共区域中安全标志的设计原则》（GB/T 2893.1—2004）

在检维修、施工、吊装等作业现场设置警戒区域，以及厂区内的坑、沟、池、井、陡坡等设置安全盖板或护栏等，并应设警示标志。

设备裸露的转动或快速移动部分，应设有结构可靠的安全防护罩、防护栏杆或防护挡板。

二、有色企业安全生产标准化评定标准

1. 有色金属压力加工企业安全生产标准化评定标准（摘要）

（1）考评说明

1）本标准所指的有色金属压力加工企业是指生产铸锭、板、带、箔、管、棒、型、线、锻件等有色金属产品（粉材除外）的企业，有色金属产品包括铝、铜、钛、镍、镁、锌、锡、铅等有色金属产品及其合金。本标准适用于有色金属压力加工企业开展安全生产标准化自评、申请、外部评审及各级安全监管部门监督审核等相关工作。

2）依法生产的有色金属压力加工企业在考核年度内未发生较大及以上生产安全事故的，可以参加安全生产标准化等级考评。

3）本评定标准分为13项考评类目、46项考评项目和239条考评内容。

4）在评定标准表中的自评/评审描述列中，企业及评审单位应根据评定标准的有关要求，针对企业实际情况，如实进行评分及扣分点说明、描述，并在自评扣分点及原因说明汇总表中逐条列出。

5）本评定标准中累计扣分的，均为直到该考评内容分数扣完为止，不得出现负分。有特别说明扣分的，在该类目内进行扣分。

6）本评定标准共计1 000分，最终标准化得分换算成百分制。换算公式如下：标准化得分＝标准化工作评定得分÷（1 000－不参与考评内容分数之和）×100。最后得分采用四舍五入，取小数点后一位数。

7）标准化等级共分为一级、二级、三级，其中一级为最高。所评定等级须同时满足标准化得分和安全绩效要求。

8）有色金属压力加工企业的安全生产标准化考评程序、有效期、等级证书和牌匾等按照《全国冶金等工贸企业安全生产标准化考评办法》（安监总管四〔2011〕84号）中有关要求执行。

（2）作业安全考评相关内容

1）生产现场管理和生产过程控制

定期对生产现场和生产过程、环境存在的风险和隐患进行辨识、评估分级，制定相应的控制措施，并得到落实；根据实际变化情况及时进行更新。

生产操作现场应有严格的管理措施，与生产无关的人员不应进入生产操作现场。

生产现场应实行定置管理，物品摆放整齐、有序，区域划分科学合理。

现场不应有“跑、冒、滴、漏”现象，保持地面整洁，对现场所有区域的卫生，划分区域责任人，并明确工作标准要求。

对下列危险作业，按照相关管理制度严格执行审批手续或签发工作票或安排专人进行现场安全管理，并确保安全措施的落实：①危险区域动火作业；②进入受限空间作业；

③有中毒或窒息环境作业；④高处作业；⑤大型吊装作业；⑥易燃易爆环境作业；⑦特种设备拆除安装、修理作业；⑧电气作业；⑨交叉作业；⑩其他危险作业。

按维护检修计划定期对设备设施进行检修；检修前，应对检修人员进行施工现场安全交底，对现场进行危险源辨识，制定控制措施，并进行监督检查。

设备操作、检修、清理所使用的设备、工器具等应安全可靠；高处作业应系好安全带、绳，垂直交叉作业应设安全防护棚或围栏，并设置警示、提示标志。

检修、清理中拆除的安全装置，检修、清理完毕应及时恢复。

立式铸造的平台周围及地面应避免油污、保持清洁；清理竖井时应保持通风；对于生产准备、吊运成品、清理竖井和通风等作业，应有防止人员坠落的措施。

铸造开始前应将底座（引锭头）上表面残留水吹干，底座（引锭头）不应有金属液泄漏的通道。

直径 350 mm 以下密排式多模圆锭结晶器，应备有 1/2 以上铸模数量的应急铸模堵头。

放流、安装过滤板、堵除气室流眼操作程序正确、规范。

熔铝的电炉在加料、扒渣、精炼、取样、清炉时应停电。

轧机卷取捆卷应开启安全联锁装置；金属卷捆绑前应压住料头，捆绑牢固；堆放应采取防滚动的措施。

金属带材开卷时应先压住料头，后剪捆绑带，不准许正对料头剪切捆绑带。

煤气炉在系统停用后重新点火前，应先做煤气爆发试验，确认煤气成分合格；天然气炉重新点火前，应对炉膛进行充分的吹扫。

具体明确各类煤气危险区域。在第一类区域，应戴上呼吸器方可工作；在第二类区域，应有监护人员在场，并备好呼吸器方可工作；在第三类区域，可以工作，但应有人定期巡查。

在有煤气危险的区域作业，应两人以上进行，并携带便携式一氧化碳报警仪。

氧气瓶、乙炔瓶、液化气瓶、氯气罐、氨气罐、酸罐等易燃易爆物品及危险化学品，应设专人管理，按规定存放和使用，现场使用气瓶应有防倾倒装置。

对物料堆放地点、堆垛高度、间距等制定相关制度，并严格执行。

2）作业行为管理

对生产作业过程中人的不安全行为进行辨识，并制定相应的控制措施。

对现场出现的不安全行为进行严肃处理，并定期进行分类、汇总和分析，制定有针对性的控制措施。

车间（工区、工段）级每周应开展安全检查，每月应召开安全例会，对安全工作进行总结、布置。

班组每班应开展安全教育、安全检查等活动。

开展岗位达标工作，制定岗位标准，建立评定制度，并定期组织开展岗位达标工作检查。

作业人员严格执行安全操作规程、设备使用及维护规程。

为从业人员配备与工作岗位相适应的符合国家标准或者行业标准的劳动防护用品，并监督、教育从业人员按照使用规则佩戴、使用；从事金属液作业的人员应选用防灼伤非化纤长袖工作服；近距离金属液操作时应采取面部防护措施；熔炼铸造工应配备耐热防砸钢包头鞋。

设备运行时，不准许人员从设备上方跨越或下方穿行，在特定的情况下需越过主体设备时应有相应的安全措施。

不准许专用吊具与吊物不配套或有缺陷的吊运；天车吊物时不准许从人头上经过；铸锭（棒）从出井至平放过程中，与人要保持安全距离。

在全部停电或部分停电的电气设备上作业，应遵守下列规定：①拉闸断电，并采取开关箱加锁等措施；②验电、放电；③各相短路接地；④悬挂“禁止合闸，有人工作”的标示牌和装设遮拦。

设备发生故障时，应停机处理；处理锻造、挤压等带压设备故障时，应先泄压。

人员进入具有自动灭火系统装备的地下室，应采取相应的安全措施。

工作中人员应与移动或旋转部位以及高温部件保持安全距离。

加入炉中的原料、辅料干燥，不存在爆炸风险的夹带物。

向金属液里人工加料时，应使用专用工具。

熔炼炉、保温炉等搅拌和扒渣作业应按规程操作。

在机列生产时，不准许用手触摸运行的板材或清除运行产品上的异物。

矫直机清辊时应使用清辊器。

在检查和清除轧辊表面缺陷时，作业人员应在轧辊转动的反方向进行作业。

锻造或矫直时调整工件应使用专用工具处理。机列头尾剪的料头无法通过时，应用专用工具引料。

轧管机、矫直机在运行时，人员与出口处保持安全距离。

管、棒、型拉伸机在拉伸制品时，人与前后夹头两侧保持安全距离。

挤压过程中不准许在挤压机出口探视。

盐浴槽、淬火油池不准许超温淬火，不准许其他液体进入槽体，液面高度控制在槽体的安全液面以下。

3）安全标识

现场安全标识、安全色应符合《安全标识及其使用导则》（GB 2894）和《安全色》（GB 2893）的规定。

应根据《建筑设计防火规范》（GB 50016）、《爆炸和火灾危险环境电力装置设计规范》（GB 50058）规定，结合生产实际，确定具体的危险场所，设置危险标识牌或警告标识牌，并严格管理其区域内的作业。

在变、配电场所应有醒目的安全标识，应有防止人员触电的安全措施。

在油、汽等危险化学品储存场所应有醒目的安全标识，应有防火、防爆、防中毒的安全措施；在剧毒化学品储存、使用场所还应有危险提示、警示，告知危险的种类、后果及应急措施的标识。

在高温熔体易飞溅区域和高温产品区域应有防烫伤的安全警示标识。

不同介质的管线，应按照《工业管道的基本识别色、识别符号和安全标识》（GB 7231）的规定涂上不同的颜色，并注明介质名称和流向。管道上包装物应无破损。跨越道路管线应设置限高标志。

设备检修、清理应执行安全文明施工的要求，现场应设有明显的警示牌、标识或围栏，用料及设备、工器具有序堆放，夜间照明要良好；施工、吊装等作业现场应设置警戒区域和警示标志。

在有较大危险因素的生产经营场所和有关设施、设备上，设置明显的安全警示标识。

在氯气罐区、盐浴槽区域、高压泵区、氧化上色区、涂层、铸造区域等危险区域应当设置醒目的公告栏、警示标识。

2. 有色重金属冶炼企业安全生产标准化评定标准（摘要）

（1）考评说明

1）本标准所指的有色重金属冶炼企业包括铜、镍、铅、锌、锡、锑、铋、镉、汞九种有色重金属冶炼企业。适用于上述九种有色重金属冶炼企业开展安全生产标准化自评、申请、外部评审及各级安全监管部门监督审核等相关工作。

2）依法生产的有色重金属冶炼企业在考核年度内未发生较大及以上生产安全事故的，可以参加安全生产标准化等级考评。

3）本标准共有 13 项考评类目、46 项考评项目和 179 条考评内容。

4）在评定标准表中的自评/评审描述列中，企业及评审单位应根据评定标准的有关要求，针对企业实际情况，如实进行得分及扣分点说明、描述，并在自评扣分点及原因说明汇总表中逐条列出。

5）本评定标准中累计扣分的，均为直到该考评内容分数扣完为止，不得出现负分。有特别说明扣分的，在该类目内进行扣分。

6）附录 A—I 是依次针对铜、锑、汞、锡、镍、铅、锌、铋、镉九种有色重金属冶炼企业不同的工艺特点而设置的。评审/自评时，本评定标准“6.2 设备设施运行管理”最后一个考核条款，应分别对照附录 A—I 评分；有多种金属冶炼工艺的，分别对应评分后，取其加权平均值作为该项得分。

7）本评定标准共计 1 500 分，最终标准化得分换算成百分制。换算公式如下：标准化得分（百分制）＝标准化工作评定得分÷（1 500－不参与考评内容分数之和）×100。最后得分采用四舍五入，取小数点后一位数。

8）标准化等级共分为一级、二级、三级，其中一级为最高。评定所对应的等级须同时满足标准化得分和安全绩效等要求，取最低的等级来确定标准化等级。

9）有色重金属冶炼企业的安全生产标准化考评程序、有效期、等级证书和牌匾等按照《全国冶金等工贸企业安全生产标准化考评办法》（安监总管四〔2011〕84号）中有关要求执行。

（2）作业安全考评相关内容

1）生产现场管理和生产过程控制

对以下危险性大的作业，按照相关管理制度严格执行审批手续和签发工作票，安排专人进行现场安全管理，并确保安全措施的落实：①危险区域动火作业；②进入受限空间作业；③高处作业；④大型吊装作业；⑤临时用电作业；⑥抽堵盲板作业；⑦破土（断路）作业；⑧交叉作业；⑨其他危险作业。

作业活动监护人员应具备基本救护技能和作业现场的应急处理能力，持相应作业许可证进行监护作业，作业过程中不得离开监护岗位。

应对生产现场和生产工艺过程、环境存在的风险和隐患进行辨识、评估分级，并制定相应的控制措施。

应禁止与生产无关人员进入生产操作现场。应画出非岗位操作人员行走的安全路线，其宽度一般不小于1.5 m。

操作人员都熟知安全操作规程（程序或动作标准），并按规程进行操作。

现场临时用电作业应执行《建设工程施工现场供用电安全规范》(GB 50194)。

现场各种物料、备品备件、废弃物、工具等堆放、摆放实行定置管理并符合安全卫生要求。

氧气瓶、乙炔瓶及易燃易爆等危险化学品，必须专人管理，按规定存放、搬运和使用。

2）作业行为管理

应对生产作业过程中人的不安全行为进行辨识，并制定相应的控制措施。

涉及高压场所的维护检修，应配备并使用绝缘棒、绝缘手套、绝缘鞋、绝缘垫、高压验电器、安全接地用具等。

在全部停电或部分停电的电气设备上作业，应遵守下列规定：①拉闸断电，并采取开关箱加锁等措施；②验电、放电；③各相短路接地；④悬挂“禁止合闸，有人工作”的标示牌和装设遮拦。

管理人员不违章指挥；作业人员应严格执行操作规程，不违章作业，不违反劳动纪律。

要害岗位及电气、机械等设备，应实行操作牌制度。

作业现场应环境整洁，物品、物料、工具、防护器具等应定点存放。

3）警示标志和安全防护

应建立警示标志管理台账。

应根据《建筑设计防火规范》(GB 50016)、《爆炸和火灾危险环境电力装置设计规范》(GB 50058) 等规定，结合生产实际，确定具体的危险场所和危险部位；在有较大危险因素的作业场所和设备设施上，设置明显的、符合 GB 2894 的安全警示标志，进行危险提示、警示，告知危险的种类、后果及应急措施等；并严格管理其区域内的作业。

在重大危险源现场设置明显的安全警示标志。

按有关规定，在厂内道路设置限速、限高、禁行等标志。

在检维修、施工、吊装等作业现场设置警戒区域和安全标志，在检修现场的坑、井、洼、沟、陡坡等场所设置围栏和警示标志。

使用酸、碱的场所，应有防止人员灼伤的措施，并设置安全喷淋或洗涤设施。

设备裸露的转动或快速移动部分，应设有结构可靠的安全防护罩、防护栏杆或防护挡板。

放射源和射线装置，应有明显的标志和防护措施，并定期检测。

第三节　冶金企业安全生产标准化建设做法

我国是冶金生产和有色金属生产大国，钢铁产量和有色金属产量都很高。冶金与有色金属生产过程有许多相同之处，都具有生产过程长、生产环节多、生产作业人员多、危险因素多的特点，比较容易发生各种事故。因此，在这两个行业开展安全生产标准化活动，是十分必要的，也比较容易收到好的效果。许多企业在开展安全生产标准化建设工作时，注重加强安全生产基础工作，建立严密有序的安全管理体系和规章制度，完善安全生产技术规范，使安全生产工作规范化和标准化，取得了很好的效果。

一、湖北新冶钢公司创建安全生产标准化一级企业的做法

湖北新冶钢有限公司成立于 1913 年，素有中国“钢铁摇篮”和“特钢脊梁”的美誉，拥有炼焦、烧结、炼铁、炼钢、轧材、锻材、轧管的完整生产工艺，具有年产特钢 350 万 t、钢材 320 万 t 的生产能力，是中国中厚壁特种无缝钢管生产基地、合金钢棒材生产基地和特冶锻材生产基地。

企业安全生产标准化创建是企业夯实安全基础、提高企业安全管理水平的重要举措和实用方法。新冶钢公司为进一步夯实安全生产管理基础，逐步构建安全生产长效机制，于 2011 年 11 月 1 日正式启动安全生产标准化一级企业的创建工作，以冶金专业标准为基础，规范安全管理程序，细化安全管理要求，不断完善岗位安全操作规程，认真落实并提高执行力；对照冶金标准的现场要求，加大安全资金投入和安全科技成果的投入使用，着力改

善现场作业环境，为员工创造良好作业条件，取得了较好的安全效果。

湖北新冶钢公司创建安全生产标准化一级企业的主要做法如下。

1. 加强领导，全面开展安全生产标准化建设工作

2011年11月1日，新冶钢公司颁发《关于成立安全生产标准化创建领导小组的通知》，制定了《安全生产标准化实施方案》。为了能够做好安全生产标准化工作，请专业咨询机构的国家级安全生产标准化专家来公司授课，对公司高层、中层干部、八个创建单位安全生产标准化领导（推进）小组成员等240余人进行了基础知识培训，系统介绍安全生产标准化标准、基本规范及创建程序，让领导人员、管理人员及员工充分认识开展安全生产标准工作的重要意义，掌握安全生产标准化的工作方法。2012年以来，先后12次邀请专家来公司，有针对性地对八个事业部从安全基础管理、相关制度、现场设备设施、安全防护、安全培训教育、隐患排查、煤气报警、消防安全要求等方面进行技术服务和业务指导；安全监督管理部按照安全生产标准化工作的要求，坚持每周分片督导，及时了解安全生产标准化创建工作的进展情况和最新动态，达成全面深入沟通、分享经验、集思广益、破解难题的目的，有效促进安全生产标准化工作顺序开展。如活动中加强外来人员参观安全教育工作，制定参观人员安全告知书和告知牌，指导基层单位安全告知书发放方式及告知牌的安装方法。

为了强化推进安全生产标准化工作，从2012年8月起，公司主管安全和设备的领导每周组织召开安全生产标准化专题会议，安监部、装备部、供应部、人力部、企管部、信息化部、生产部、质检部、招标部及创建单位负责人参加会议，由安监部汇报和安排周重点工作，各单位具体分管领导（内定为发言人）汇报本单位开展安全生产标准化工作的进展情况及需要公司协调解决的重大问题；同时讨论研究协调解决各单位提出的有关安全生产标准化实施过程中的隐患整改问题，保证隐患整改项目的资金、材料、备件、整改队伍等的落实，由安监部每周检查各单位安全生产标准化工作计划的实施与完成情况，并由企管部和安监部联合组织，制定安全生产标准化考核办法。

2. 全员参与，深入推进安全生产标准化建设

为提高全员对安全生产标准化的认知和深入开展创建工作，避免出现表面化和形式化，公司通过各种会议组织动员，提高安全生产标准化创建工作的影响力。召开公司级、事业部级、作业区级、班组级四级分层大会，从各单位负责人到中层、到一般员工，人人学习，强化对本岗安全职责、任务、范围的再认识，明确创建目标，组织开展全员标准化知识专题培训，让员工认识标准化是干什么的，干到什么程度，目的是什么，切实做到全体动员、全员参与。

在此期间，公司安监部组织各事业部专业人员到兄弟单位现场学习取经，厘清了工作思路，加大了推进力度。

在具体创建工作中，公司还结合《冶金等工贸企业安全生产标准化基本规范评分细则》

的13项考评类目、47项考评项目和211条考评内容和要求，完成各类安全管理资料的收集工作，如规章制度的补充完善；危险源的辨识与风险评价；建立健全公司的安全网络体系；完成应急预案的修订、补充，尤其是对各事业部现场安全设施和生产工艺中存在的问题进行了检查和整改。然后在咨询专家的指导下，组织各级安全管理人员依照《冶金企业安全生产标准化评定标准》，对安全生产标准化体系创建支撑材料进行整理、评价，将33个公司级管理制度进行清理核对，并分发到各事业部，督促各事业部完成制度的承接工作，下发《安全色》《工作场所职业病危害警示标识》《钢梯及平台安全要求》等17个标准，要求各事业部按照标准要求对现场进行检查，对不符合标准的整改，促使企业安全基础管理得到提升，现场安全管理得到进一步改善。

3. 安全投入，不断提高现场本质安全水平

良好的现场作业环境是保障企业生产安全顺利进行的必要条件。新冶钢公司在创建安全生产标准化过程中，始终将现场作业环境、安全条件改善和本质安全水平的提高作为工作的重中之重，在安全生产标准化创建中，按照标准的要求，各单位必须对本单位的重点部位、重要设备设施、配套安全设备设施、消防设施、煤气报警装置、煤气监测、安全过桥、通道、走梯、平台、栏杆防雷设施、现场安全标识、安全告知、设备保护接地、安全联锁装置及所有设备设施的数量、现状等进行全面清理，做到“一口清”，建立完善管理台账，并对照标准要求查找差距，针对作业现场存在的安全隐患进行深入排查，先后增加三相指示灯150处、天车限重装置200组、防脱钩装置120处、管道色标刷漆1万余m、安全标识牌12 000余块、警示牌和告知牌200余块、楼梯、修复栏杆及盖板等300处，增加楼梯踢脚板5 000余m，对消防报警系统等50项安全隐患进行了整改，增加煤气监控点200处，现场安装安全联锁装置60处，消防报警设施100余处，增加声光报警装置45处，新增逃生门67处，整治安全通道40条，设备隐患整改237项，完善煤气生产调度指挥系统，覆盖全公司煤气用户、炉台、机组，形成用户煤气流量、压力在线监测，另投入800万元对不符合要求的天车进行整改，投入300万元，完成煤气防泄漏监控系统，覆盖全公司煤气设备设施16 km煤气管网，实行24 h在线监控，完成煤气设备设施无缝对接，累计投入资金3 500万元。

4. 持续改进，实现安全生产标准化创建达标

在创建安全生产标准化过程中，新冶钢公司依照《企业安全生产标准化基本规范》的要求，从安全生产标准化组织结构、安全管理职责以及安全管理程序等方面，创建了一套全新的安全管理体系。按照安全生产标准化的要求，不断完善安全生产管理制度，形成了以安全生产责任制为核心的安全管理制度体系，做到管理有制度，操作有标准。先后制定和完善了“四级”安全管理制度，进一步完善安全会议记录、安全教育培训台账、安全检查记录、事故隐患及整改记录、高空作业及危险区域动火审批等安全基础资料，形成安全生产标准建设和运行的完整证据。通过制度的建立和完善，规范了管理行为，做到事事有标准，过程有记录，行为可监控，检查有依据。明确了各级一把手及全体员工的安全生产职责，健全了“谁主管、谁负责”的责任制体系。

2012年以来，新冶钢公司按照“循环评价，持续整改，不断完善”的原则，不断推动安全生产标准化工作持续改进，达到设备设施功能完善，精度达标，并实行动态管理。通过查制度、查现场、查操作、查记录，以事实为依据，严格按照安全生产标准化的标准，对创建单位工作效果进行考核。

5. 注重实际应用，推进安全标准化体系的运行

新冶钢公司始终把安全生产标准化建设作为全面推广基层安全管理实践，提升安全本质化工作的一项重要措施，本着以人为本、安全发展的理念，用“PDCA＋认真”的态度，进一步优化安全管理体系，确保企业生产经营稳定顺行。

（1）提高本质安全程度和水平，强化安全生产隐患排查治理，重点解决制约公司安全发展的问题。如炼铁事业部针对皮带系统存在的安全隐患，投入120万元分别对200处带式运输机头尾轮增加防护网，对近2 km皮带拉绳进行完善，确保覆盖至头尾轮，对7处皮带增加声光报警装置等进行整改。通过开展自我检查、自我纠正、自我完善——动态循环的管理模式，强调现场管理、注重效果，促进企业安全绩效的持续改进和安全生产长效机制的建立。

（2）加强安全生产标准化建设，完善企业安全生产预警机制。安全生产标准化是安全监管手段和监管机制的创新，是实践“安全第一，预防为主，综合治理”的方针和以人为本的科学发展观的具体体现。公司动力事业部在标准化创建过程中，对煤气防泄漏监控系统投入300万元，覆盖全公司煤气设备设施16 km煤气管网，实现24 h监控，煤气设备设施无缝对接；投入130万元，对煤气生产调度指挥系统进行完善，实现全公司煤气用户、炉台、机组，用户煤气流量、压力在线监测。通过实施风险动态监控，定期分析和评估，现场通过人、机、物、环进行有效的管控，建立健全了设备设施维护标准化、作业现场标准化、行为动作标准化的风险预警管理为核心的“标准化体系”。

（3）强调安全生产制度化、标准化、常态化管理，建立规范有序的安全生产氛围和全员的良好行为养成。如在开展安全标准化体系自查自评工作中，形成“自评有计划、开展有记录、总结有报告、整改有措施”的检查文化。以“安全为了谁”为主题的新员工上岗“第一课”，形成了三级安全教育培训的“二不三有”培训文化，即“不培训不上岗、培训不合格不上岗”，“培训有签名、有内容、有考核结果”；在岗位安全操作规程“学、考、用”活动中，形成了“重点岗位每周一考，一般岗位每月一考”的考试文化；在开展事故应急演练过程中，形成了“危险有预案、平时有防范、处理有章法”的演练文化；在施工检修过程中，形成了“事前有人监管，事中有人负责，事后有人总结”的检修安全文化。通过开展丰富多彩的安全文化建设活动，注重用文化的力量凝聚共识、集中智慧，促进企业生产更高效安全。

通过安全生产标准化创建工作，公司的作业环境、基础管理、职业卫生管理、电气管理、机械管理等均有了质的飞跃，使公司整体安全管理的执行力和安全管理水平得到较大提高，安全基础管理工作更加系统化、规范化，现场本质安全水平进一步提高，干部员工安全管理思想和管理能力得到全面提升。2012年，公司实现了重伤以上事故为零的目标。

二、天津钢铁集团进行安全生产标准化体系建设的做法

天津钢铁集团有限公司（以下简称天钢集团）坐落于天津滨海新区现代冶金制造基地，是集烧结、球团、炼铁、炼钢、连铸、轧钢、金属制品为一体的国有大型钢铁联合企业。

天钢集团实施东移搬迁改造工程后，通过全面分析安全管理现状，与国内外先进企业对照，发现公司在安全责任落实、措施完善、管理监督等方面需要进一步加强，预防为主、超前管控的“风险管理”的体系还需进一步完善，安全工作仍处于较大风险之中，提升企业安全综合管理水平势在必行。天钢结合自身的实际，从狠抓安全规范和标准化入手，提出了基于强化源头管理的安全生产标准化体系建设工作。

天钢集团进行安全生产标准化体系建设的主要做法如下。

1. 筑牢安全生产标准化思想基础

为了实现安全发展的目标，天钢集团着力强化各级安全生产责任制的落实，狠抓安全管理执行力和安全制度保障力的提升，把安全标准化体系建设作为提高公司安全综合管理水平的切入点和突破口，确立了安全生产标准化在企业安全发展中的战略地位，明确安全生产标准化核心内容，建立了以“事”为对象的管理标准、以“人”为对象的操作标准、以“物”为对象的现场标准，通过PDCA持续改进，实现由单纯管理向管理和监控并重转变，由事后处理向事前预控的转变；实现从传统管理向现代科学管理转变，确保安全生产持续稳定。

（1）全员树立安全发展理念。实现安全发展是天钢建设现代化一流钢铁企业的重要组成部分。2007年公司开展安全标准化伊始，就从安全发展的战略高度，把安全标准化管理工作作为公司的战略目标。将多年来在安全生产实践中形成的“搞好安全生产关键在工作，搞好安全工作关键在领导”的安全理念贯穿于安全标准化建设的全过程，充分发挥全员、全方位、全过程、全天候的“全面安全管理”的保障体系作用，将“重实效、看结果、高标准、严考核、重奖重罚”的安全评价机制作为安全标准化考核依据，在公司职代会上提出了三年内实现国家级安全标准化达标的奋斗方向，筑牢思想基础。

（2）加强全员教育培训。为了提高全体员工对安全标准化的认知度，天钢集团大力加强安全标准化教育培训。公司和各单位按层级召开会议，对安全标准化建设进行动员部署，提高职工对安全生产标准化的认识。利用报纸杂志、班组学习园地普及安全标准化知识。聘请专家对公司和厂处级领导、车间作业长、班组长和安全管理人员、安全员开展专题培训。公司安全部门和各生产厂组织安全管理人员、专业技术人员、作业长定期深入到班组

一线，进行企业安全标准化基本管理规范、国家法律法规、安全规章制度、安全技术操作规程、应急管理知识等内容培训，指导标准化活动的开展。

（3）推进安全文化建设。企业安全文化是安全生产标准化建设重要内容之一。天钢集团根据安全工作不同时段的特点，定期进行安全知识、安全措施宣传，培育“我要安全、我会安全、我能安全、我保安全”的公司安全文化。借助“安全月”“百日安全生产无事故”以及“安全承诺”“我为安全献一计”“平安亲情，寄语安全”等活动，为开展安全生产标准化建设奠定良好的安全文化基础，使安全生产标准化在日常工作、行为规范中得到体现，营造人人重视安全、参与安全的良好氛围。

2. 构建安全生产标准化保障体系

（1）组织机构保障。天钢集团对安全生产标准化建设工作进行全面策划，制定了具体实施方案，明确安全生产标准化工作由各级行政一把手负责，成立了以董事长和总经理为组长的安全生产标准化领导机构，下设安全生产标准化办公室，生产单位成立了安全生产标准化推标小组，逐级推动安全生产标准化工作的落实。由此在全公司形成全方位覆盖的安全生产标准化管理网络，将生产安全、设备安全、施工（检修）安全、交通安全、消防安全、卫生安全、环境安全等纳入安全生产标准化管理系统，对各专业的安全生产标准化进行可控管理。

（2）专业队伍保障。围绕安全生产标准化要素要求，建设一支责任心强、专业素养高的安全管理专业队伍来推进安全生产标准化的实施。把安全专业人才培养作为公司人力资源战略的重要组成部分，制订长期的培养计划，纳入人才发展整体战略之中，同步规划、同步运作、同步实施。鼓励安全管理专业人员参加“全国注册安全工程师”资格考试，目前已有33人取得资格证书，占专业安全管理人员的61％。同时聘请中国安全生产协会的专家分期分批进行系统的专业知识培训，提高各级安全管理人员专业素养。

（3）安全投入保障。按照天钢集团安全生产发展战略，进一步提升安全标准化管理水平，建立安全投入管理制度，每年初根据安全生产工作的重点，编制安全生产资金投入计划，把安全生产费用纳入公司年度预算，并按照规定提取安全费用，做到专款专用，为安全生产提供有力的资金保障。在安全生产标准化创建工作中，天钢投入上千万元专项资金用于治理设备隐患、整治现场环境、完善安全措施，努力给职工创造安全舒适的工作环境。

3. 提升安全标准化风险控制能力

（1）提升对事故隐患的排查能力。天钢集团围绕安全生产标准化建设，不断加大对事故隐患的排查力度。坚持综合性和专业性相结合，经常性和季节性相结合，班组、岗位自查自纠与专业部门督察相结合。根据不同时期的不同特点开展多种形式的安全检查活动，做到“查前有重点、有准备，查中有标准、有方法，查后有跟踪、有落实”。并将检查结果以安全督查简报形式公示，做到日常化、长期化，及时消除事故隐患。

（2）提升对危险源（点）的监控能力。天钢集团不断完善危险源（点）的管理，建立重大危险源安全管理制度，对全公司各类危险源（点）定期组织专业人员开展危险源专项评估，对重要的设备、设施实行分级管理，明确责任，定期进行检测、检验，落实措施，形成公司、生产厂、作业区、班组、岗位职工“五级”监控网络全覆盖，使危险源得到有效监控。

（3）提升应急救援的保障能力。按照安全生产标准化的要求，天钢集团建立了公司、专业部室、各单位部门三级应急管理网络。形成由公司生产安全事故综合应急预案、各项生产安全事故专项预案和各单位各类生产安全事故应急预案、现场处置方案组成的层次分明、相互补充、相互衔接的生产安全应急预案体系。建立了以消防人员、煤气防护人员、医疗救护人员为主体的专业应急救援队伍。加强各种应急设施、应急装备、救援物资的配备。定期开展应急预案实施演练，解决预案中存在的问题，持续改进，有效提升公司应急响应能力。

4. 实施以规章制度建设为重点内容的安全管理标准化

天钢集团在建立管理标准化过程中，按照安全生产标准化要素，将公司的行政文件、体系文件进行有效整合，依照国家和地方安全法律法规，对公司、生产厂各项安全规章制度进行评估，检验现有制度与标准要求还存在哪些不足，重新修订了《各级安全生产责任制》，建立起覆盖公司各级领导、职能部门、工程技术人员、岗位操作人员等 43 类、336 条安全职责的各级责任制。完善了《安全生产督查考核细则》等 66 项安全管理制度，形成涵盖安全生产标准化目标、机构职责、培训、相关方、设备设施、作业安全等在内的全要素管理制度汇编。充分发挥规章制度在安全生产管理中的主导作用，从而达到“以制度管人”“以制度管安全”“以制度促安全”的目的。

5. 实施以规范员工行为为重点内容的安全操作标准化

（1）开展作业岗位调研。组织各岗位开展作业项目普查，对正常状态、检修状态和故障状态条件下的操作流程、操作要点进行梳理。在此基础上，重点对岗位曾经发生的事故原因进行系统分析，对每一个作业环节可能产生的危害因素进行全面辨识。填写岗位作业清单，确认作业活动范围、作业流程与作业内容。

（2）制定操作规范标准。结合各岗位作业的特点，依据安全管理制度和安全操作规程，按工序流程、作业岗位制定岗位作业程序及安全作业动作标准。对职工在每个工序中应该做什么、怎么做、做到什么程度、工序衔接时应进行哪些确认、如何确认等，进行细致描述，编制操作标准作业卡。

（3）搞好操作标准培训。围绕着让职工懂标准操作、会标准操作、按标准操作的目的，组织操作标准培训，向所有作业人员宣贯操作规范标准，进行操作标准考试，强化对操作标准的理解。评选安全标准操作示范岗位，发挥示范岗位的带动作用，使职工把规范标准内化于心，外化于行，从行为到习惯，从习惯到意识，使职工的操作行为得到规范。

6. 实施以提升本质安全为重点内容的现场安全标准化

（1）设备设施的本质管理标准化。在项目建设坚持严格执行安全生产项目负责制，确保安全设施、职业卫生设施同时设计、同时施工、同时投产使用。在生产运行中，按照设备、设施的本质管理标准化要求，建立了现场安全防护设施规范标准，各种机械、电气设备安全防护装置、信号装置、警报装置、限位装置要求齐全可靠，提高设备设施的本质安全。

（2）设备设施的运行管理标准化。在设备本质安全基础上，对1～3级点检和检修人员作业进行规范管理，制定了天钢设备维修技术标准、设备作业操作标准、修改检查标准和设备润滑标准。设备系统推行"万点受控工程"，即对关键设备、高速运转设备、润滑设备、动力设备、特种设备和隐患设备实施受控。明确操作者、管理者和领导者的责任，并且将责任与经济利益紧密地联结在一起，使责任者能够自觉地履行责任，最大限度地降低故障停车率，确保设备安全高效运行。

（3）作业现场管理定置标准化。生产物品码放、设备工具摆放、工作现场通风、扬尘、噪声、光源等根据国家标准进行规范。对各种设备、管道、阀门实行色标管理，清洁完好。安全通道畅通，随时提醒、激发人的安全自觉性，防止人为产生失误时带来的种种危害，使作业工作环境达到安全、卫生、整洁、有序。

通过安全生产标准化的创建，天钢集团在安全管理上，实现了"六个转变"，即从传统的狭义管理向正规化、程序化、标准化管理转变，做到凡事有章可循、有据可查；从结果管理向源头管理、过程控制转变，做到追根求源、预防在先；从阶段性、突击式隐患排查治理向规范化、经常化、制度化的排查治理转变，做到治理有方、根除隐患；从注重解决具体问题向注重解决机制性、长效性问题转变，做到制度健全、杜绝违规；从事后查处向强化基础转变，增强工作的前瞻性，变事后管理为事前指导，做到防患于未然；从以控制伤亡事故为主向全面做好职业安全健康工作转变，做到安全的生产条件、健康的作业环境。2009年至2012年间，天钢集团所属炼铁厂、炼钢厂、中厚板厂、高线厂等7家生产厂，先后通过了冶金企业安全生产标准化一级企业考评。安全生产标准化正式运行以来，连续实现了"工亡为零、重伤为零、职业病为零、重大设备事故为零、重大火灾事故为零、重大交通事故为零"的目标，千人负伤率逐年下降，安全生产局面持续稳定。

三、中国铝业河南分公司深化安全生产标准化建设的做法

中国铝业河南分公司的前身是郑州铝厂，始建于1958年8月，主要从事氧化铝生产，拥有完整的矿石开采、冶炼、加工产业链。现有员工13 000多人，资产总值42亿元，年销售收入28亿元。

中铝河南分公司在开展安全生产标准化建设过程中，始终坚持"重在建设、贵在坚持、严在管理、落在实处"的指导思想，一手抓创建，一手抓巩固提高。公司所属各单位按照

公司的统一部署，高度重视，积极推进，整个创建活动有条不紊。创建工作经过了宣传发动、全面实施、检查验收、巩固提高 4 个阶段，实现了管理标准化、现场标准化、操作标准化。

中国铝业河南分公司深化安全生产标准化建设的做法如下。

1. 管理标准化的做法

管理标准化是创建安全生产标准化的基础。为了完善各项规章制度，做到有章可循，公司制定了以安全生产责任制为核心的 10 项安全基本制度。根据制度要求修订完善了安全教育培训制度、安全检查工作制度、重点要害岗（部）位安全监控制度等多项安全管理制度。绘制了安全管理网络图、“三点”（事故多发点、事故危险点、尘毒危害点）控制图、工伤事故因果分析图。运用数理统计和概率分析等方法，开展群众性的事故预想预测活动，特别是对危险源（点）进行辨识、评价和控制，有效预防了事故的发生。并把各项安全管理制度进行了细化，把各单位执行情况纳入公司责任目标绩效考核，不断完善和规范安全管理制度。为了进一步提高专业管理人员的管理水平，公司先后举办了多期安全生产标准化建设骨干培训班，提高了安全管理人员的专业水平。安环部有关管理人员和专业人员还经常深入到二级单位讲解安全生产标准化建设有关知识，使各级管理者和员工明确了应该干什么、怎么干。

在推进安全生产标准化管理的过程中，公司结合自身特点，逐步健全并坚持了“四级”安全检查制度，即班组一天一检查、车间一周一检查、二级单位一月一检查、公司每季一检查。公司根据季节的不同，每季都要有重点地组织一次安全消防大检查。检查组由公司主要领导带队，各有关部室参加，在各单位自查自改的基础上，进行综合检查，对检查出的问题及时下达限期整改指令，并采取“回头看”的形式跟踪检查整改情况。为加大对压力容器的监督管理，公司成立了压力容器专项检查组，不定期对各单位压力容器的运行情况进行检查，对违章现象除纳入绩效考核外，还要进行通报批评。同时，还采取了专业检查、重点要害岗（部）位检查、专项检查等多种检查相结合的手段，将各类隐患消灭在萌芽阶段。

2003 年以来，公司以管理标准化、技术标准化、程序标准化、岗位作业标准化为核心，以安全管理、设备管理等 15 项专业管理为主要内容，以国际国内先进管理制度和技术经济指标、岗位操作标准等为参照，全面制定并实施了涵盖公司全部生产经营活动的管理标准、技术标准、程序标准、岗位作业标准等共 4 469 项企业管理标准。通过教育培训、深入检查、总结完善等分阶段、有步骤地持续推进“标准化管理”，并结合生产经营发展变化和同行业管理不断优化的实际情况，开展实施“对标”，定期修订相关标准，使各项标准保持领先性、连续性、实用性，实现了管理的持续改进和不断优化，公司整体管理水平稳步提升。公司被确定为“全国企业标准化体系试点单位”“河南省企业标准化体系示范单位”。

2. 现场标准化的做法

公司面对设备老化严重，现场环境恶劣等现实情况，把如何改进现场状况作为实现现场标准化的重中之重。创建工作开展以后，在现场标准化方面，公司把治理现场环境作为“塑形”工程来抓。主要运用定置管理的方法，对生产现场的物品进行科学的分析、设计、组织实施和调整。按照生产工艺和安全生产的需要，科学合理地规定各种原材物料、成品、半成品及各种工器具的定置定位。按照有关标准要求完善了现场的各种安全防护装置、预警报警装置和安全标志，治理“三室”及现场环境卫生，使现场管理井然有序。公司先后投资数亿元对安全环保设施进行了改造，开展了“设备管理四达标”、定置管理等活动。各项工作相互促进，增强了员工创建安全生产标准化工厂的参与意识，提高了创建活动的质量和进度。

为巩固提高现场标准化管理水平，公司创新开展了“缺陷管理”，旨在消除工作中的各种“缺陷”，尤其是消除物的不安全状态，进而完善规章制度、工艺和技术标准。“缺陷”主要包括影响现场安全生产的隐患；项目从立项、设计、施工、试车到交工验收等各个环节存在的隐患；公司规章制度中的“死角”；不利于安全生产、不利于增产降耗，影响公司生产经营的所有不利因素。衡量“缺陷”是以公司安全生产标准化等规章制度、公司历史最好水平和同行业先进水平作为标准的。通过“查找、整改、预防，再查找、再整改、再预防”的闭路循环，不断改善、提升现场标准化水平。

公司把“缺陷管理”作为一项日常工作来开展，设立了60万元“缺陷管理”奖金，鼓励广大员工从身边小事做起，查找“缺陷”并整改。对查出的问题，建立了由下至上上报“缺陷报告书”、由上至下下达“缺陷整改指令书”的“缺陷管理责任制”，按照“三定四不推”（定人员、定期限、定措施；凡自己能解决的，班组不推给工序、工序不推给车间、车间不推给二级单位、二级单位不推给公司）原则，坚持做到小隐患不休班、大隐患不过夜，通过“整改指令书”的形式，责成专人逐级整改。截至2004年上半年，累计查找缺陷19 147项，整改18 894项，投入资金1亿多元，整改率达98%以上，有效消除了事故隐患。

3. 操作标准化的做法

在操作标准化方面，公司为了达到操作程序和动作标准的科学化、规范化和安全化，一方面，组织有关领导、专业技术人员和有经验的生产骨干，经过反复讨论和修改，本着科学、准确、简练的原则，结合各岗位作业原理和生产特点，结合安全操作规程，结合历史上各种事故发生的情况，进行了认真的分析研究、简化提炼、修改完善，制定了758个工种的操作程序和动作标准，编印成册，下发到车间、班组和个人，达到人手一册。另一方面，为推动操作程序和动作标准的实施，公司开展了员工培训和学习，组织进行考试、操作演练和技术评比。

公司将安全标准化管理与企业多年来的安全管理经验和血的教训相结合，创新提炼了一种全新的安全管理模式——安全确认制。安全确认制是指员工在实施作业前，自觉对该项操作所涉及的人、机、料、法、环等进行确认，确认操作对象准确，确定作业环境安全可靠，确认作业行为符合安全生产操作规程。它主要包括5个方面内容：岗位确认制，即作业前，必须由下达作业命令的人员确认操作人员是否具备岗位作业资格；操作确认制，即所有岗位操作人员在作业前，按照“想、看、动、查”的确认程序，想一想本工种的安全操作规程和安全注意事项，查看设备和环境是否符合安全作业条件，严格按操作程序、动作标准及安全操作规程的要求实施作业，每做完一个操作动作都要检查动作后操作对象反馈的信息是否正确；联系呼应确认制，即在生产和检修过程中，尤其是立体交叉作业与长线作业过程中，下级确认上级指令，被指挥者确认指挥者指令，如调度的电话指令、施工检修当中的口令与信号指挥等，被指挥者均须做好记录并重复无误后，方可工作；行走确认制是指所有进入车间厂房、生产现场及作业区域的各类人员，在车间或施工现场行走及天车吊运时，必须按设置的安全通道行走，严格执行“查看、判断、通过”的程序，对现场是否具备安全通行条件予以确认；开停车确认制是指对各类窑、炉、磨、泵、槽、压力容器及管道、变配电系统、起重设备与机车等开停车及检修作业必须严格执行工作票制度。

在安全生产标准化建设的基础上推行“安全确认制”，使员工在熟知本岗位安全技术操作规程，熟练掌握操作程序和动作标准等安全生产标准化要求的基础上，进一步掌握了本岗位有哪些危险因素，如何预防，一旦发生事故如何处理等技能。在作业过程中，通过认真填写“安全确认记录”或签发“安全确认工作票”，严格实现生产作业的“人—人”“人—机”联保互保，确保了安全生产。

公司把深化“安全确认制”与夯实班组安全管理相结合，将“安全确认制”执行情况纳入“四级安全互检”范畴，在基层车间班组广泛开展“安全确认制”达标竞赛活动，目前已有453个班组通过“安全确认制”达标班组验收。通过实行“安全确认制”，实现了安全管理重心下移，班组安全管理更加扎实有效，员工自我保护意识明显增强，形成了“事事确认、人人把关”的良好局面，进一步提高了安全生产标准化建设水平。

从实际效果来看，通过对公司安全生产标准化创建前后的对比，公司千人负伤率下降了61%，千人重伤率下降了67%，伤害程度明显减轻，公司安全生产形势逐年明显好转。

第五章　冶金企业事故隐患排查与治理

在工业生产过程中存在各种危险，危险是引发事故的先决条件。冶金企业生产特点是企业规模庞大，生产工艺流程长，从金属矿石的开采，到产品的最终加工，需要经过很多工序和涉及大量人员，正是由于冶金企业生产工序繁多，工艺流程复杂，人员众多，引发事故的可能性也就越大。如果某一个环节、某一个工序存在隐患没有及时发现、及时消除，那么就有可能引发事故。因此，在冶金企业生产过程中，特别需要加强安全生产管理，及时排查和治理事故隐患，不能等到隐患发展演变成为事故再去处理，这样的被动做法是非常危险的。在隐患排查过程中需要认真负责的工作态度和严谨细致的工作作风，不能马马虎虎、粗心大意，只有认真负责、严谨细致，才能及时发现隐患、消除隐患。

第一节　冶金企业安全生产事故隐患治理相关规定要点

在企业安全管理中，开展超前预防工作，查找危害因素，及时排查和治理事故隐患是一项十分重要的工作，通过对事故隐患的认真排查和治理，才能消除生产作业危险。为了加强冶金企业安全生产监督管理工作，国家安全生产监督管理总局发布了一系列部门规章，如《安全生产事故隐患排查治理暂行规定》《进一步加强冶金行业安全生产工作的指导意见》等，要求冶金企业建立安全生产事故隐患排查治理长效机制，强化安全生产主体责任，加强事故隐患监督管理，防止和减少事故，保障人民群众生命财产安全。

一、《安全生产事故隐患排查治理暂行规定》相关要点

2007 年 12 月 28 日，国家安全生产监督管理总局发布《安全生产事故隐患排查治理暂行规定》（国家安全生产监督管理总局令第十六号），并于 2008 年 2 月 1 日起施行。

《安全生产事故隐患排查治理暂行规定》分为五章三十二条，各章内容：第一章是总则，第二章是生产经营单位的职责，第三章是监督管理，第四章是罚则，第五章是附则。制定并施行《安全生产事故隐患排查治理暂行规定》的目的是根据安全生产法等法律、行政法规，为了建立安全生产事故隐患排查治理长效机制，强化安全生产主体责任，加强事

故隐患监督管理，防止和减少事故，保障人民群众生命财产安全。

1. 总则中的有关规定

在第一章总则中，对相关事项做了规定。

（1）生产经营单位安全生产事故隐患排查治理和安全生产监督管理部门、煤矿安全监察机构（以下统称安全监管监察部门）实施监管监察，适用本规定。有关法律、行政法规对安全生产事故隐患排查治理另有规定的，依照其规定。

（2）本规定所称安全生产事故隐患（以下简称事故隐患）是指生产经营单位违反安全生产法律、法规、规章、标准、规程和安全生产管理制度的规定，或者因其他因素在生产经营活动中存在可能导致事故发生的物的危险状态、人的不安全行为和管理上的缺陷。

事故隐患分为一般事故隐患和重大事故隐患。一般事故隐患是指危害和整改难度较小，发现后能够立即整改排除的隐患。重大事故隐患是指危害和整改难度较大，应当全部或者局部停产停业，并经过一定时间整改治理方能排除的隐患，或者因外部因素影响致使生产经营单位自身难以排除的隐患。

（3）生产经营单位应当建立健全事故隐患排查治理制度。生产经营单位主要负责人对本单位事故隐患排查治理工作全面负责。

（4）各级安全监管监察部门按照职责对所辖区域内生产经营单位排查治理事故隐患工作依法实施综合监督管理，各级人民政府有关部门在各自职责范围内对生产经营单位排查治理事故隐患工作依法实施监督管理。

（5）任何单位和个人发现事故隐患，均有权向安全监管监察部门和有关部门报告。安全监管监察部门接到事故隐患报告后，应当按照职责分工立即组织核实并予以查处；发现所报告事故隐患应当由其他有关部门处理的，应当立即移送有关部门并记录备查。

2. 生产经营单位职责的有关规定

在第二章生产经营单位的职责中，对相关事项做了规定。

（1）生产经营单位应当依照法律、法规、规章、标准和规程的要求从事生产经营活动。严禁非法从事生产经营活动。

（2）生产经营单位是事故隐患排查、治理和防控的责任主体。

生产经营单位应当建立健全事故隐患排查治理和建档监控等制度，逐级建立并落实从主要负责人到每个从业人员的隐患排查治理和监控责任制。

（3）生产经营单位应当保证事故隐患排查治理所需的资金，建立资金使用专项制度。

（4）生产经营单位应当定期组织安全生产管理人员、工程技术人员和其他相关人员排查本单位的事故隐患。对于排查出的事故隐患，应当按照事故隐患的等级进行登记，建立事故隐患信息档案，并按照职责分工实施监控治理。

（5）生产经营单位应当建立事故隐患报告和举报奖励制度，鼓励、发动职工发现和排除事故隐患，鼓励社会公众举报。对发现、排除和举报事故隐患的有功人员，应当给予物质奖励和表彰。

(6) 生产经营单位将生产经营项目、场所、设备发包、出租的，应当与承包、承租单位签订安全生产管理协议，并在协议中明确各方对事故隐患排查、治理和防控的管理职责。生产经营单位对承包、承租单位的事故隐患排查治理负有统一协调和监督管理的职责。

(7) 安全监管监察部门和有关部门的监督检查人员依法履行事故隐患监督检查职责时，生产经营单位应当积极配合，不得拒绝和阻挠。

(8) 生产经营单位应当每季、每年对本单位事故隐患排查治理情况进行统计分析，并分别于下一季度 15 日前和下一年 1 月 31 日前向安全监管监察部门和有关部门报送书面统计分析表。统计分析表应当由生产经营单位主要负责人签字。

对于重大事故隐患，生产经营单位除依照前款规定报送外，应当及时向安全监管监察部门和有关部门报告。重大事故隐患报告内容应当包括如下内容。

1) 隐患的现状及其产生原因。

2) 隐患的危害程度和整改难易程度分析。

3) 隐患的治理方案。

(9) 对于一般事故隐患，由生产经营单位（车间、分厂、区队等）负责人或者有关人员立即组织整改。

对于重大事故隐患，由生产经营单位主要负责人组织制定并实施事故隐患治理方案。重大事故隐患治理方案应当包括以下内容。

1) 治理的目标和任务。

2) 采取的方法和措施。

3) 经费和物资的落实。

4) 负责治理的机构和人员。

5) 治理的时限和要求。

6) 安全措施和应急预案。

(10) 生产经营单位在事故隐患治理过程中，应当采取相应的安全防范措施，防止事故发生。事故隐患排除前或者排除过程中无法保证安全的，应当从危险区域内撤出作业人员，并疏散可能危及的其他人员，设置警戒标志，暂时停产停业或者停止使用；对暂时难以停产或者停止使用的相关生产储存装置、设施、设备，应当加强维护和保养，防止事故发生。

(11) 生产经营单位应当加强对自然灾害的预防。对于因自然灾害可能导致事故灾难的隐患，应当按照有关法律、法规、标准和本规定的要求排查治理，采取可靠的预防措施，制定应急预案。在接到有关自然灾害预报时，应当及时向下属单位发出预警通知；发生自然灾害可能危及生产经营单位和人员安全的情况时，应当采取撤离人员、停止作业、加强监测等安全措施，并及时向当地人民政府及其有关部门报告。

(12) 地方人民政府或者安全监管监察部门及有关部门挂牌督办并责令全部或者局部停

产停业治理的重大事故隐患，治理工作结束后，有条件的生产经营单位应当组织本单位的技术人员和专家对重大事故隐患的治理情况进行评估；其他生产经营单位应当委托具备相应资质的安全评价机构对重大事故隐患的治理情况进行评估。

经治理后符合安全生产条件的，生产经营单位应当向安全监管监察部门和有关部门提出恢复生产的书面申请，经安全监管监察部门和有关部门审查同意后，方可恢复生产经营。申请报告应当包括治理方案的内容、项目和安全评价机构出具的评价报告等。

3. 监督管理有关规定

在第三章监督管理中，对相关事项做了规定。

（1）安全监管监察部门应当指导、监督生产经营单位按照有关法律、法规、规章、标准和规程的要求，建立健全事故隐患排查治理等各项制度。

（2）安全监管监察部门应当建立事故隐患排查治理监督检查制度，定期组织对生产经营单位事故隐患排查治理情况开展监督检查；应当加强对重点单位的事故隐患排查治理情况的监督检查。对检查过程中发现的重大事故隐患，应当下达整改指令书，并建立信息管理台账。必要时，报告同级人民政府并对重大事故隐患实行挂牌督办。

安全监管监察部门应当配合有关部门做好对生产经营单位事故隐患排查治理情况开展的监督检查，依法查处事故隐患排查治理的非法和违法行为及其责任者。

安全监管监察部门发现属于其他有关部门职责范围内的重大事故隐患的，应该及时将有关资料移送有管辖权的有关部门，并记录备查。

（3）已经取得安全生产许可证的生产经营单位，在其被挂牌督办的重大事故隐患治理结束前，安全监管监察部门应当加强监督检查。必要时，可以提请原许可证颁发机关依法暂扣其安全生产许可证。

（4）安全监管监察部门应当会同有关部门把重大事故隐患整改纳入重点行业领域的安全专项整治中加以治理，落实相应责任。

（5）对挂牌督办并采取全部或者局部停产停业治理的重大事故隐患，安全监管监察部门收到生产经营单位恢复生产的申请报告后，应当在10日内进行现场审查。审查合格的，对事故隐患进行核销，同意恢复生产经营；审查不合格的，依法责令改正或者下达停产整改指令。对整改无望或者生产经营单位拒不执行整改指令的，依法实施行政处罚；不具备安全生产条件的，依法提请县级以上人民政府按照国务院规定的权限予以关闭。

（6）安全监管监察部门应当每季将本行政区域重大事故隐患的排查治理情况和统计分析表逐级报至省级安全监管监察部门备案。

省级安全监管监察部门应当每半年将本行政区域重大事故隐患的排查治理情况和统计分析表报国家安全生产监督管理总局备案。

4. 罚则中的有关规定

在第四章罚则中，对相关事项做了规定。

（1）生产经营单位及其主要负责人未履行事故隐患排查治理职责，导致发生生产安全事故的，依法给予行政处罚。

（2）生产经营单位违反本规定，有下列行为之一的，由安全监管监察部门给予警告，并处三万元以下的罚款。

1）未建立安全生产事故隐患排查治理等各项制度的。

2）未按规定上报事故隐患排查治理统计分析表的。

3）未制订事故隐患治理方案的。

4）重大事故隐患不报或者未及时报告的。

5）未对事故隐患进行排查治理擅自生产经营的。

6）整改不合格或者未经安全监管监察部门审查同意擅自恢复生产经营的。

（3）承担检测检验、安全评价的中介机构，出具虚假评价证明，尚不够刑事处罚的，没收违法所得，违法所得在五千元以上的，并处违法所得两倍以上五倍以下的罚款，没有违法所得或者违法所得不足五千元的，单处或者并处五千元以上两万元以下的罚款，同时可对其直接负责的主管人员和其他直接责任人员处五千元以上五万元以下的罚款；给他人造成损害的，与生产经营单位承担连带赔偿责任。

对有前款违法行为的机构，撤销其相应的资质。

（4）生产经营单位事故隐患排查治理过程中违反有关安全生产法律、法规、规章、标准和规程规定的，依法给予行政处罚。

（5）安全监管监察部门的工作人员未依法履行职责的，按照有关规定处理。

二、《进一步加强冶金行业安全生产工作的指导意见》相关要点

为加强冶金行业的安全监管工作，促进冶金企业提高安全生产管理水平，遏制各类安全生产事故的发生，实现冶金行业的安全生产稳定好转，2005 年 11 月 16 日，国家安全生产监督管理总局下发《进一步加强冶金行业安全生产工作的指导意见》（以下简称《指导意见》）（安监总管一字〔2005〕172 号）。《指导意见》要求针对冶金行业安全生产工作中存在的主要问题，依据《安全生产法》和《国务院关于进一步加强安全生产工作的决定》等法律法规，为进一步加强冶金行业安全生产监督管理，规范冶金企业安全生产行为，督促冶金企业切实落实安全生产主体责任，提出以下指导意见。

1. 指导思想

以邓小平理论和“三个代表”重要思想为统领，以《中共中央关于制定国民经济和社会发展第十一个五年规划的建议》为指针，坚持以人为本的科学发展观，按照构建社会主义和谐社会的要求，认真贯彻“安全第一、预防为主、综合治理”的安全生产方针，全面落实《安全生产法》和《国务院关于进一步加强安全生产工作的决定》，切实落实生产经营单位主体责任，防控重特大安全生产事故，促进冶金行业安全生产形势的稳定好转。

2. 工作目标

明确冶金行业安全生产监督管理工作思路，建立健全安全生产监管体系，加强安全监管工作力度；建立和完善冶金行业安全生产责任制和法律法规体系，促进冶金行业安全生产标准化建设，全面提高冶金行业安全生产和管理水平；督促企业完善各项管理制度，改善作业环境，消除安全隐患，增强事故控制和防范能力，努力遏制特大事故、控制重大事故发生，逐步降低事故总量，实现冶金行业安全生产形势稳定好转。

3. 重点工作

各冶金企业要认真贯彻执行《安全生产法》和《国务院关于进一步加强安全生产工作的决定》等有关法律法规和规程、标准的规定，切实履行安全生产主体责任。

（1）健全安全生产管理机构。各冶金企业包括下属各独立法人单位应设立相对独立的安全管理机构，配备满足安全管理工作需要的工作人员。

（2）完善安全生产制度。依据国家有关法律法规的规定，结合本单位实际情况，完善以安全生产责任制为核心的企业内部各项安全生产规章制度和各岗位操作规程。

（3）加强对从业人员进行安全生产教育和培训。保证从业人员具备必要的安全生产知识，熟悉有关的安全生产规章制度和安全操作规程，掌握本岗位的安全操作技能。未经安全生产教育和培训合格的从业人员，不得上岗作业。采用新工艺、新技术、新材料或者使用新设备，必须采取有效的安全防护措施，并对从业人员进行专门的安全生产教育和培训。特殊工种人员必须持证上岗。

（4）认真执行“三同时”规定。新建、改建、扩建工程项目的安全设施，必须与主体工程同时设计、同时施工、同时投入生产和使用。安全设施投资应当纳入建设项目概算。

（5）加强对重大危险源的监控。建立重大危险源登记建档，进行定期检测、评估、监控，并制订应急预案，告知从业人员和相关人员在紧急情况下应当采取的应急措施。并将本单位重大危险源及有关安全措施、应急措施报有关地方人民政府负责安全生产监督管理的部门和有关部门备案。

（6）强化日常检查。安全生产管理人员应当根据本单位的生产工艺特点，对安全生产状况进行经常性检查，对检查中发现的安全问题，应当立即处理；不能处理的，应当及时报告本单位有关负责人。检查及处理情况应当记录备案。对安全设备进行经常性维护、保养，并定期检测，保证正常运转。维护、保养、检测应当做好记录，并由有关人员签字。在有较大危险因素的生产经营场所和有关设施、设备上，设置明显的安全警示标志。

（7）保障安全生产投入。冶金企业应保障必要的安全生产投入，使企业具备《安全生产法》及有关法律、行政法规和国家标准或者行业标准规定的安全生产条件。

（8）加强相关方（生产协作单位、外来施工单位等）及外来务工人员的安全管理。明确相关方的安全生产责任和义务，做好资质审查和安全培训，加强工程施工安全监管，将外来施工单位和外来务工人员的安全管理落到实处。

（9）积极构建企业安全文化。各冶金企业要学习和借鉴国内外先进企业安全管理的成功经验，为我所用，尽快形成适合本企业的安全管理模式和企业安全文化。

三、《关于开展冶金企业煤气安全管理专项检查的通知》相关要点

2010 年 4 月 26 日，国家安全监督管理总局下发《关于开展冶金企业煤气安全管理专项检查的通知》（安监管四〔2010〕63 号）（以下简称《通知》），《通知》指出：近一段时期以来，冶金企业煤气中毒事故多发。2009 年发生较大事故 4 起、死亡 17 人；2010 年 1 月至 4 月 20 日，发生重大事故 1 起、较大事故 2 起，死亡 30 人、受伤 14 人。这些事故的发生，暴露出部分冶金企业在正常生产与建设施工或检修之间出现交叉作业的情况下，未对生产区域与施工区域实施有效的煤气隔断措施，交叉作业现场安全管理职责不落实，安全教育培训不到位，盲目组织施救等问题。为认真贯彻落实《国务院安委会关于立即开展全国安全生产大检查的通知》（安委明电〔2010〕1 号）精神，切实吸取事故教训，加强煤气事故的预防和控制，督促冶金企业建立完善并严格执行交叉作业及煤气安全管理各项制度，决定组织开展冶金企业煤气安全管理专项检查。

《通知》的检查范围包括所有含焦炉、高炉、转炉的冶金企业。要求各冶金企业提高认识，按照《安全生产法》第 40 条和《冶金企业安全生产监督管理规定》（国家安全监管总局令第 26 号）第 17 条的规定，在交叉作业情况下，将涉及本企业和外委外包企业安全生产管理的事项纳入本企业的安全管理系统，并承担和落实责任。通过专项检查，建立健全相关规章制度，并积极开展安全生产标准化工作，切实落实企业安全生产主体责任。

冶金企业要严格按照规定的内容认真开展自查，按照《冶金企业煤气安全管理重点内容》（附件 1）的要求，建立和完善煤气安全管理各项规章制度，同时开展隐患排查和整改工作并建立台账，将安全生产责任落实到班组和岗位。填写《冶金企业基本情况调查表》（附件 6）后报相应的安全监管部门。

冶金企业煤气安全管理重点内容

为督促冶金企业建立和完善煤气安全管理的保障措施，加强煤气的安全管理，防范生产与施工或检修交叉作业时发生煤气中毒事故，依据《安全生产法》《冶金企业安全生产监督管理规定》（国家安全监管总局令第 26 号）和《工业企业煤气安全规程》（GB 6222—2005）等有关法律、法规及标准的规定，特对冶金企业煤气安全管理重点内容予以明确规定。

1. 一般安全管理内容

（1）应明确专门机构负责煤气的安全管理，并配足相应的专业技术人员及相关检测检验设备和防护用品。

（2）应建立健全煤气安全管理制度，如区域管理、教育培训考核、岗位运行检查、专业检查、检修管理等制度。

(3) 应对从事煤气生产、储存、输送、使用、维护、检修人员，进行专门的煤气安全基本知识、煤气安全技术、煤气检查方法、煤气中毒紧急救护技术等内容的培训，并经考核合格后，方可安排上岗作业。

2. 检修期间安全管理内容

检修主要指焦炉、高炉、转炉煤气回收、储存、使用输送系统的检修。

(1) 应制定三个方案：一是检修工作方案，二是停气和吹扫方案，三是送气置换方案。方案应包括组织指挥机构、检修内容和涉及范围、检修程序、安全措施和应急处置等内容；应办理有关作业的许可证，做好安全确认，并进行严格检测并记录，做到统一指挥，令行禁止。

(2) 负责施工的单位必须与业主单位签订安全生产协议，同时经各有关部门认可并办理相关手续。施工企业应对自身范围的安全工作承担责任。

(3) 检修实施前应对作业人员进行针对性的安全教育和安全交底。

(4) 作业人员应随身佩戴便携式一氧化碳报警仪，作业环境有害气体浓度超标或氧气浓度不足时，应佩戴空气或氧气呼吸器，设专职监护人。

(5) 作业场所应设有逃生及救援通道。有条件的企业应组织消防车、急救车现场待命。

(6) 检修规定内容不得改变，否则必须重新申请。项目完成后由负责人签字确认。

(7) 施工作业要求如下。

1) 施工中要严格遵守制定的施工单项安全措施，动火点必须备有相应、有效的灭火器材和一氧化碳测定器；进入煤气设备或管道内作业，必须配备便携式一氧化碳测定器和便携式氧气测定器，并采取联系呼叫措施予以安全确认；工作人员每次进入设施内工作的间隔时间至少在 2 h 以上，中间到无煤气地点休息。

2) 带煤气危险作业，如带煤气抽堵盲板、带煤气接管、高炉换探料尺、操作插板等，不应在雷雨天进行，不宜在夜间进行；作业时，操作人员应佩戴空气正压呼吸器或隔绝式防毒面具，并应遵守下列规定：

●工作场所应备有必要的联系信号、煤气压力表及风向标志等；

●距工作场所 40 m 内，不应有火源并应采取防止着火的措施，与工作无关人员应离开作业点 40 m 以外。

●应使用不发火星的工具，如铜制工具或涂有足够厚度润滑油脂的铁制工具。

●距作业点 10 m 以外才可安设照明装置。

●不应在具有高温源的炉窑等建、构筑物内进行带煤气作业。

3) 带煤气动火补焊等作业，必须保持管内煤气正压不低于 100Pa，在动火点附近安装校验有效期内的适用压力表，专人连续监视压力，并用对讲机保持联系，无法确保规定压力时应立即停止作业。

(8) 停气应做到如下规定。

1）确认全部止火。使用按规程规定有效可靠的装置关闭入口煤气及仪表导管阀门，检修设备与运行中的设备要用盲板或眼镜阀可靠切断。打开末端放散管，确保内部煤气吹净。

2）末端放散应高出煤气管道、设备或平台 4 m，距地面不小于 10 m，车间内部或距车间 10 m 以内不经常操作的放散管必须高出建筑物的屋檐，操作时应站在上风口，必要时在放散口附近划定警戒区，区内禁止有火源，并注意煤气不要逸入周围房屋。

3）高炉煤气管道停气时，从煤气来源阀门后附近通氮气置换煤气，也可采用打开所有人孔，自然通风或强制送风赶走残余煤气。

4）焦炉煤气或混合煤气管道停气时，向管道始端通入氮气，也可先通入高炉煤气赶走残余煤气，后按赶走残余高炉煤气的方法处理。

5）排水器由远而近逐个放水驱除内部残余煤气。

6）在管道末端和各死角处做爆发试验，如点不着，可停止通氮气，打开人孔通风，待含氧量达 18%和一氧化碳含量合格后，方可进入管道内工作。

(9) 送气应做到：

1）清除管道内杂物，清点工具，人数齐全后封闭人孔和手孔。

2）所有阀门应完好无损，能按要求关闭和开启。

3）将排水器灌水满流，保证达到规定要求的水封高度，关闭排水管阀门和试验头阀门。

4）管道及附属设备上停止动火作业，煤气管道周围不得有火源和大于 200℃的高温物质。

5）打开末端放散管，从管道始端通入氮气置换空气，在末端放散管附近取样试验至含氧量低于 2%。

6）打开阀门引入煤气，同时停止通入氮气，以煤气赶氮气在末端放散管处做爆发试验，连续三次合格后关闭放散管。

7）打开仪表导管的阀门，恢复仪表指示。

8）改扩建及大修后的煤气管道必须经严密性试验和全面检查验收合格后才能送气。

(10) 发现煤气泄漏，不能盲目冒险作业和冒险抢救。

3. 改扩建工程期间安全管理内容

改扩建工程主要指焦炉、高炉、转炉的改造、扩建、检修涉及煤气回收系统的交叉作业。除应按照上述相关要求执行外，还要做到：

(1) 在改扩建工程与正常生产交叉作业情况下，冶金企业是涉及双方安全生产事项的主要责任方，并对此承担责任。应将涉及本企业和施工企业安全生产管理的事项纳入本企业的安全管理系统。如施工企业在进行转炉砌炉作业时，冶金企业不能将煤气泄漏到作业现场。

(2) 应制定施工方案，对涉及的各项工作内容、各个单位的任务、职责作出明确规定，非重新确认不得更改。

(3) 改扩建工程负责人和生产系统负责人要一对一负责联系，避免其他任何人转达指令。

(4) 在改扩建工程范围内的施工作业内容未全部结束，人员未全部撤离的情况下，应杜绝一切涉及煤气系统的试车和调试，不得组织与生产系统对接联网。

(5) 改扩建工程后的煤气设施应经检查验收，证明符合安全要求并建立健全安全规章制度后，方可投入运行；改扩建后的煤气管道必须经严密性试验和全面检查验收合格后才能送气。煤气设施的验收必须有煤气使用单位的安全部门参加。

4. 煤气设施安全检查内容

(1) 一般规定

1) 各种主要的煤气设备、阀门、放散管、管道支架等应编号，号码应标在明显的地方。

2) 有泄漏煤气危险的平台、工作间等，均必须设置相对方向的两个出入口。

3) 各类带煤气作业处应分别悬挂醒目的警告标志。

4) 煤气辅助设施保持完好有效。

5) 对于设备腐蚀情况、管道壁厚、支架标高等每年重点检查一次，并将检查情况记录备案。

6) 煤气危险区（如地下室、加压站、地沟、热风炉及各种煤气发生设施附近）的一氧化碳浓度必须定期测定，在关键部位应设置一氧化碳监测装置。

(2) 用气点。

1) 烧嘴阀闸门前须设有取样管。

2) 两个炉子应分别设置独立的放散管。

3) 烧嘴阀的头部有明显开关标志。

4) 烧嘴阀前有放水或放气头。

5) 阀门严密、灵活、无泄漏。

6) 助燃风管设泄爆膜和低压报警装置。

(3) 管道。

1) 厂区主要煤气管道须标有明显的煤气流向和种类。

2) 所有可能泄漏煤气的地方均须挂有提醒人们注意的警示标志。

3) 管道本体无可见泄漏（含法兰、阀门及附属装置)。

4) 煤气管道与水管、热力管燃油管和不燃气体管在同一支柱或栈桥上敷设时，其上下敷设的垂直净距不宜小于 250 mm。

第二节　冶金企业安全检查与事故隐患排查治理

在事故隐患排查治理中，运用安全检查的方法，是发现和治理事故隐患的重要手段，同时也是建立良好的安全生产作业环境和秩序的重要手段。安全检查的目的在于发现不安全因素（危险因素）的存在的状况，如装置、设备、设施、工具、附件等的潜在不安全因素状况、不安全的作业环境场所条件、不安全的作业职工行为和操作潜在危险，以利采取防范措施，防止或减少伤亡事故的发生。在此，介绍安全生产检查管理办法、事故隐患排查与整改管理办法以及常用的冶金企业设备设施安全检查表。

一、安全生产检查管理办法

1. 安全生产检查的目的

安全检查的目的在于发现不安全因素（危险因素）的存在的状况，如装置、设备、设施、工具、附件等的潜在不安全因素状况、不安全的作业环境场所条件、不安全的作业职工行为和操作潜在危险，以利采取防范措施，防止或减少伤亡事故的发生。

2. 安全检查的内容

安全检查的内容很多，主要有以下三个方面：

（1）检查企业是否建立健全了安全生产组织和安全生产责任制，是否贯彻“五同时”（即在计划、布置、检查、总结、评比生产工作的同时，计划、布置、检查、总结、评比安全工作）、“三同时”（即在新建、扩建、改建工程项目时，与安全防范保护措施同时设计、同时施工、同时投产验收）；对职工伤亡事故的调查、报告和处理中是否坚持了“四不放过”（即找不出原因不放过、本人和职工群众受不到教育不放过、没有制定整改防范措施不放过、整改措施没进行效果评价不放过）的原则；企业各项规章制度（如安全培训、教育制度、各级岗位责任制、各工种安全操作规程等）是否健全完善、是否严格执行；企业安全技术措施经费资金有无保证等。

（2）检查企业生产作业现场环境及设备、物质（原材物料）的状态，即查企业作业环境及劳动条件、生产设备及相应的安全防护设施是否符合安全标准的要求，如查各种设备、设施的安全运行和维修情况，查原材料使用及有毒有害气体、蒸汽、粉尘等引发安全事故的防范措施，查电气、锅炉、压力容器、各种工业气瓶的使用状况，查易燃、易爆、物料和有毒有害物料的储存、运输和使用情况，查个人防护用品的使用是否符合安全防护标准，以及通风、照明、安全通道、安全出口等作业环境、劳动条件是否符合相关安全防护的标准。

（3）检查企业作业职工是否有不安全行为，如作业职工是否按相关工种的安全操作规程操作，操作时的动作是否符合安全要求等。

从大量事故统计资料来看，由于作业职工违反操作规程、误操作和环境条件、设备、工具、附件、工艺流程有缺陷造成的伤亡事故占事故总数的60%以上，因此，安全检查的重点应放在不安全的物质状态（含机械设备、设施、使用的原材物料等）和人的不安全行为上，找出不安全因素（危险因素），进行安全防范措施的整改。

3. 安全检查的形式

安全检查的形式可分为日常性检查、专业性检查、季节性检查、节假日前后的检查和不定期的特种检查。

（1）日常安全检查。日常安全检查是指按企业制定的检查制度每天都进行的、贯穿生产过程的安全检查。如生产岗位的班组长和作业职工，应严格履行交接班检查和班中巡回检查非生产岗位的班组长与作业职工应依据岗位特点，在作业前和作业中进行检查各级领导和各级安全生产管理人员应在各自业务范围内，经常深入作业现场，进行安全检查，发现不安全问题及时督促有关部门解决。

（2）专业性安全检查。对易发生安全事故的特种设备、特殊场所或特殊操作工序，除综合性检查外，还应组织有关专业技术人员、管理人员、操作职工或委托有资格的相关专业技术检查评价单位，进行安全检查。应明确重点、手段、方法，如对电气焊、起重、运输车辆、锅炉及各种压力容器、各种反应罐（釜）、易燃、易爆场所等。必要时对某些设备或操作进行长时间的观察和检查，对相关设备运行情况、作业职工操作情况、调试及维修等情况、安全防护措施及个人防护用品使用情况等进行连续检查，以确保其防护功能。发现问题及时纠正，采取相应的防范措施。

（3）季节性安全检查。根据季节特点对企业安全的影响，由安技部门组织相关人员进行的检查。如春节前后以防火、防爆为主要内容，夏季以防暑降温为主要内容，雨季以防雷、防静电、防触电、防洪、防建筑物倒塌为主要内容，冬季以防寒保暖为主要内容的检查。

（4）节假日前后的安全检查。节假日前，要针对职工思想不集中、精力分散，提示注意的综合安全检查。节后要进行遵章守纪的检查，防止人的不安全行为而造成事故。

（5）不定期的特种检查。由于新、改、扩建工程的新作业环境条件、新工艺、新设备等可能会带来新的不安全因素（危险因素），在这些设备、设施投产前后的时间内，进行的检查竣工验收检查及工程项目开工前的“类比”预先安全检查及检修中、检修后的试运转检查。

4. 安全检查表的编制与实施

安全检查表是为检查某些系统的安全状况而事先制定的问题清单，实践证明，运用安全检查表是进行安全检查最有效工具。为了使检查表能全面查出不安全因素，又便于操作，根据安全检查的需要、目的、被检查的对象，可编制多种类型的相对通用的安全检查表。

按照安全检查表进行安全检查，可提高检查质量，防止漏掉主要的不安全因素（危险因素）。安全检查表的编制、使用、修改、完善的过程，实际是对安全工作的不断总结提高的过程。

编制安全检查表要力求系统完整，不漏掉任何能引发事故的危险关键因素，因此，编制安全检查表时应注意如下问题：

（1）检查表内容要重点突出，简繁适当，有启发性。

（2）各类检查表的项目、内容，应针对不同被检查对象有所侧重，分清各自职责内容，尽量避免重复。

（3）检查表的每项内容要定义明确，便于操作。

（4）检查表的项目、内容能随工艺的改造、设备的变动、环境的变化和生产异常情况的出现而不断修订、变更和完善。

（5）凡能导致事故的一切不安全因素都应列出，以确保各种不安全因素能及时被发现或消除。

（6）实施安全检查表应依据其适用范围，并经各级领导审批。检查人员检查后应签字，对查出的问题要及时反馈到各相关部门并落实整改措施，做到责任明确。

5. 安全检查应注意的事项

（1）将自查与互查有机结合起来。基层以自查为主，行业（或分区、片）互相检查，相互取长补短，相互学习、借鉴。

（2）坚持检查与整改相结合。检查中发现的不安全因素，要根据检查记录进行整理和分析，采取整改措施。应分别情况处理，一时难以整改的，要采取切实有效的防范措施。

（3）制定和建立安全档案。收集基本数据，掌握基本安全情况，实现安全事故隐患及不安全因素源点的动态管理，为及时消除事故隐患（潜在危险因素）提供数据，同时为以后的安全检查奠定基础。

安全检查是企业（行业）安全管理的一种既简便又行之有效的一种方法。而安全检查的记录，是对企业安全工作作出评价的依据，是企业（行业）对安全工作实行现代化管理的基础资料。

二、事故隐患排查与整改管理办法

1. 排查与整改事故隐患的目的

事故隐患是指在某个处、所，某项设备、设施或在某作业中存在着的物的不安全因素，如不加以解决或消除，就可能导致事故的发生。

排查与整改事故隐患的目的，是为了贯彻“安全第一、预防为主”的方针，全面落实安全生产责任制，加强事故隐患的排查与整改，明确各级各部门的职责，有效保证职工在生产劳动中的安全与健康。

2. 事故隐患的分级管理

（1）事故隐患的管理分四级，即公司级、厂矿级、车间级、班组级。凡厂矿内无力整改的事故隐患属公司级；车间无力整改的属厂矿级；班组无力整改的属车间级；班组内能够整改的属班组级。

（2）事故隐患的排查与整改工作要坚持“四定三不交”原则，即定项目、定措施、定责任人、定完成时间；班组能整改的不交车间，车间能整改的不交厂矿，厂矿能整改的不交公司。

3. 事故隐患的分类管理

（1）依照“谁管理、谁负责”的原则，凡属设备、构建筑物、起重设备等存在的事故隐患，由公司、厂矿机电设备部门归口管理；凡属新、改、扩建、大修工程遗留下来的事故隐患或因施工原因造成的事故隐患，由公司、厂矿工程主管部门归口管理；凡属铁路运输、道口、公路运输等存在的事故隐患由公司、厂矿生产部门归口管理；矿山各单位存在的事故隐患归口矿业公司进行管理；能源介质的各类设施、管网存在的事故隐患归口能源总厂进行管理；属火灾隐患的项目归口公司、厂矿保卫部门管理；凡属锅炉、压力容器方面存在的缺陷或隐患归口公司安全部门管理。

（2）凡本级无力整改的事故隐患，应写专题报告按分类管理原则报上级主管部门，同时记入本级事故隐患登记台账。

（3）建设项目（新、改、扩建，大修，挖潜，革新）必须在建成投产后，使其职业安全卫生设施能够达到国家标准和行业规定，不留事故隐患。如确因某一环节疏漏而留下的事故隐患，一律由工程主管部门组织整改。

4. 生产过程中事故隐患的整改

（1）各单位发现事故隐患后，应根据分级、分类管理原则，及时确定整改级别和整改部门。制定整改方案，落实整改负责人，规定整改期限，并制定整改前切实可靠的防范措施，落实到具体人员执行。

（2）各级各部门在收到下一级事故隐患报告后，要及时进行确认，及时安排整改计划，均不得借故推诿和拖延。凡属公司级整改的事故隐患项目，在未整改前由厂矿主管部门及事故隐患所在单位制定相应的防范措施。

（3）事故隐患项目的整改须经产权单位或使用单位确认后，才算整改完毕，同时在台账上记清确认人员及时间。

（4）各级计划部门必须优先安排事故隐患整改的有关费用。

（5）事故隐患的排查与整改工作，各单位要纳入经济责任制考核之中，一级考核一级。

5. 对事故隐患排查与整改的奖罚

（1）各级各单位未按规定进行事故隐患检查工作的，予以相应处罚。

（2）对已立项整改的事故隐患项目未按“四定”要求按期整改的，予以相应处罚。

(3) 对已整改的事故隐患、产权单位及使用单位应加强管理，因维护和使用不当又重新造成不安全状态的，予以相应处罚。

(4) 对非设计、基建、设备制造、现场工艺等原因造成的事故隐患，要认真分析，对造成事故隐患的责任者视情节轻重，予以相应处罚。

(5) 建设项目在交工前未及时将留下的事故隐患整改完毕而验收签字的，予以相应处罚。

(6) 对一时无法整改的事故隐患，各单位未及时制定可靠的防范措施，落实具体人员执行的，予以相应处罚。

(7) 凡上级专业主管部门收到下级报送的事故隐患报告后，未及时作出答复的，予以相应处罚。

(8) 凡本级无力整改的事故隐患，未及时按分类管理原则逐级上报上级主管部门联系整改的，予以相应处罚。

(9) 因事故隐患整改不及时或失控，或因人为原因造成事故隐患而导致伤亡事故的，视情节轻重对责任单位和责任人严肃处理。

(10) 各级安全管理部门对事故隐患的检查与整改工作要加强监督检查，对整改不及时的要及时督办，对造成事故的要及时组织调查，追究有关人员责任，提出处理意见。

(11) 对事故隐患整改成绩突出的单位和个人，对及时消除隐患避免重大事故的有功人员，将予以奖励。

三、冶金企业设备设施安全检查表

冶金企业设备设施安全检查表见表5—1至表5—10。

表5—1　　炼铁安全检查通用表

检查项目	序号	检查内容	检查方法
安全管理制度	1	应建立专门的安全管理制度，并采取可靠安全措施	查现场 查资料
	2	应建立岗位安全生产操作规程	
人员安全管理	1	主要负责人、分管安全生产负责人按规定参加安全培训并考核合格	查现场 查资料
	2	安全管理人员配备符合有关规定并持证上岗	
	3	从业人员了解作业场所、岗位存在的危险因素	现场抽取一定比例人员
	4	从业人员掌握应急措施和熟练使用应急器材	
	5	对新进、离岗、换岗、采用“四新”的从业人员经过专门安全教育、培训合格后上岗	
	6	特种作业人员持证上岗	
	7	从业人员使用的劳防用品是合格和符合配备标准，并能正确使用	

续表

检查项目	序号	检查内容	检查方法
设备设施安全管理	1	不使用国家明令淘汰的落后工艺、禁止使用危及安全生产的设备	现场抽取一定比例
	2	有特种设备的安全使用证、安全标志登记，有检测报告	
	3	有维护、保养、检测记录，有有关人员签字	
	4	消防设施、设备符合消防有关规定	
	5	天桥、通道和斜梯踏板及平台等，应符合国家有关规定	查现场
	6	钢直梯、钢斜梯、防护栏杆、钢平台应符合国家标准	现场抽查一定比例
作业环境安全管理	1	有毒有害工艺、场所设置符合国家有关规定	现场抽查一定比例
	2	较大危险作业场所和设备设有醒目安全警示标志	
	3	生产经营场所、员工宿舍设有符合紧急疏散要求、标志明显、保持畅通的出口	
	4	应有定期清扫制度	
应急救援	1	应建立火灾、爆炸、触电和毒物溢散等重大事故的应急救援预案	抽查现场和资料
	2	应配有与预案规定符合的应急人员、装备和物资，并组织演练	现场抽取一定比例

检查人签名：　　　　　　　　　　　　检查时间　　年　　月　　日

表 5—2　　**炼铁生产现场安全检查表**

检查项目	序号	检查内容	检查方法
安全管理制度	1	建立安全生产责任制	现场抽查一定比例
	2	建有各工种安全操作规程	
现场作业	1	明火作业、消防设施、设备符合消防有关规定	现场抽查一定比例
	2	生产经营场所设有符合紧急疏散要求、标志明显、保持畅通的出口	
	3	原、燃料装备及运输的扬尘点，应设有良好的通风除尘设施	
人员安全管理	1	从业人员应经安全生产教育和培训	现场抽查一定比例
	2	从业人员了解作业场所、岗位存在的危险因素	
	3	从业人员掌握应急措施和熟练使用应急器材	
	4	特种作业人员持证上岗	
	5	从业人员使用的劳防用品是合格和符合配备标准，并能正确使用	
设备设施	1	各类设备、设施符合生产安全要求	现场抽查一定比例
	2	各类起重吊索具完好，符合安全要求	
	3	不使用国家明令淘汰的落后工艺、禁止使用危及安全生产的设备	现场抽查一定比例
	4	有维护、保养、检测记录，有有关人员签字	
	5	有特种设备的安全使用证或安全标志，有检测报告	
	6	所有人孔及距地面 2 m 以上常用运转设备和需要操作的阀门，应设置固定式平台	

续表

检查项目	序号	检查内容	检查方法
作业环境	1	有毒有害作业场所设置应符合国家有关规定	现场抽查一定比例
	2	生产岗位设有醒目安全警示标志	
	3	生产场所应有紧急疏散通道，标志明显	
应急预案	1	应建立火灾、爆炸、触电和毒物溢散等重大事故的应急救援预案	抽查现场和资料
	2	应配有与预案规定符合的应急人员、装备和物资，并组织演练	现场抽取一定比例

检查人签名：　　　　　　　　　　　　　　　　　　　　　检查时间　　年　　月　　日

表 5—3　　　　　　　　　　　　　　炼钢安全检查通用表

检查项目	序号	检查内容	检查方法
安全管理制度	1	应建立专门的安全管理制度，并采取可靠安全措施	查现场 查资料
	2	应建立岗位安全生产操作规程	
人员安全管理	1	主要负责人、分管安全生产负责人按规定参加安全培训并考核合格	查现场 查资料
	2	安全管理人员配备符合有关规定并持证上岗	
	3	从业人员了解作业场所、岗位存在的危险因素	现场抽取一定比例人员
	4	从业人员掌握应急措施和熟练使用应急器材	
	5	对新进、离岗、换岗、采用“四新”的从业人员经过专门安全教育、培训合格后上岗	
	6	特种作业人员持证上岗	
	7	从业人员使用的劳防用品合格和符合配备标准，并能正确使用	
设备设施安全管理	1	不使用国家明令淘汰的落后工艺，禁止使用危及安全生产的设备	现场抽取一定比例
	2	有特种设备的安全使用证、安全标志登记，有检测报告	
	3	有维护、保养、检测记录，有有关人员签字	
	4	消防设施、设备符合消防有关规定	
	5	要害岗位及电气、机械等设备应实行操作牌制度	
	6	钢直梯、钢斜梯、防护栏杆、钢平台应符合国家标准	
作业环境安全管理	1	有毒有害工艺、场所设置符合国家有关规定	现场抽取一定比例
	2	较大危险作业场所和设备设有醒目安全警示标志	
	3	生产经营场所、员工宿舍设有符合紧急疏散要求、标志明显、保持畅通的出口	
应急救援	1	应建立火灾、爆炸、触电和毒物溢散等重大事故的应急救援预案	抽查现场和资料
	2	应配有与预案规定符合的应急人员、装备和物资，并组织演练	现场抽取一定比例

检查人签名：　　　　　　　　　　　　　　　　　　　　　检查时间　　年　　月　　日

表 5—4　　炼钢生产现场安全检查表

检查项目	序号	检查内容	检查方法
安全管理制度	1	建立安全生产责任制	现场抽查一定比例
	2	建有各工种安全操作规程	
现场作业	1	明火作业、消防设施、设备符合消防有关规定	现场抽查一定比例
	2	生产经营场所设有符合紧急疏散要求、标志明显、保持畅通的出口	
	3	钢锭（坯）堆放高度应符合规定	
	4	钢锭（坯）库内人行道宽度应不小于 1 m	
人员安全管理	1	从业人员应经安全生产教育和培训	现场抽查一定比例
	2	从业人员了解作业场所、岗位存在的危险因素	
	3	从业人员掌握应急措施和熟练使用应急器材	
	4	特种作业人员持证上岗	
	5	从业人员使用的劳防用品合格和符合配备标准，并能正确使用	
设备设施	1	各类设备、设施符合生产安全要求	现场抽查一定比例
	2	各类起重吊索具完好，符合安全要求	
	3	不使用国家明令淘汰的落后工艺、禁止使用危及安全生产的设备	
	4	有维护、保养、检测记录，有有关人员签字	
	5	有特种设备的安全使用证或安全标志，有检测报告	
	6	转炉、电炉、精炼炉的炉下、钢水罐车、渣罐车运行区域，应采取防止积水措施，保持地面干燥	
作业环境	1	有毒有害作业场所设置应符合国家有关规定	现场抽查一定比例
	2	生产岗位设有醒目安全警示标志	
	3	生产场所应有紧急疏散通道，标志明显	
应急预案	1	应建立火灾、爆炸、触电和毒物溢散等重大事故的应急救援预案	抽查现场和资料
	2	应配有与预案规定符合的应急人员、装备和物资，并组织演练	现场抽取一定比例

检查人签名：　　　　　　　　　　　　　　　检查时间　　年　　月　　日

表 5—5　　轧钢安全检查通用表

检查项目	序号	检查内容	检查方法
安全管理制度	1	应建立专门的安全管理制度，并采取可靠安全措施	查现场、资料
	2	应建立岗位安全生产操作规程	
人员安全管理	1	主要负责人、分管安全生产负责人按规定参加安全培训并考核合格	查现场、资料
	2	安全管理人员配备符合有关规定，并持证上岗	
	3	从业人员了解作业场所、岗位存在的危险因素	现场抽取一定比例人员
	4	从业人员掌握应急措施和熟练使用应急器材	
	5	对新进、离岗、换岗、采用“四新”的从业人员经过专门安全教育、培训合格后上岗	

续表

检查项目	序号	检查内容	检查方法
人员安全管理	6	特种作业人员持证上岗	现场抽取一定比例人员
	7	从业人员使用的劳防用品合格和符合配备标准，并能正确使用	
设备设施安全管理	1	不使用国家明令淘汰的落后工艺、禁止使用危及安全生产的设备	现场抽取一定比例
	2	有特种设备的安全使用证、安全标志登记，有检测报告	
	3	有维护、保养、检测记录，有有关人员签字	
	4	消防设施、设备符合消防有关规定	
	5	天桥、通道和斜梯踏板及平台等，应符合国家有关规定	
	6	钢直梯、钢斜梯、防护栏杆及钢平台符合国家规定	
作业环境	1	有毒有害工艺、场所设置符合国家有关规定	现场抽取一定比例
	2	较大危险作业场所和设备设有醒目安全警示标志	
	3	生产经营场所、员工宿舍设有符合紧急疏散要求、标志明显、保持畅通的出口	
应急救援	1	应建立火灾、爆炸、触电和毒物溢散等重大事故的应急救援预案	抽查现场和资料
	2	应配有与预案规定符合的应急人员、装备和物资，并组织演练	现场抽取一定比例

检查人签名：　　　　　　　　　　　　　　　　　　　检查时间　　年　　月　　日

表 5—6　　冷轧生产现场安全检查表

检查项目	序号	检查内容	检查方法
安全管理制度	1	应建立专门的安全管理制度，并采取可靠安全措施	查现场 查资料
	2	应建立岗位安全生产操作规程	
人员安全管理	1	主要负责人、分管安全生产负责人按规定参加安全培训并考核合格	查现场 查资料
	2	安全管理人员配备符合有关规定并持证上岗	
	3	从业人员了解作业场所、岗位存在的危险因素	现场抽取一定比例人员
	4	从业人员掌握应急措施和熟练使用应急器材	
	5	对新进、离岗、换岗、采用“四新”的从业人员经过专门安全教育、培训合格后上岗	
	6	特种作业人员持证上岗	
	7	从业人员使用的劳防用品合格和符合配备标准，并能正确使用	
设备设施安全管理	1	不使用国家明令淘汰的落后工艺、禁止使用危及安全生产的设备	现场抽查一定比例
	2	各类起重吊索具完好，符合安全要求	
	3	有维护、保养、检测记录，有有关人员签字	
	4	有特种设备的安全使用证、安全标志登记，有检测报告	
	5	轧辊应堆放的地点、形式、高度等要求应符合要求	
	6	冷轧机应有保护设施	

续表

检查项目	序号	检查内容	检查方法
作业环境	1	有毒有害工艺、场所设置符合国家有关规定	现场抽取一定比例
	2	较大危险作业场所和设备设有醒目安全警示标志	
	3	生产经营场所、员工宿舍设有符合紧急疏散要求、标志明显、保持畅通的出口	
应急救援	1	应建立火灾、爆炸、触电和毒物溢散等重大事故的应急救援预案	抽查现场和资料
	2	应配有与预案规定符合的应急人员、装备和物资，并组织演练	

检查人签名：　　　　　　　　　　　　　　　　　　　　　　检查时间　　年　　月　　日

表 5—7　　　　　　　　　　　**热轧生产现场安全检查表**

检查项目	序号	检查内容	检查方法
安全管理制度	1	应建立专门的安全管理制度，并采取可靠安全措施	查现场 查资料
	2	应建立岗位安全生产操作规程	
人员安全管理	1	主要负责人、分管安全生产负责人按规定参加安全培训并考核合格	查现场 查资料
	2	安全管理人员配备符合有关规定并持证上岗	
	3	从业人员了解作业场所、岗位存在的危险因素	现场抽取一定比例人员
	4	从业人员掌握应急措施和熟练使用应急器材	
	5	对新进、离岗、换岗、采用“四新”的从业人员经过专门安全教育、培训合格后上岗	
	6	特种作业人员持证上岗	
	7	从业人员使用的劳防用品合格和符合配备标准，并能正确使用	
设备设施安全管理	1	不使用国家明令淘汰的落后工艺、禁止使用危及安全生产的设备	现场抽查一定比例
	2	各类起重吊索具完好，符合安全要求	
	3	有维护、保养、检测记录，有有关人员签字	
	4	有特种设备的安全使用证或安全标志，有检测报告	
	5	工业炉窑使用煤气应遵守国家规定	
	6	轧辊应堆放的地点、形式、高度等要求应符合要求	
作业环境	1	有毒有害工艺、场所设置符合国家有关规定	现场抽取一定比例
	2	较大危险作业场所和设备设有醒目安全警示标志	
	3	生产经营场所、员工宿舍设有符合紧急疏散要求、标志明显、保持畅通的出口	
应急救援	1	应建立火灾、爆炸、触电和毒物溢散等重大事故的应急救援预案	抽查现场和资料
	2	应配有与预案规定符合的应急人员、装备和物资，并组织演练	现场抽取一定比例

检查人签名：　　　　　　　　　　　　　　　　　　　　　　检查时间　　年　　月　　日

表 5—8 轧钢产品（钢板、钢卷）包装安全检查表

检查项目	序号	检查内容	检查方法
安全管理制度	1	应建立专门的安全管理制度，并采取可靠安全措施	查现场 查资料
	2	应建立岗位安全生产操作规程	
人员安全管理	1	主要负责人、分管安全生产负责人按规定参加安全培训并考核合格	查现场 查资料
	2	安全管理人员配备符合有关规定，并持证上岗	
	3	从业人员了解作业场所、岗位存在的危险因素	现场抽取一定比例人员
	4	从业人员掌握应急措施和熟练使用应急器材	
	5	对新进、离岗、换岗、采用“四新”的从业人员经过专门安全教育、培训合格后上岗	
	6	特种作业人员持证上岗	
	7	从业人员使用的劳防用品合格和符合配备标准，并能正确使用	
设备设施安全管理	1	不使用国家明令淘汰的落后工艺、禁止使用危及安全生产的设备	现场抽取一定比例
	2	有特种设备的安全使用证或安全标志，有检测报告	
	3	有维护、保养、检测记录，有有关人员签字	
	4	消防设施、设备符合消防有关规定	
	5	钢斜梯、防护栏杆应符合国家标准	
	6	各运动设备或部件之间，应有安全联锁控制	
作业环境安全管理	1	有毒有害工艺、场所设置符合国家有关规定	现场抽取一定比例
	2	较大危险作业场所和设备设有醒目安全警示标志	
	3	生产经营场所、员工宿舍设有符合紧急疏散要求、标志明显、保持畅通的出口	
应急救援	1	应建立火灾、爆炸和触电等重大事故的应急救援预案	抽查现场和资料
	2	应配有与预案规定符合的应急人员、装备和物资，并定期组织演练	现场抽取一定比例

检查人签名： 检查时间 年 月 日

表 5—9 氧气充装现场安全检查表

检查项目	序号	检查内容	检查方法
安全管理制度	1	应建立充装安全的管理制度，并采取可靠安全措施	查现场 查资料
	2	应建立岗位安全生产操作规程	
人员安全管理	1	主要负责人、分管安全生产负责人任前参加安全培训并考核合格	查现场 查资料
	2	安全管理人员配备符合有关规定并持证上岗	
	3	从业人员了解作业场所、岗位存在的危险因素	现场抽取一定比例人员
	4	从业人员掌握应急措施和熟练使用应急器材	
	5	特种作业人员持证上岗	
	6	从业人员使用的劳防用品是合格和符合配备标准，并能正确使用	

续表

<table>
<tr><th>检查项目</th><th>序号</th><th>检查内容</th><th>检查方法</th></tr>
<tr><td rowspan="6">设备设施安全管理</td><td>1</td><td>不使用国家明令淘汰的落后工艺、禁止使用危及安全生产的设备</td><td rowspan="3">现场抽取一定比例</td></tr>
<tr><td>2</td><td>有特种设备的安全使用证或安全标志，有检测报告</td></tr>
<tr><td>3</td><td>有维护、保养、检测记录，有有关人员签字</td></tr>
<tr><td>4</td><td>通信、报警装置保持完好，并有醒目标志</td><td rowspan="2">查现场</td></tr>
<tr><td>5</td><td>应建立防雷防静电接地装置定期检测制度，并每年至少检测一次</td></tr>
<tr><td>6</td><td>消防设施、设备符合消防有关规定</td><td>现场抽取一定比例</td></tr>
<tr><td rowspan="4">作业环境安全管理</td><td>1</td><td>有毒有害工艺、场所设置符合国家有关规定</td><td rowspan="4">查现场</td></tr>
<tr><td>2</td><td>生产岗位设有醒目安全警示标志</td></tr>
<tr><td>3</td><td>生产场所设有符合紧急疏散要求、标志明显</td></tr>
<tr><td>4</td><td>紧急疏散标志必须符合国家有关规定，禁止封闭堵塞出口</td></tr>
<tr><td rowspan="2">应急救援</td><td>1</td><td>应有应急救援组织，并落实到人</td><td>查值班
查资料</td></tr>
<tr><td>2</td><td>配有符合与预案所规定的应急人员、装备和物资，并组织演练，能保证正常运转</td><td>查现场</td></tr>
</table>

检查人签名：　　　　　　　　　　　　　　　　　　检查时间　　年　　月　　日

表 5—10　　乙炔充装现场安全检查表

<table>
<tr><th>检查项目</th><th>序号</th><th>检查内容</th><th>检查方法</th></tr>
<tr><td rowspan="2">安全管理制度</td><td>1</td><td>应建立充装安全的管理制度，并采取可靠安全措施</td><td rowspan="2">查现场
查资料</td></tr>
<tr><td>2</td><td>应建立岗位安全生产操作规程</td></tr>
<tr><td rowspan="6">人员安全管理</td><td>1</td><td>主要负责人、分管安全生产负责人任前参加安全培训并考核合格</td><td rowspan="2">查现场
查资料</td></tr>
<tr><td>2</td><td>安全管理人员配备符合有关规定并持证上岗</td></tr>
<tr><td>3</td><td>从业人员了解作业场所、岗位存在的危险因素</td><td rowspan="4">现场抽取一定比例人员</td></tr>
<tr><td>4</td><td>从业人员掌握应急措施和熟练使用应急器材</td></tr>
<tr><td>5</td><td>特种作业人员持证上岗</td></tr>
<tr><td>6</td><td>从业人员使用的劳防用品是合格和符合配备标准，并能正确使用</td></tr>
<tr><td rowspan="6">设备设施安全管理</td><td>1</td><td>不使用国家明令淘汰的落后工艺、禁止使用危及安全生产的设备</td><td rowspan="3">现场抽取一定比例</td></tr>
<tr><td>2</td><td>有特种设备的安全使用证或安全标志，有检测报告</td></tr>
<tr><td>3</td><td>有维护、保养、检测记录，有有关人员签字</td></tr>
<tr><td>4</td><td>通信、报警装置保持完好、并有醒目标志</td><td rowspan="2">查现场</td></tr>
<tr><td>5</td><td>应建立防雷防静电接地装置定期检测制度，并每年至少检测一次</td></tr>
<tr><td>6</td><td>消防设施、设备符合消防有关规定</td><td>现场抽取一定比例</td></tr>
<tr><td rowspan="4">作业环境安全管理</td><td>1</td><td>有毒有害工艺、场所设置符合国家有关规定</td><td rowspan="4">查现场</td></tr>
<tr><td>2</td><td>生产岗位设有醒目安全警示标志</td></tr>
<tr><td>3</td><td>生产场所设有符合紧急疏散要求、标志明显</td></tr>
<tr><td>4</td><td>紧急疏散标志必须符合国家有关规定，禁止封闭堵塞出口</td></tr>
</table>

续表

检查项目	序号	检查内容	检查方法
应急救援	1	应有应急救援组织，并落实到人	查值班 查资料
	2	配有符合与预案所规定的应急人员、装备和物资，并组织演练，能保证正常运转	查现场

检查人签名：　　　　　　　　　　　　　　　　　　　　检查时间　　年　　月　　日

第三节　冶金企业排查治理事故隐患新做法

从广义上讲，事故隐患是指潜藏着的、可能引起安全事故的因素。它既包括企业生产过程中产生的不安全因素，也包括自然界的一些不安全因素，如雷电、地震、洪水等。但通常所指的事故隐患，主要是指企业生产过程中潜藏的不安全因素。这类不安全因素数量相当多，涉及面广，具有发展性、隐蔽性、危害性等特点。隐患危害性主要体现为一种潜在威胁，如不及时整改就有可能转化为现实的危害。对于这种危害，许多冶金企业采取有效的方法进行排查整改，积极消除隐患的危害。在此介绍一些冶金企业排查治理事故隐患的新做法。

一、成都钢钒公司应用墨非定律进行事故隐患排查的做法

攀钢集团成都钢钒有限公司（以下简称成都钢钒公司）是由原攀钢集团成都无缝钢管公司与原成都钢铁厂于 2002 年 5 月联合重组设立的钢铁联合企业，经营范围包括无缝钢管、棒线材等冶金产品的生产、销售、冶金设备设计制造等业务，目前具备年产铁 150 万 t、钢 180 万 t、钢材 212 万 t 的生产能力，是国内品种规格齐全、生产规模较大的无缝钢管生产企业和西南地区建筑钢材骨干生产企业之一。

近几年来，成都钢钒公司按照攀钢集团公司的要求，积极开展隐患排查治理工作，并在隐患排查治理工作中应用墨非定律，始终坚持“隐患不除，安全不保”的理念，全面深入排查治理隐患，做到早发现早排除，建立了以落实岗位隐患排查治理责任制为核心的常态化管理模式，持续提升了公司安全生产管理水平，安全生产走上了良性发展之路。

成都钢钒公司应用墨非定律进行事故隐患排查的做法如下：

1. 制定隐患排查治理方案，有序开展隐患排查工作

墨非定律告诉我们，只要存在隐患，就一定会发生事故。换言之，隐患不除，安全不保。这是公司开展隐患排查治理工作的理论依据。

根据国家有关法律法规的规定和集团公司的要求，公司制定隐患排查治理工作方案，

并结合公司安全生产实际和隐患排查治理工作的要求，也为日常化的隐患排查治理工作建立程序化的管理平台，公司制定了隐患排查治理程序。

公司通过所制订的隐患排查治理方案，排查治理了一些老旧隐患，其间还消除了个别重大隐患。例如，公司于2008年年初投产的70 t电炉的220 kVA站的3根电线杆、职工食堂和澡堂与成都华明玻璃纸股份公司的二硫化碳（有毒物质，被列入《重大危险源辨识》GB 18218）储库和克劳斯装置间（早于2008年前建成）因安全距离不足造成了重大隐患，被列入2008年四川省政府第二批限期整改的重大隐患项目。这是一起非常典型的因规划设计不当而造成的重大隐患。

在成都市安监局的主持下，公司主管部门牵头，多次协调、组织有关部门会同成都市电业主管部门、成都电力工程设计有限公司和成都华明玻璃纸股份公司，按照市安监局和专家组确定的隐患整改方案，历时4个月，投入资金510余万元，对安全距离不符合规范要求的3根电线杆进行了位移处理，搬迁了职工食堂和澡堂以及成都华明玻璃纸股份公司的克劳斯装置，安全转移了二硫化碳储库，通过了市、区安监部门和专家组的验收，成功消除了这一重大隐患。

2. 应用墨菲定律，指导企业隐患排查治理

众所周知，事故隐患是指作业场所、设备及设施的不安全状态，人的不安全行为和管理上的缺陷，可能导致人身伤害或者经济损失的潜在危险，是引发生产安全事故的直接原因。因此事故隐患实质上是有危险的、不安全的、有缺陷的“状态”。

在应用墨菲定律指导公司隐患排查治理工作中，获得了以下启示：

（1）大量研究表明，造成人的不安全行为和物的不安全状态的主要原因有技术原因、教育原因、管理原因、身体原因和态度原因等。墨菲定律认为，针对这些原因，宜采取5类对策措施：安全文化、安全法制、安全责任、安全投入、安全科技，即安全生产“五要素”。这样才能有效控制、消除隐患，进而才能减少并预防事故发生，从而实现安全生产。

（2）大量事故统计表明，事故的发生不仅有必然性和偶然性存在，而且存在事故隐患的量积累到一定程度时事故必然发生的现象，隐患与事故间的关系符合辩证法中量变与质变规律。墨菲定律认为，要把隐患当成事故一样认真处理，只有消除了隐患，事故才能根除，工作环境才能保证安全。

（3）事故预防技术认为，事故是由隐患造成的，事后控制不如事中控制，事中控制不如事前控制。而事前控制的核心就是消除事故隐患。墨菲定律认为，从安全系统的角度讲，对事故隐患的控制，可以采取三种防治对策，即工程技术对策、教育培训对策和法制经济对策，即“3E原则”。只有消除了事故隐患，才能实现安全和可持续发展。

（4）应该认识到：抓经济建设是政绩，抓安全生产同样也是政绩。安全经济学的基本定量规律显示，1元钱的事前预防＝5元钱的事后投资，也就是说，预防性“投入产出比”的效率远远高于事故“整改产出比”。墨菲定律认为，从安全经济学的角度讲，设计（策划）时考虑 1 分的安全性，相当于加工和制造（实施）时的 10 分安全性效果，而能达到运行时的 1 000 分安全性效果。这也体现了抓隐患源头治理、抓关口前移的安全理念。

（5）墨菲定律认为，隐患是可知的，那么事故就是可以预测、预防和预控的，而起着关键性作用的是人。因为隐患是客观存在的，排查治理隐患是人的主观行为。隐患排查治理越全面、彻底，事故发生的可能性就越小，这与人的主观能动性有直接关系。所以，事故可控成败的关键在于人，人是安全管理工作的核心，有效激励员工长期参与隐患排查治理工作的积极性，是墨菲定律发挥作用的关键。

3. 持续开展隐患排查治理，取得显著成效

成都钢钒公司始终坚持“落实责任，防范事故，治理隐患，安全发展”的隐患排查治理总要求，根据隐患排查治理程序和方法，持续开展隐患排查治理和应急防范工作，按照隐患排查治理“四定”和“四不推”原则，做到了不走形式、不留盲区、不留死角、全面整改，杜绝了重大事故的发生，生产安全事故持续下降，安全生产形势逐年好转，并取得了以下主要绩效：

（1）自 2007 年以来，每年均完成了隐患排查治理工作，实现了安全生产工作目标，生产安全事故连年下降，安全生产呈良性发展态势。尤其是 2009 年，仅轻伤 3 人次，取得了公司自成立以来最好的安全生产业绩。

（2）生产作业现场标准化管理水平持续提高，安全文明、和谐有序的适宜工作环境初步建成。自 2007 年以来，成都钢钒公司先后有 340 连轧管厂、棒材厂、电炉炼钢厂、159 连轧管厂、508 周期轧管厂、铁路运输部、金堂分公司、四川省冶金机械厂、三利公司和动力厂等 12 家单位成为公司定置管理示范单位。其中，340 连轧管厂和 159 连轧管厂成为当地政府和攀钢集团公司推出的工业旅游项目，并成功举办了“攀钢集团公司生产现场规范化管理经验交流会”，得到了当地政府和攀钢集团公司的高度评价。

（3）员工参与隐患排查治理工作的积极性持续高涨，安全自主管理意识、危机意识、责任意识和应对突发事件的能力不断增强。在“汶川”特大地震灾害面前，公司员工沉着应对，严格按照事故应急预案和程序的要求，有序开展地质灾害应急预案。在整个抗震救灾过程中，公司仅发生了 5 人次轻伤事故，未发生重大生产和设备事故。自开展隐患排查治理工作以来，公司治理隐患 3 567 项，奖励有功人员 35 人次，计 3 万余元。

（4）安全管理制度体系不断完善，安全培训和贯章贯制力度不断加大，员工安全意识和安全技能不断提升。根据隐患排查治理的要求，成都钢钒公司建立健全了安全生产组织体系、制度体系、责任体系、风险控制体系、教育培训体系、监督保证体系、应急管理体系、重大隐患监控体系等，分层次、全覆盖地开展了全员安全生产教育培训工作，按月开展安全生产贯章贯制情况专项（跟踪）检查和总结工作，形成了强大的安全生产合力，持续有效地提升了公司安全生产保障能力。

（5）建立健全了以“一岗双责”为核心的事故隐患排查治理责任制，按照“检查不留死角，整改不留余地，处罚不留情面”的要求，创造了“零隐患”安全管理模式。

任何事故的发生都不是偶然的，有其固有的必然性和内在的规律性。应用墨菲定律，通过持续开展事故隐患排查治理工作，采取动态管理与防控，将事故隐患排查治理固化为日常安全管理工作内容。只有排除了事故隐患，生产才会有实实在在的安全保障。

二、柳钢公司采取危险源分级管理完善隐患排查治理的做法

广西柳州钢铁（集团）公司（以下简称柳钢公司）自 1958 年创建以来，现已发展成为拥有资产总额超过 220 亿元的国有特大型钢铁联合企业，铁、钢、材均具备 600 万 t 的年综合生产能力，拥有焦化、烧结、球团、炼铁、炼钢、轧钢等 12 个主体生产厂和相应的辅助配套设施，形成了以钢铁为主，包括工程设计、建筑安装、机械制造、汽车运输等产业的（集团）公司。现有在岗职工 1.4 万人，各类专业技术人员 3 000 余人。

柳钢公司在安全生产管理上，认真贯彻落实“安全第一，预防为主，综合治理”的方针，严格执行《安全生产法》等法律法规要求，把安全生产责任落到实处，完善各项安全管理制度，加大安全投入，采取危险源分级管理的方式，加强安全检查和隐患排查治理，安全状况基本稳定，连续几年事故总量呈降低趋势，对安全生产管理起到了很好的推动作用。

柳钢公司采取危险源分级管理完善隐患排查治理的做法如下：

1. 实施危险源分级管理，夯实安全生产基础工作

柳钢公司根据实施职业健康安全管理体系的要求，对危险源进行辨识、评价，在此基础上确定危险源级别，从而制定有针对性的风险控制措施。这是确保职工在劳动过程中健康与安全、避免各类事故发生的有效手段，也是抓好安全生产管理的最关键要素之一。

公司把确定危险源分级管理作为安全生产管理的基础管理措施，具体做法如下：

（1）明确管理职责。由公司生产安全部组织实施危险源分级管理工作，公司各职能部门负责涉及本专业的重要危害因素的审核及检查，各单位负责人对本单位的危险源管理负全面领导责任，各单位负责实施本单位内的危险源辨识、风险评价和风险控制。

（2）确定危险源辨识的范围。危险源辨识的范围包括各单位生产场所、设备、设施及其作业活动，还包括风险因素的三种状态（正常、异常和紧急）、三个时态（过去、现在、将来）。

（3）确定危险源辨识程序。危险源辨识程序是：危险源辨识→重大危险源（按照工艺流程、区域划分辨识单元）→按照国家标准 GB 18218 确定辨识单元→风险识别→风险评价→制定风险控制措施→确定危险源的控制级别→本单位危险源审核汇总上报。

（4）对危险源辨识流程分解。①确认本单位危险物质数量，如超过临界量，就可以确定本单位存在重大危险源。②属重大危险源的，直接识别重大危险源范围内的各项风险，填写在《岗位、班组危险源辨识表》的“风险描述”栏。③不构成重大危险源的，可根据

辨识的需要，结合现有的管理模式，按工艺流程系统或区域进行分解后，再识别其范围内的各项风险，填写在《岗位、班组危险源辨识表》的“风险描述”栏。④对识别的风险进行风险评价，填写在《岗位、班组危险源辨识表》的“风险评价”栏。

（5）风险评价方法。对辨识出的风险，采用 LEC 法进行风险评价，并给出优先顺序的排列，根据风险评价的结果，将危险源分为四个级别：A 级危险源、B 级危险源、C 级危险源、D 级危险源，划分原则如下：①危险源范围内的最高风险级别作为该危险源的级别。②重大危险源，不管其范围内的风险级别如何，都定为 A 级危险源。③可能在一次事故中造成 3 人以上死亡（含 3 人，交通事故除外）或 10 人以上（含 10 人）急性职业病的危险源，定为 A 级危险源。

（6）制定风险控制措施。根据风险级别和特性制定风险控制措施，风险控制就是根据风险评价分级的结果，采取有针对性措施进行风险控制，以取得良好的职业健康安全绩效，持续改进。风险控制方式主要有：①制订管理方案：是指危险源出现重大隐患，在未彻底整改消除前的控制措施。②制订应急计划：是指通过制定应急处理预案，加强对突发性事件的处理，减轻事故损失。③执行规程：是指通过对照现行的法律法规以及设计要求，制定管理规定、作业规程，并严格执行，控制和消除风险。④教育培训：是指通过教育培训来提高职工的技术水平和安全意识。一般应有培训计划并保留培训记录。⑤加强检查：是指除日常运行监控外，通过增加检查频次来控制和消除风险。⑥警示标志：是指通过设立安全警示标志来达到控制和消除风险。⑦其他方法：除以上控制方法以外的其他方法。

（7）危险源的上报及审核。各单位根据危险源辨识、风险评价和风险控制的结果，按危险源级别的大小用《单位危险源辨识汇总表》汇总，经各单位相关专业人员审核完善后上报。由公司生产安全部组织相关部门和专业人员对 A 级危险源进行审核。

2. 确定危险源的分级管理措施，规范管理和日常检查工作

柳钢公司在事故隐患排查中，采取确定危险源的分级管理措施，规范管理，并且做好日常检查工作。

（1）根据危险源等级、运行形式和防范要求，除单位负责人对危险源管理负全面责任外，按其级别明确相关责任人员（危险源分级管理责任表见表 5—11）。

（2）各级危险源在运行和监督检查过程中，发现隐患，立即采取措施整改，或采取临时监控补救措施，确保安全后方可作业。A 级危险源要对照法律、法规、标准及设计要求列出主要的控制措施，属重大危险源的应按照重大危险源管理规定建立健全档案，A 级危险源出现隐患，应立即逐级上报，出现重大隐患由生产安全部根据专业性质确定牵头处理部门，牵头处理部门指导、监督二级厂制定管理方案。

（3）危险源的挂牌标识控制。为了规范管理和日常检查工作，达到群防群治，根据风险等级的划分，对 A 级危险源必须建立危险标志牌，并悬挂在明显处（其他各级危险源，各单位根据实际情况参照执行）。

表 5—11　　危险源分级管理责任表

危险源级别	相关责任人员	管理职责
A	班组（岗位）责任人员	对本危险源运行操作、日常检查、现场管理负直接责任
	工段（车间）责任人员	对本危险源负具体的管理责任
	单位责任人员公司监督责任人员	对本危险源负管理责任，对本危险源负监督责任
B	班组（岗位）责任人员	对本危险源运行操作、日常检查、现场管理负直接责任
	工段（车间）责任人员	对本危险源负管理责任
	单位监督责任人员	对本危险源负监督责任
C	班组（岗位）责任人员	对本危险源的管理负直接责任
	工段（车间）责任人员	对本危险源负监督责任
D	班组（岗位）责任人员	对本危险源的管理负直接责任

（4）危险源的动态管理。危险源辨识、风险评价和风险控制是一个持续改正的过程，生产安全部每年组织一次危险源辨识、风险评价和风险控制年审工作，各单位根据生产工艺、设备、环境等变化进行更新。

3. 完善安全检查和隐患整改工作，避免各类事故发生

开展安全检查并及时整改各类隐患，是有效避免事故、改善安全生产环境最有效的措施之一。柳钢公司通过多年实践经验的积累，不断完善对安全检查和隐患整改的管理工作，形成了较为系统化的做法，可操作性较强。首先对职责进行明确，按照法规（《安全生产法》第十七条）和标准（CB/T 28001：职业健康安全管理体系标准）的要求，通过修订完善安全生产责任制，把安全检查和隐患整改的职责逐级分解落实，明确公司领导、主管及分管部门和各二级单位负责人直至全体员工的安全检查及隐患管理职责，明确全员参与、逐级负责的安全检查和隐患管理模式。

安全检查和隐患管理的三种模式具体做法如下：

（1）对危险源的分级检查，根据每年危险源年度结果，审核，辨识、评价公司范围内危险源，识别其特性，评价其风险程度，定出危险源级别，从而制定有针对性的风险控制措施。对可能达到A级的危险源，规定由六个专业部门的专业人员（危化品、机械、电气、仪控、工艺和特种设备）审定并签字确认，由二级单位领导最终审核签字后报公司确认备案。对识别出来的危险源存在风险进行控制最重要的方法（六种）之一是加强检查，对检查有明确的要求（危险源检查责任表见表 5—12），并最终形成对危险源逐级落实安全检查的动态管理机制。目前，柳钢公司共辨识出A级危险源 36 项，B级危险源 210 项，C级危险源 550 项，D级危险源 241 项，每月均按检查要求落实检查并保留检查记录。

（2）开展长期或阶段性安全专项整治工作。柳钢公司开展长期或阶段性的安全专项整治工作，是结合实际，针对长期或阶段性安全管理的重点，组织各有关部门按照各自职能，制定整治方案或标准，采取有效措施，整治各类突出隐患，进一步规范和完善安全生产管

表 5—12 危险源检查责任表

责任岗位	风险级别	检查周期
班组	A、B、C、D	每班按岗位责任制执行，检查要有记录
工段（车间）	A、B、C	每周，要求对班组每天检查情况了解，并有记录
厂矿（单位）	A、B	每月，要有记录
公司	A	每月，要有记录

理。专项整治突出的重点之一就是要和安全生产大检查结合起来，加强安全生产监督检查，排查事故隐患，落实整改措施，遏制重、特大事故和突发事件的发生。柳钢公司近年来先后开展了厂内交通、消防安全、危险化学品、特种设备（压力容器）、职业卫生及环境大整治六个方面整治。

（3）日常安全检查和隐患整改做到横到底、纵到边，改形成闭环。柳钢根据职业健康安全管理体系标准（GB/T 28001）的要求，制定《职业健康安全检查办法》，该办法明确了安全检查内容和隐患整改的要求，规定了日常安全生产综合检查内容 100 条，与 25 个由分管专业部门或人员负责检查专项检查项目，每个项目的检查内容约 20 条（一些项目可以调整），共 500 条，综合检查和专业检查内容共 600 条左右，并落实到各安全主管和分管部门每月进行检查并汇总。公司下属各二级单位参照公司检查要求制定本厂、车间及班组的检查规定，形成公司每月抽查、二级厂每月检查、车间每周检查、班组每天检查、专业管理部门不定期抽查的安全检查系统，对检查出来的隐患，严格按照“三定四不推”原则落实整改。“三定”即定整改责任单位（或人）、定整改时间和定整改措施，“四不推”即岗位能整改的不推到班组、班组能整改的不推到车间、车间能整改的不推到厂部、分厂能整改的不推到公司。

4. 不断总结归纳，形成隐患排查治理专项行动方案

柳钢公司在原有加强危险源分级管理、安全检查和隐患管理工作的基础上，为进一步强化隐患排查治理工作效果，不断总结归纳，结合自身实际情况，专门制定了《安全生产隐患排查治理专项行动方案》，明确了隐患排查治理的重点，主要包括：①安全生产基础管理，②熔融金属（渣）非正常溢流，③煤气与易燃易爆等危险化学品，④建筑施工，⑤交通运输（包括铁路），⑥人员密集场所与火灾重点防范部位消防，⑦特种设备，⑧供电、发电、配电系统，⑨矿山及尾矿库安全，⑩职业卫生。在《安全生产隐患排查治理专项行动方案》，还专门列出 85 个单项隐患排查内容，把隐患排查治理分工到六个主要安全专业部门分头负责落实，从而形成隐患排查治理责任层层分解落实，横到边、纵到底的隐患排查治理格局。

柳钢公司还通过积极的宣传动员，发动全公司员工进行隐患排查，并严格按要求及时报送排查情况信息，对自查出各类隐患，进行彻底整改或采取控制措施，并加紧推进整改。如根据高温炎热及施工实际，重点开展对建筑施工进行专项排查，开展安全互检和防暑降温情况的安全检查，并要求每个建筑项目设立“施工现场隐患监控信息牌”，每天进行重点隐患的排查，并把排查责任人、联系电话上墙等。

柳钢公司近年来为减少事故发生，针对危险源分级管理和隐患排查治理做了上述一些有益的尝试，是贯彻《安全生产法》等法律法规和落实安全生产企业主体责任的有效实践，通过不断努力探索，扎实工作，强化了安全生产基础管理、法制管理，创造平安和谐的安全生产环境，并进而加快公司的科学管理步伐，提高了公司的整体素质。

三、莱钢特殊钢厂建立煤气安全管理体系和运行模式的做法

在钢铁企业，煤气作为普钢线生产中的副产品，往往不能完全在普钢系统综合利用，一般做法是将富余煤气点燃排放掉，导致大量清洁能源的浪费。在电炉炼钢系统使用煤气，是近几年应用起来的新技术。这项技术在应用中，由于混合煤气具有无色、剧毒、易燃易爆性，而且在特钢生产系统中尚无一套完善的、可供借鉴的煤气安全使用的规章制度，所以，安全管理就有较大难度。莱钢特殊钢厂依靠专业的设备设施和科学的操作与管理，自2000年实施“油改气工程”以来，积累了一定经验，几年来，实现了煤气利用的安全稳定运行，建立起了自己的煤气安全管理体系和安全运行模式，并取得了很好的效果。

莱钢特殊钢厂建立煤气安全管理体系和运行模式的做法如下：

1. 抓好建设项目“三同时”工作，实现项目本质安全化

莱钢特殊钢厂在初期的煤气系统工程项目建设中，充分发挥煤气专业技术人员的作用，做好全过程的技术监督指导，按照GB 6222—2005《工业企业煤气安全规程》的要求，及时处理了户外水封缺少冬季保温的问题，加强了区域隔断装置，优化了煤气放散和爆发试验环境；结合煤气操作的特殊要求，充分尊重人机界面的科学合理性，避免了一些先天性设计安装缺陷，提高了系统的本质安全化水平。由于煤气系统一旦投入运行，后续的消除缺陷工作将难于开展，因此，莱钢从设计、施工到试生产，凡是涉及煤气安全的问题，都非常慎重。

（1）设计上采用和推广先进的密封、密闭技术，从根本上杜绝或减少煤气泄漏，实现煤气设备设施的本质安全化；在图样的审查环节，充分考虑了生产操作的具体要求，避免了系统的先天性隐患；注重采用和推广煤气自动化操作控制技术，尽可能减少人工操作；采用和推广煤气安全监测与监控技术，在煤气易泄漏区实施CO区域自动监控技术，安装固定式煤气报警仪，实现CO的远距离在线连续监测。

（2）施工中严格按照国标的规范要求，加强施工安全管理，杜绝违章作业，确保不因工程质量给以后的安全运行埋下隐患。

（3）严格落实建设项目的验收程序，抓好试运行环节。试运行前，按照规范严格地进行了气密性实验和强度实验，对达不到标准的设备坚决更换、改造；落实生产准备，配备了足够的空气呼吸器、防毒面具等救护设施，以应对突发事件的发生。

2. 成立专业化的煤气安全管理队伍

加强煤气调度的职能建设，在厂总调度室，设置了专职煤气调度，通过严格落实煤气专项管理制度，树立煤气调度对煤气平衡使用的权威，实现煤气调度指令的“令行禁止”，编制了煤气系统的应急预案，并定期对煤气调度、相关管理技术人员和关键岗位的操作职工进行培训和演练，注重做好演练后的评审，在此基础上不断完善应急预案和应急措施，以持续改进应急技能。

3. 成立了第三级煤气防护站，走专业化管理道路

由于莱钢特殊钢厂每日消耗大量煤气，按照GB 6222—2005《工业企业煤气安全规程》的要求，根据煤气的日生产消耗量标准，设置了第三级煤气防护站。

（1）煤气防护站的工作职责：参加煤气设施的设计审查和新建、改建、扩建工程的竣工验收，并监督指导试运行工作；宣传安全生产的方针政策，对有关人员进行煤气安全教育；对煤气设施管线进行巡线检查，对煤气危险区域定期进行CO含量分析；审查和监护各种带煤气作业。煤气站要对带煤气检修、抽（堵）盲板和动火方案等进行安全审查，签发许可证并负责安全监护；监督煤气的使用情况，及时制止违反煤气安全规程的违章行为；发生煤气事故时，负责组织指挥抢救，并参与事故的调查分析。

（2）煤气防护站的管理。由6人组成的煤气防护班，在业务上接受热电厂二级防护站和集团公司安全环保处一级防护站的指导，日常管理由特殊钢厂安全环保科负责。

（3）煤气防护站配置了充足的装备。监护设备包括固定式CO监测仪、便携式CO报警仪、空气呼吸器等；其他设施包括执勤场所，交通、通信工具，应急设备等。

4. 建立健全煤气安全管理制度

（1）建立完善的煤气安全管理制度。莱钢煤气管理的基本制度包括：煤气安全生产责任制网络、煤气安全知识培训教育和定期演练制度、煤气安全操作规程、煤气专用电话管理制度、外来人员进入煤气区域安全管理制度、煤气要害部位外来人员进入登记制度、煤气监测救护设备使用保管制度等。完善的管理制度为提高煤气管理的规范化水平打下了坚实基础。

（2）深化细化煤气检查和职工教育工作，提高煤气系统运行的受控水平。制定了煤气系统周检表，定期对煤气系统进行设备及设施的专业化安全检查；推行“煤气系统有毒有害化学物质信息卡”，将煤气中毒的症状、现场急救技巧、预控预防要点、卫生标准（中国MAC）、应急电话等制作成卡片，发放给每个职工，并定期组织学习和抽考检查，提高岗位职工的专业知识技能。

大型钢铁联合企业在特钢线实现煤气供能，是走效益最大化和可持续发展之路的必然要求。目前，这一技术已经应用于莱钢特殊钢厂炼钢系统的钢水包、铁水包以及合金的烘烤，应用于连铸系统的中间包和水口烘烤，在轧钢系统应用于加热炉和退火炉供能，实现了煤和油等燃料的零消耗目标。经过测算，每年可以带来4 500万元的利润。

四、宣钢公司动力厂工会依托劳动保护源点化管理的做法

宣钢公司是河北钢铁集团的骨干企业，已有90多年的建企历史，其前身是创建于1919年的龙烟铁矿股份公司。2008年6月，宣钢公司加入河北钢铁集团有限公司。公司目前主要生产装备有高炉5座、转炉5座、轧钢生产线9条、焦炉6座、发电机组11台，已经形成生铁800万t、钢820万t、材660万t的生产能力。主要产品为线材、棒材、型材、带钢等产品。

近年来，宣化钢铁公司所属动力厂工会，根据本厂实际情况，创造性地依托劳动保护源点化管理这个载体，使劳动保护形成全员参与、全员关注、全员监督、全员控制和全员受益的局面。

宣钢公司动力厂工会依托劳动保护源点化管理的做法如下：

1. 源点化管理，编织劳动保护“大网”

把人、机、工作环境等作为源，每个源辐射对应若干个点，点与源构成一条又一条线，辐射到班组。班组依据劳保员反馈的信息，再辐射到车间里面，并对源点存在的问题和隐患，采取定人、定位、定时的巡检监控措施，确保人、机、工作环境大系统安全，这就是动力厂两级工会推行的劳动保护源点化管理的内涵。

搞清劳动保护源点化管理的内涵，如何找细、找准源点成为工作的关键。为了找细、找准每一个班组所管辖负责的源点，厂两级工会组织经过历时3个月，邀请专业技术人员和基层生产技术骨干，结合厂里和同行业的典型事故案例，经过上上下下反复研究论证，在全厂73个班组中确定了由劳动保护所检查、监督和控制的源点1 261个，基本上做到不留死角，不留空子，不留“三不管”地带。

为了确保劳动保护源点化管理科学化、系统化和规范化，动力厂还出台、完善了各种措施。如全厂73个班组统一制作了劳动保护源点化管理图表，悬挂在班组醒目位置，每一个源点及责任人一目了然。在动力厂的每个车间，这样的管理图表随处可见。在此基础上，厂工会明确了班组劳动保护检查员职责。每天交接班时，劳保员和班组长除检查设备、管线、环境等项目外，还坚持“对人也要点巡检”制度，若发现职工处于焦躁、紧张、恐怖、不和、心不在焉等精神状态时，劳保员有权采取恰当措施，防止出现意外事故，确保生产和职工人身安全。不仅如此，厂工会还印制了劳动保护源点化管理台账，各班组劳保员一上班先进行巡检，在源点台账上打“√”或“×”，有问题的填写在隐患处理说明处。

劳动保护源点化管理的另一个高招就是运用计算机来管理。在公司工会的大力支持下，厂工会为车间工会配备了计算机，某个班组的劳保员发现问题，瞬间就会通过局域网反映到厂工会，也就是厂劳动保护源点化网络借息技术总站。过去，厂工会了解班组劳动保护工作情况需要好几天，现在通过计算机联网，劳动保护工作“垂直到底”，计算机一打开就一清二楚，做到督促大隐患处理不过夜，小隐患处理不过班。

2. 找到源点就找到了隐患根源

造成事故的原因分直接和间接原因。直接原因有两个方面，一是物的原因，指机械、物质或环境的不安全状态；二是人的不安全行为。间接原因包含技术原因、教育原因、身体原因、精神原因和管理原因。按照轨迹交叉理论，事故发生的直接原因的实质是人的不安全行为和物的不安全状态两者同时存在且交叉，最后导致人员受到伤害。也正是因此，没有稳定的源点，就没有稳定的系统，只有从源头上控制住人的不安全行为与物的不安全状态，才能使劳动保护这一系统工程牢固。也正是在这种理念的支配下，动力厂工会把目光瞄准在劳动保护源点化管理上。

动力厂工会推行劳动保护源点化管理，有多方面的内在动因：一是劳动保护工作要从源点抓起。动力厂是与风水电气（汽）打交道的高危行业，厂工会感到，工会干部和基层劳保员要与行政安全工作有机结合，把每一名职工、每一台设备、每一条管线等视为一个源点，引导职工精心加以监护和控制，确保100%的源点处于安全可靠状态。

而提高信息含量是推行劳动保护源点化管理的第二个动因。动力厂有各种设备1 600台套，高压输电线路30多km，水管线6 000多m，高炉煤气管线6 000多m，焦炉煤气管线10 000多m，在实际工作中，往往一个不起眼的隐患很可能酿成大问题，这些都是需要迫切解决的问题。

如果动力厂有1%的失误，就有可能给宣钢造成100%的损失。这是动力厂和工会领导常常警醒自己的话。也正因为面对如此形势，厂工会感到，如何开辟一条快捷、畅通的信息渠道，使生产、机动、技术、安全以及车间、班组对人员、设备、设施的各种安全信息了如指掌，就成为劳动保护工作亟待整合和完善的内容。

安全工作要从源点抓起，更重要的是劳动保护工作要形成网络。“过去，我们针对劳动保护工作，说破了嘴，跑断了腿，但收效不大，仍然接二连三地出事故”。在分析了过去发生的各种事故后，厂工会找到了上面问题的原因，这就是用“开会了”“布置了”代替了抓落实，没有使劳动保护工作与班组和职工“零距离”接触，没有形成全员开展劳动保护工作的动态网络。而这个现象又给厂工会新的启示：避免事故的前提是准确地发现问题，要消除这个“瓶颈”，仅仅靠车间主任、书记、工会主席是不够的，需要全体职工的共同努力。

五、太钢第二炼钢厂开展危险预知训练活动排查隐患的做法

太原钢铁（集团）有限公司第二炼钢厂于1965年动工兴建，1970年正式投产，经过不断的技术改造和全体员工的不懈努力，现拥有235万t连铸坯的生产能力，生产品种主要有：碳结钢、锅炉钢、热轧硅钢、冷轧硅钢、轴承钢、齿轮钢、车轴钢等190余种，在全国同类企业中名列前茅。

近年来，第二炼钢厂把安全生产作为企业发展的基础，构建起与企业战略目标相适应

的安全生产管理格局，切实提高职工识别作业过程中动态危险的能力，有效地识别和排查生产作业隐患，预防各类人身伤害事故发生，公司于2006年7月，首先在南区第一机械点检站进行危险预知训练活动试点，在取得实践经验和理想效果后，于2007年9月在全厂逐步推广，目前危险预知训练活动已覆盖至全厂247个班组，对识别和排查生产作业隐患发挥了重要作用，并显现出良好的效果。

太钢第二炼钢厂开展危险预知训练活动排查隐患的做法如下：

1. 开展危险预知活动的背景

第二炼钢厂在对本企业以往事故案例进行分析后发现，不管是管理人员的违章指挥还是职工个人的违章作业，大都是由于作业人员的安全意识淡薄，对作业过程中存在的危险因素辨识不清，对于危险的后果认识不足引起的。常见的一些习惯性违章，虽然有职工个人麻痹、侥幸心理作祟的原因，但另一个更重要的原因就是部分职工由于受自身知识水平、技术能力所限，只看到工作的表面，错误地认为工作很简单，没什么危险，对潜在的危险因素没有正确的认识。

第二炼钢厂由于冶炼工艺复杂，立体交叉作业频繁，同一个岗位不同作业项目存在着不同的危险因素。炼钢厂在开展危险预知训练活动的基础是，首先，把所有人的作业活动都看成是危险的，其次，分析人员在作业中怎样操作可能导致什么样的事故发生，最后，在危险辨识的基础上制定合理有效的预防措施来保证人员作业时的安全。也就要让职工认识到，在工作中的任何一项操作都存在不安全的因素，都存在发生事故的可能，因此必须在工作前将这些危险因素找出来，并制定可靠的预防措施方能继续工作，消除由于危险不认识、作业不规范、动作不标准而造成的各类人身伤害事故。正是基于上述认识，第二炼钢厂将危险预知训练活动作为安全管理的重点工作，在全厂强势推行。

2. 开展危险预知活动的目标

危险预知训练是针对生产的特点和作业工艺的全过程，以其危险性为对象，以作业班组为基本组织形式而开展的一项安全教育和技能训练活动，是第二炼钢厂安全管理的重要组成部分。通过训练，职工们可以把岗位上或作业过程中潜在的危险因素事先辨识出来，并进行控制和解决，从根本上防止事故的发生。

第二炼钢厂开展危险预知活动目标如下：

（1）总体目标。利用3～4年，使全厂所有班组全面掌握作业前危险预知训练活动的有关知识、流程和方法，能够在生产及检修作业中认真开展，有效消除因有危险不认识、作业不规范、动作不标准而造成的人身伤害事故。

（2）具体目标。通过对岗位职工进行系统的危险预知培训和经常性的模拟训练，培养职工在任何一个作业项目作业前、过程中和作业后均要先进行危险辨识的意识。确保职工全面掌握危险预知流程，熟练掌握危险预知各阶段的主要操作方法，达到短时间内能够全面识别作业中的危险点和重要危险因素，有针对性地提出解决关键问题的措施并严格实施，确保不发生事故。

整个推进活动共分导入试点阶段、扎实推进行阶段、巩固提高阶段、全面规范阶段4个阶段进行，设定KYT员工培训率、培训目标达成率、作业覆盖率、岗位覆盖率、班组合格率5项指标作为开展KYT效果的评价指标，并把作业覆盖率和岗位覆盖率作为关键绩效考评指标。

3. 开展危险预知活动的推进流程

开展危险预知活动，分为宣传培训、项目选择、辨识方法、训练总结四个阶段，也是四个推进流程。

（1）宣传培训。首先，提高各级管理人员的认识，培训指导大家掌握方法。2008年先后组织3次全厂安全员互动交流会，2次作业区主管参加的推进会，1次主管、作业长、安全员参加的季度交流推进会。其次，厂统一规定班组作业前危险预知活动的格式，统一印刷后下发作业区，大多数作业区每月给班组制定一项作业活动，由班组长组织开展，厂和作业区安全专业人员指导，月末作业区组织交流评比，然后再由作业区组织管理人员和生产骨干修改完善后反馈到班组，循序渐进，不断提升该项活动水平。2009年1季度又组织全厂300多名班组长，由安全科长分11批次进行授课，对危险预知活动怎样开展和训练进行详细培训和指导。

（2）项目选择。重点以危险性较大的作业项目、作业频次较高的作业项目、对生产影响比较大的作业项目进行辨识和训练。

（3）辨识方法。拟定项目后班组长利用班前会和周安全活动组织集体讨论，先把作业步骤一步步列出来，寻找作业步骤中存在的不足。其次对作业步骤根据作业环境逐条进行分析，组员发言共同找出其中潜在的危险因素和可能导致的后果，并提出具体防范措施。讨论中把作业项目中最容易发生事故的步骤重点描述，引起所有成员重视。班组长汇总所有人提出的意见，形成初步的危险预知训练表。

（4）训练总结。日常工作中将辨识结果运用到操作中，树立起日常每一次操作都是训练的理念，班组长有意识拿危险预知表观察职工实际操作过程中存在的不足再次进行修订汇总，形成比较完善的危险预知训练表。作业区每月要对班组开展危险预知训练活动的情况进行评价，按照危险预知训练的思路和方法，对现有作业标准的可靠性进行分析，对那些不能确保职工作业安全的条款进行修订完善，以此促进安全生产标准化工作。

4. 开展危险预知活动的管理流程

开展危险预知活动的管理流程如下：

（1）活动评价。作业区每月对班组危险预知活动进行评价，并专门印制《班组作业前危险预知训练活动评价表》，以利于活动评价，并对开展好的班组进行奖励，差的班组进行处罚。

（2）经验交流。作业区每月组织危险预知活动经验交流，好的班组对活动开展情况进行经验介绍，促进差的班组改进活动方法。厂每季度组织作业区之间进行一次经验交流，开展好的作业区制作幻灯片由作业区主管进行经验介绍，通过相互之间的学习，促进活动的深入开展。

（3）奖惩机制。厂里把危险预知活动纳入安全管理重点工作，在厂安全评价占较大分值（20分），并设立危险预知专项奖，奖励开展好的作业区班组。作业区每月将危险预知活动开展情况纳入班组评价，且权重较大，结果与班组长和全体组员岗薪挂钩。

几年来，第二炼钢厂通过开展危险预知活动取得了良好的效果，一是事故率逐年下降，2006年发生2起2人轻伤事故，2007年发生1起1人轻伤事故，2008年发生1起1人轻伤事故，2009年发生1起1人轻微伤事故。二是作业区和班组对危险预知活动有了深入的理解和认识，职工安全意识得到明显提升，在生产作业中能够做到及时发现隐患、及时处理，不留疑点，从而对保证安全生产发挥了积极作用。

第六章　冶金企业常见事故分析与预防措施

冶金企业生产过程中存在各种危险，如高温液体运输、炉体爆炸、煤气中毒窒息等危害，高温、高压、高粉尘，有毒有害物质的危害，机械伤害、起重伤害、物体打击、坠落、挤压等危害。由于经济发展水平、科技水平的局限性，冶金企业的本质安全程度还不是很高，部分生产工序还存在着高危险性，这些危险有害因素直接对一线班组员工的安全健康造成威胁。对此，企业需要通过加强安全管理，加强员工安全教育和培训的方式，深刻吸取事故教训，提高员工的安全意识和责任意识，提高安全技能，积极预防各类事故的发生。

第一节　冶金企业喷炉、爆炸事故分析与预防措施

在冶金企业生产过程中，由于处置不当，会发生铁水和熔渣喷溅与爆炸事故、钢水和熔渣喷溅与爆炸事故、氧枪回火燃烧爆炸等。例如，2006 年 8 月 15 日，贵州省贵阳星光炼钢铸造厂铸形车间由于机械故障，使坩炉的位置发生偏移，坩炉泻口直接将 1 500℃的高温熔融钢水注向地面，导致发生钢水爆炸事故，造成 7 人被烧伤。再如，2009 年 1 月 17 日，胶州市青岛华冶铸钢有限公司发生中频电炉钢水喷炉灼烫事故，导致 4 人死亡，1 人重伤。因此，冶金企业特别要吸取事故教训，积极采取措施，以预防此类事故的发生。

一、冶金企业喷炉、爆炸事故分析与应急措施

1. 喷炉爆炸事故的主要原因

冶金生产过程中的高温液体具有温度高、热辐射很强的特性，如铁水、钢水、钢渣、铁渣的温度往往在 1 250～1 670℃。高温液体易喷溅，对危险范围内的作业人员，极易造成灼伤，据有关资料统计，灼伤约占炼钢厂总伤害的 1/4，居各种伤害的第 2 位。

高温液体发生喷溅、溢出或泄漏时，除了会直接对人员造成灼烫伤害外，还潜藏着发生爆炸的严重危害，还有可能诱发其他二次伤害或事故，给企业造成重大损失。

导致事故发生的原因，主要有人为原因、管理原因和物质原因三个方面。人为原因中

主要是违章作业，其次是误操作和身体疲劳。管理原因中最主要的是不懂或不熟悉操作技术，劳动组织不合理；其次是现场缺乏检查指导，安全规程不健全，以及技术和设计上的缺陷。物质原因中主要是设施（备）工具缺陷，个体防护用品缺乏或有缺陷；其次是防护保险装置有缺陷和作业环境条件差。

2. 需要吸取的事故教训与预防措施

在冶金企业传热型蒸汽爆炸中，水和高温物体接触引起的蒸汽爆炸非常有代表性。据资料统计，容易发生此类事故的行业，以钢铁业为最多，约占全部爆炸事故的60%；其次，有色金属冶炼业约占21%，化学工业约占7%，机械制造业占4%。此外，还有造纸工业的回收熔盐的作业也易引发爆炸。

一般来说，水蒸气爆炸无须点火源和可燃物，它的预防措施和需点火源的爆炸预防措施完全不同。平常被认为最安全的水，在一定的条件下能够变成一种危险物质，这是这种事故的特征。发生蒸汽爆炸的设备，以熔矿炉、熔融炉、平炉、电炉、回收锅炉为最多，其次是坩锅、铸模等。水蒸气爆炸的预防措施是，不使水和高热物有直接接触的机会。

对此类事故的预防措施如下：

（1）作业现场地面的设计处理。冶炼浇铸作业现场地面应以松软干沙地面为宜，而必须为硬化地面的，应考虑地面不得有积水的设计。如高温熔炉外壁需采取特殊降温措施的，应考虑降温时流落到地面的水不能积存，可以使水流向远离作业现场的地方。

（2）从制度上加强作业现场水的管理。在制定安全操作规程或作业条件时，应明确规定在作业现场地面上不得有积水等内容。从制度上杜绝产生爆炸的条件，并教育作业人员重视作业现场积水的处理。

（3）防止爆炸中的火灾。在作业现场不得存放任何易燃易爆、有毒有害物质，以防止爆炸后引起更大火灾或连环式的爆炸。

（4）防止水浸入炉内。严格控制工艺条件，不要让水浸入高温炉内。有时会发生往炉内投入含有雨水的材料；电极的冷却水浸入炉内；炉壁的修理作业完毕后，炉壁还有未干的水就开始熔融作业；在火灾灭火作业中所浇的水浸入炉内等。在这类情况下，容易发生蒸汽爆炸，要采取严格的工艺措施杜绝上述现象。

（5）保持作业地面干燥。进行高温冶炼浇铸作业的作业地面，需保持干燥。生产现场常有处于低湿地或有地下水涌出、雨水浸入的情况，因而，必须加固基础，防止漏水，阻止雨水流入。必须改变作业人员认为高温作业场所，以水润湿才安全的错误认识。

3. 发生高温液体溢出、爆炸时应采取的应急措施

（1）凡发生高温液体溢流，应立即停止作业。危险区内严禁有人。

（2）发生漏铁、漏钢事故时，要将剩余铁、钢水倒入备用罐内。

（3）高温液体溢流地面遇有乙炔瓶、氧气瓶等易燃易爆物品时，如不能及时搬走，要采取降温措施。

（4）溢流、泄漏地面的铁水、钢水在未冷却之前，不能用水扑救，防止水出现分解引起爆炸。

（5）高温液体溢出或泄漏诱发火灾时，不能用水来扑救，一般采用干粉灭火器。

（6）一旦诱发了火灾、爆炸等二次事故时，应立即设置警戒区，禁止人员进入。

4. 发生高温液体喷溅时应采取的应急措施

（1）人员身上着火，严禁奔跑，相邻人员要帮助灭火。

（2）心跳、呼吸停止者，应立即进行心肺复苏。

（3）面部、颈部深度烧伤及出现呼吸困难者，应迅速送往医院设法作气管切开手术。

（4）非化学物质的烧伤创面，不可用水淋，创面水泡不要弄破，以避免创面感染。

（5）用清洁纱布等盖住创面，以免感染。

（6）如伤员口渴，可饮用盐开水，不可喝生水以及大量白开水，以免引起脑水肿及肺水肿。

（7）严重灼伤者，争取在出现休克之前，迅速送医院医治。

（8）送伤员前，尽可能提前通知医院做好抢救准备事宜。

二、冶金企业喷炉与爆炸事故案例分析

●清河特殊钢有限公司起重机故障导致钢水包倾覆，造成人员伤亡事故

2007 年 4 月 18 日，辽宁省铁岭市清河特殊钢有限公司发生了一起起重机故障导致钢水包倾覆的特大事故，事故造成 32 人死亡，6 人受伤。

1. 事故单位基本情况

铁岭市清河特殊钢有限公司于 2005 年 5 月成立，是一家民营资本为主的股份制企业，职工人数为 471 人。炼钢车间于 2006 年 9 月投产，生产规模为年产钢 14 万 t，主要产品有轴承钢、模具钢、不锈钢等 100 多种钢号的锻造用钢锭。

2. 事故经过

4 月 18 日早，炼钢车间丙班人员正在调运作业，当钢水包位于浇注台车上方，包底距地面 5.5 m 时开始下行作业。由于起重机电气控制系统出现故障，驱动电动机处于失电状态，而制动器仍通电打开，使重达 60 t 的钢水包失去控制迅速下坠。当起重机司机发现钢水包下降异常时，急忙将操纵手柄打回零位，制动器开始抱闸。但由于制动力矩严重不足，钢水包继续失控下坠，在距地面 2 m 处，包底猛烈撞击浇注台车的框架梁，使浇注台车往东南方向偏移，钢水包往西北方向倾覆，包内近 30 t 约 1 590℃的钢水涌出，冲向 6 m 外的真空炉平台下方工具间，造成在工具间内开班前会的甲班 30 名工人和 1 名车间副主任当场死亡，当班 1 人死亡，6 人受伤。

3. 事故直接原因

根据对事故原因及事故性质的认定，确认这是一起特别重大责任事故。造成事故的直

接原因如下：

（1）起重机主钩开始下降作业时，由于下降接触器的控制回路中有一个联锁常闭辅助触点锈蚀断开，下降接触器不能被接通，致使驱动电动机失电。

（2）电气系统设计存在缺陷，制动器未能自动抱闸，导致钢水包失控下坠；主令控制器回零后，制动器制动力矩严重不足，未能有效阻止钢水包继续失控下坠。

（3）钢水包撞击浇注台车后落地倾覆，钢水涌向被错误选定为班前会地点的工具间，造成多人伤亡。

4. 事故间接原因

造成事故的间接原因如下：

（1）炼钢车间建设项目和技术管理混乱，起重机选型错误，达不到铸造桥式起重机规定的安全等级。

（2）该公司劳动组织不合理，现场管理严重混乱，擅自设置工具间。

（3）起重机制造厂家超许可范围生产。

（4）中介机构未认真履行职责，出具的检测检验报告及安全评价报告存在严重问题。

（5）政府及有关部门没有认真履行职责，监管力度不够。

5. 事故教训与防范措施

这起事故的教训十分深刻。该起事故暴露出：一是冶金行业管理部门撤销后，冶金行业管理弱化，由于安全监管部门的力量严重不足，加之对冶金企业安全监管的知识缺乏，导致对冶金企业的安全监管工作出现一定的真空；二是部分冶金企业特别是非公有制的冶金企业安全生产主体责任不落实，安全生产责任制和各项规章制度不健全，安全管理混乱，从业人员的安全素质不高，安全教育培训不到位；三是冶金企业发展的速度过快，加之冶金安全监督和管理工作滞后，造成企业管理粗放，隐患严重，整改不及时；四是现有的法律、法规存在缺陷。冶金企业是一个高危行业，但对冶金建设项目的安全监管没有明确规定，特别是对“三同时”审查制度没有明确的规定，政府监管部门不能对冶金建设项目进行“三同时”审查，冶金行业的市场准入门槛低，致使部分冶金企业在建设项目的设计、施工方面因陋就简，埋下事故隐患；五是由于中介机构发育不健全，市场竞争不规范，对中介机构的约束乏力，造成检测检验和安全评价机构为获取最大利益而弄虚作假，误导政府的安全监管和企业的安全管理。

事故发生后，采取了一系列政策措施：

（1）进一步加大对冶金企业的安全监管力度。一是认真组织开展冶金行业专项整治，全面排查治理隐患；二是对中介机构进行清理整顿。对本起事故有直接关联的辽宁省石油化工规划设计院和铁岭市特种设备监督检验所，以及超范围生产制造和非法转让许可证的开原市起重机器修造厂依法严肃处理。

（2）全面开展事故隐患大排查，坚决打好事故隐患排查治理攻坚战，组成 19 个检查组，深入到全省的重点地区、重点行业和重点企业开展检查，及时发现解决问题和隐患。

（3）加大安全教育培训力度，使企业负责人承担起安全生产第一责任人的责任，分批集中对重点行业领域的企业负责人进行培训，使高危企业负责人必须做到持证上岗，其他企业负责人必须熟悉和掌握安全生产法律法规和相关的安全技术知识后，方可任职。

（4）加强安全监察机构队伍建设，进一步完善监管体系。要求省、市、县（市、区）抓紧组建安全执法监察总队、支队和大队；工业集中的乡镇（街道）组建安全监管站，其他乡镇（街道）配备专职安全监管人员，以确保安全监管工作落实到位。

●星光炼钢铸造厂机械故障导致坩炉位置偏移引发钢水爆炸事故

2006年8月15日，贵州省贵阳星光炼钢铸造厂铸形车间由于机械故障，使得坩炉的位置发生了偏移，坩炉泻口直接将1 500℃的高温熔融钢水注向地面，导致钢水爆炸事故发生，造成7人烧伤，厂房损失惨重。

1. 事故经过

8月15日，贵阳星光炼钢铸造厂铸形车间温度如同烤箱一般，热得让人透不过气来。宽大的厂房里，所有的窗户和通风设备都早早打开，可散热的效果还是不好。两个大如碾盘的电解熔化炉吊在半空中，沿着上方钢铁滑道慢慢地来回穿梭。

为了最大限度地降低高温对工人的影响，技术人员按照以往的做法，用高压水管将冷水喷向电解熔化炉和净化炉炉壁底部，以达到降温的效果，两次水枪喷水，使地面积水达8 cm左右，虽然这让大家感到了些许的凉爽，然而他们并不知道，一场罕见的爆炸事故，即将伴随着这些积水而来。

作业人员开始净化坩炉里钢水上飘浮的杂物，使坩炉里的钢水变得较为纯净。接下来，这些钢水将浇铸进摆在地面上的模具，完成高温钢水最后的铸钢定型。就在启动电动开关，要将坩炉倾斜开始浇铸的时候，坩炉的机械传导部分出现了故障，坩炉不能呈现出既定的倾斜角度，钢水无法倒出。就在技术人员要关掉断电开关的时候，坩炉的机械传导部分忽然剧烈抖动起来，猛然发生倾斜。更可怕的是，由于机械故障，使得坩炉的位置发生了偏移，坩炉泻口无法对准摆在地面的模具，直接将1 500℃的高温熔融钢水注向地面，瞬间，一起罕见的钢水爆炸事故发生了。在连环爆炸中火球四射，厂房坍塌，1名技术员带领7名工作人员，九死一生逃出险地。技术员受轻伤，7名工作人员烧伤面积达20%～40%，厂房损失惨重。

2. 事故原因分析

经调查，此次事故是由于操作不慎和机械设备控制故障，造成盛装高温熔融钢水容器不规则倾斜，钢水外溢遇地面积水爆炸。其爆炸机理是：液体与其他高温物质接触时，发生快速传热，液体被加热，使之暂时处于过热状态，而引起伴随急剧汽化的蒸气爆炸。其爆炸压力超过1 000 kPa，温度超过3 000℃，这种爆炸的破坏力非常大，它的能量相当于数百t或上千tTNT炸药，这种爆炸被称为水蒸气爆炸或爆炸水。水是造成此类爆炸的主要因素，因而水不能在浇铸作业现场地面上存在，浇铸作业现场地面应该是松软干燥的沙地。即使不是干燥的沙地，而是硬化了的地面，也不应有积水存在，在厂房地面设计时就应注意到这一问题。

3. 事故教训与预防措施

（1）事故单位应认真吸取事故教训，举一反三，认真落实安全生产责任制和各项安全生产规章制度，确保生产安全。

（2）从制度上加强作业现场水的管理，明确规定作业现场地面不得存在积水，从而杜绝产生爆炸的条件。

（3）进一步加强对从业人员的安全教育培训，切实提高从业人员的安全意识和遵守安全操作规程的自觉性，提高作业人员的自我保护能力和对事故的防范意识。

（4）切实落实企业安全生产主体责任，增强排查安全隐患的意识，强化现场的安全管理和定置管理，杜绝违章指挥和违章作业。

●华冶铸钢有限公司进行钢水融化违章指挥，导致喷炉人员伤亡事故

2009 年 1 月 17 日 7 时 15 分，胶州市青岛华冶铸钢有限公司发生中频电炉钢水喷炉灼烫事故，导致 4 人死亡，1 人重伤，直接经济损失 190 余万元。

1. 事故单位概况

青岛华冶铸钢有限公司位于胶州市马店镇第二工业园内，法人代表张树斌。注册资本 100 万元，职工约 50 人。该公司于 2008 年 6 月投产。主要从事锻件制造、普通机械加工、电力设备、锅炉辅机、钢结构制造、安装销售；零售化工原料（不含危险品）、钢材。

2. 事故经过

2009 年 1 月 16 日 23 时，华冶铸钢有限公司夜班工人根据当日生产安排，开始通电熔化。17 日 3 时 40 分，第 1 炉钢水熔化完毕，存放于 3 号保温炉中，接着熔化第 2 炉。熔化初期，在电炉底部已有部分钢水的情况下，本应根据工艺要求向炉内不断添加直径不大于 250 mm 的小块废钢，并用铁棍捣料作业。操作工为了达到降低劳动强度的目的，减少向炉内加料和捣料的次数，在当班车间主任李某的安排下，通过行车将未经切割加工的、不符合熔炼工艺规定要求的大块铸件冒口料（直径 750 mm，高度 600 mm，重量约 2.5 t）吊至炉口旁，再由李某和炉前操作工纪某 2 人扶着吊入炉内进行熔化。因冒口截面尺寸及重量太大，熔化速度太慢，顶部结壳搭桥。李某安排行车司机从 3 号保温炉内取出约 700 kg 钢水，由纪某配合倒入 1 号电炉内，以期用钢水化开顶部结壳。倒入钢水后，不但未能化开结壳，反而受顶部结壳的急冷很快凝固，使顶部结壳更厚，电炉继续加热，炉内钢水温度已达到 1 500℃以上，炉内气体不断受热膨胀，电炉内剧烈产生的气体无法排出，7 时 15 分左右，发生钢水喷炉事故，因钢水喷溅灼烫造成 4 人死亡、1 人重伤。

3. 事故直接原因

造成事故的直接原因，是 1 号电炉在熔炼第二炉钢水时，电炉内钢水熔化初期加入的

铸件冒口料因其尺寸较大，熔化速度缓慢，顶部搭桥结壳捣不开，本应采取倾斜炉体用铁棍捣的办法解决。李某却违章指挥、违章作业，令人错误地向炉内倒入钢水。铸件冒口料顶部的钢水在炉膛内随即冷却成一体，不但未化开结壳，反而致使结壳更厚。铸件冒口料顶部存在补缩孔洞、夹杂，倒入的钢水将铸件冒口料上面的孔洞内气体、夹杂封闭住，使炉膛下部形成密闭容器。由于顶部钢水凝固结壳，铸件冒口料与炉墙成为一体不能下移，炉膛底部正在加热熔化，封闭在铸件冒口料下面的气体和夹杂燃烧产生的气体不能排出，造成高温加热过程中炉膛底部气体压力急剧增大，发生钢水喷炉。

4. 事故间接原因

（1）安全生产主体责任不落实，基础管理薄弱，技术水平低。

（2）安全生产管理制度和技术规范、操作规程不完善，工人不能正确地按照操作规程作业。

（3）在日常劳动组织方面没有按照国家法律法规要求开展安全生产“三级”教育，致使职工安全意识淡薄。

（4）操作工人文化程度偏低，安全知识匮乏，操作技能与经验明显不足，违反工艺要求开展作业，缺乏处置生产过程中突发事件的能力。

（5）青岛华冶铸钢有限公司未按照法律法规规定办理建设项目相关手续，严重违规建设施工，安全隐患未进行彻底整改，建设项目不具备安全生产条件，未经安全验收，就开工生产，导致事故发生。

5. 事故教训与防范措施

（1）要认真吸取事故教训，做到举一反三、痛定思痛。对企业员工重新进行安全教育，重点学习《安全生产法》《安全操作规程》《岗位作业标准》和各项安全管理规章制度，提高企业员工遵章守纪的自觉性，提高员工自我保护意识，要坚决杜绝违章指挥、违章作业。对违章指挥、违章作业人员，一律不允许上岗作业。

（2）要认真贯彻安全生产责任制，建立和完善安全生产规章制度，修订安全操作规程，针对重要岗位人员操作要制定完善的安全操作规程，并根据设备检修、维护、运转、防护等特点提出相关安全要求。

（3）要加强对员工的技术培训，提高员工的操作水平和自我保护能力，要从岗位操作技能培训开始，使职工从学习《安全操作规程》向熟练掌握《安全操作规程》转变，从而达到了解工艺、掌握技能、识别风险，做到规范操作。

●长城特殊钢股份有限责任公司未有效切断煤气导致的电滤器检修爆炸事故

2006 年 11 月 29 日，攀钢集团四川长城特殊钢股份有限责任公司动力厂四车间煤气站，在检修煤气站 2 号二级电滤器时，未有效切断进入电滤器的煤气，造成电滤器内煤气发生爆炸，导致 1 人死亡、1 人受轻伤。

1. 事故经过

2006 年 11 月 29 日 10 时 58 分，攀钢集团四川长城特殊钢股份有限责任公司动力厂四车间煤气站燃气大班张某、陈某（男，29 岁）、尧某（男，32 岁）三名电工和工段技术员赵某（负责人），在检修煤气站 2 号二级电滤器时，未有效切断进入电滤器的煤气；没有按照《工业煤气安全规程》(GB 6222—2005) 规定，将电滤器上下人孔打开，对电滤器检修前的吹扫和蒸汽置换时间不足 20 分钟，且未按要求，在检修前进行煤气浓度检测的情况下，通电检查电滤器，产生电火花，造成电滤器内煤气发生爆炸，陈某从 13.5 m 高的工作平台上坠落，经医院抢救无效死亡，尧某受轻伤。

2. 事故原因分析

(1) 检修人员检修电滤器时，未按《工业煤气安全规程》(GB 6222—2005) 规定，彻底清除电滤器里的煤气，当通电检查电滤器时产生电火花，造成煤气爆炸，是造成此次容器爆炸的主要直接原因。

(2) 动力厂未按《工业煤气安全规程》(GB 6222—2005) 执行电滤器检修许可证制度，办理检修许可证；未制定和落实事故预防措施，违章检修作业；煤防站和安全管理人员未按《工业煤气安全规程》(GB 6222—2005) 现场监督，是造成此次事故的主要间接原因。

(3) 安全教育培训不到位，对新进厂职工和转岗职工的安全培训流于形式，班前会未按规定告知作业现场的危险性和安全操作要求，职工安全意识淡薄，是造成此次事故的重要原因。

(4) 安全规章制度的建立、健全、落实不到位，责任不明；未按规定落实“三同时”工作，是造成此次事故的另一重要原因。

3. 事故教训与防范措施

(1) 应从这次事故中深刻吸取教训，引以为戒，警钟长鸣，切实加强对安全生产工作的领导，狠抓各项制度、责任制的落实，特别是《安全生法》规定的“三同时”工作；要完善和落实重大危险源的监测、监控、评价制度，杜绝类似事故的发生。

(2) 切实加强安全教育培训，全面提高管理人员和职工的安全意识，加强对各类人员的专业技能培训，特别是新进厂人员和转岗职工的培训教育。

(3) 要及时排查、整改安全隐患，对落后的生产工艺和设施、设备逐步更新。

(4) 加强各厂，特别是危险化学用品生产使用车间的安全管理人员配置，严格履行职责，强化一线安全监管，坚决防止“三违”现象发生。

第二节　冶金企业起重作业事故分析与预防措施

起重机械是指用于垂直升降或者垂直升降并水平移动重物的机电设备，其范围规定为额定起重质量大于或者等于 0.5 t 的升降机；额定起重质量大于或者等于 1 t，且提升高度大于或者等于 2 m 的起重机和承重形式固定的电动葫芦等。在冶金企业生产过程中，起重机械是必不可少的设备，在生产中使用量大、点多、面广，人机接触频繁，因而起重伤害事故一直高居各类事故之首。因此，在起重作业中，需要对现场作业中的危害因素及时有效辨识，制定相应的防范措施，及时纠正违章作业，严格遵守安全操作规程。

一、冶金企业起重作业事故分析与应急措施

1. 起重机械的分类

起重机械按类别区分，可分为桥式起重机、门式起重机、塔式起重机、流动式起重机、铁路起重机、门座起重机、升降机、缆索起重机、桅杆起重机和旋臂式起重机。冶金企业主要使用门式起重机、桥式起重机，以及电动葫芦起重机械。

起重机按使用场合分类，可分为车间起重机、机器房起重机、仓库起重机、储料场起重机、建筑起重机、工程起重机、港口起重机、船厂起重机、船台起重机、船坞起重机、船装起重机、坝顶起重机和船上起重机等。

2. 起重机安全使用的基本要求

（1）起重机的设计和制造必须符合相关设计规范、安全规程的要求。

（2）起重机的内燃机、电动机、电气和液压装置等应符合相应的规范。

（3）操作人员在作业前，必须持证上岗，并且熟悉工作现场的环境、行驶道路、架空电缆、建筑物及重物的重量和分布，同时在运行前进行检查和试运行。

（4）现场作业负责人员应为起重机提供足够的作业场地，并消除或避开起重臂起落及回转半径内的障碍物。

（5）各类起重机应有良好的警报装置，在起重臂、吊钩和平衡等转体上应有明显色彩标识。

（6）起重吊装的指挥人员必须持证上岗，作业时应与操作人员密切配合，并执行规定的指挥信号。操作人员按照指挥人员的信号进行作业，当信号不清或违章指挥时，操作人员有权拒绝操作执行。

（7）操纵室远离地面的起重机，在正常指挥困难时，地面和高空作业人员应采用必要的通信工具进行联系和指挥。

（8）遇到恶劣天气超出规范要求时，应停止作业，并且再次吊物作业时应进行试运行，以检查系统的安全性能。

（9）起重机的变幅指示器、力矩限制器、起重量限制器以及各种行程限位开关等安全保护装置等，应完好齐全、灵敏可靠，不得随意调整或更改及拆除。严禁利用限制器和限位装置代替操纵机构。

（10）操作人员进行起重机回转、变幅、行走和吊具升降前，应给予警报信号。

（11）起重机作业时，严禁起重臂、吊物下方有人停留、工作或通过，并同时给出警报。起重机吊物后应在专用的通道运行，严禁在人员上方经过和起重机载人。

（12）操作人员应按规定的起重性能作业，不得超载。在特殊情况下需超载使用时，必须经过计算，有安全保证的技术措施和专题报告，经企业技术负责人批准和专人现场监护下方可作业。

（13）起吊重物应牢靠，不允许有超出吊具的物品和零散物品。吊索与物件的夹角宜采用45°～60°，且不得小于30°，吊索与物件棱角之间应加垫块。

（14）起吊载荷达到起重机额定起重量的90%及以上时，应先将重物吊离地面200～500 mm后，检验起重机的稳定性、制动器的可靠性、重物的平衡性、捆绑的牢靠性，确认无误后，方可继续起吊。对易晃动的重物，应拴拉绳。

（15）重物起升和下降速度应平稳，不得突然制动。左右回转应平稳，当回转未停稳前，不得做反向动作。非重力下降式起重机不得带载自由下降。

（16）严禁起吊重物长时间悬挂在空中，作业中遇突发故障，应采取措施将重物降落到安全地方，并关闭发动机或切断电源后进行检修。在突然停电时，应立即把所有控制器拨到零位，断开电源总开关，并采取措施使重物降到地面。

（17）起重机不得靠近架空输电线路作业。起重机的任何部位与架空输电导线的安全距离不得小于相关规定。

（18）严禁使用起重机拖拉设备，尤其是重量不明的状况下，操作人员应拒绝吊运。当吊运现场的混凝土或模板，必须全部松动后方可起吊。

3. 起重机械的安全操作与维护保养

起重机的维护保养是保证起重机械安全运行的重要手段。对起重机的维护保养，人的因素最重要，由于操作人员每天都在工作现场，对设备运行状况最了解，所以必须明确操作人员的职责，提高操作人员的责任意识和安全意识，提高操作人员的技术水平。

（1）起重机械的安全操作

1）起重机操作人员必须经过一定时间的培训，了解和掌握起重机的结构、性能，经考试合格后才能独立操作。

2）起重机操作人员必须严格遵守各项规章制度，坚守自己的岗位，不能擅自离开。

3）起重机操作人员在运行过程中要密切注视设备的状况，如发现有异常，应停止运行，并通知维护保养人员进行检查，排除故障后才可运行。

4）起重机进行机修或大修时，操作人员除了完成本职工作外，还应配合修理工工作，并参加验收工作。

5）起重机操作人员要做好日常清洁工作和检查工作。

（2）交接班制度与基本要求

1）停止作业后，应将空钩起升到接近上限位置，停在规定地点，小车停在操纵室一边，各控制器拨到零位，断开闸刀开关。

2）交接前应做好交接记录，并进行核实。

3）当班遗留问题没有解决的，应进行详述交代，并进行维护或检修，直到设备完好。

4）操作人员在作业前禁止喝酒，并保证充足的睡眠，否则不得作业。在操作过程中，应做到眼、耳、手动作的协调性，起吊工作做到稳、准、快、安全、合理。

5）操作人员作业前，必须持证上岗，并且可独立操作。同时应对设备进行运行前的检查，确认无误后，才可作业。

6）操作人员必须用手柄开关来操纵，不可利用安全装置来关停起重机的各机构。驾驶员应熟悉指挥信号，并听从专业人员的指挥，但对任何危险信号，坚决抵制，并了解情况。作业中，必须给予作业警报。

（3）起重机械的定期保养

起重机除了进行日常性的保养外，还应定期地进行维护和修理，防止起重机过度磨损或意外损坏引起伤害事故。通常应进行预防性、计划性、预见性三种性质的检修保养工作。起重机械的保养和维护分为日常保养、一级保养和二级保养。

（4）起重机械的维护

起重机械的维护是保证起重机械正常运转和防止发生设备安全事故的主要手段，也是延长设备使用寿命从而更加发挥设备效能最有效的途径。在起重机械的维护中，主要是对设备的易损部件、机械结构、电气设备和控制系统进行检查，然后根据实际情况进行监控、润滑、清洗、降低整体性能使用或对部件进行更换，进而达到设备的正常运转和延长设备的使用率。

由于部件间组合间隙的不匹配以及润滑保养不到位而造成的磨损和结构焊接部位受周期载荷力的作用导致的裂纹缺陷，最终会导致设备整体载荷性能的下降，因此必须进行检修或更换，避免出现设备事故而导致的设备损坏和人员伤亡。因此必须定期或不定期地进行日常维护、月维护、季度维护和年度维护，根据设备的状况和零部件的损坏程度安排日修、小修、中修和大修，彻底消除隐患，使设备安全运行。

4. 起重伤害事故的主要类型

起重伤害事故的类型如下：

（1）吊物坠落砸、压伤。在起重作业过程中，因吊物坠落，导致人员砸伤压伤事故。这种事故最为多见，居起重作业伤害事故之首。

（2）吊具断裂、脱落坠落。因作业人员疏忽大意，起重作业前没有认真检查，导致吊具断裂、脱落坠落造成事故。

（3）吊物撞击。在起重作业过程中，起重机械操作不当，导致吊物发生撞击并造成事故。

（4）吊物与吊具之间夹伤。在起重作业过程中，地面作业人员违章作业或者麻痹大意，被吊物与吊具之间夹伤。

（5）登车平台、厂房立柱挤伤。在起重作业之前或者之中，由于观察不够或者违章作业，被登车平台、厂房立柱挤伤事故。

5. 起重作业伤害事故的原因

起重作业伤害事故的原因如下：

（1）挂吊人员未严格遵守起重作业安全规程，违章作业冒险作业。

（2）安全装置不完善，行车机械、电气故障频繁。

（3）操作人员操作技能欠佳，责任心不强，精力不集中。

（4）指挥信号不标准，上下配合不协调。

（5）工作前未对行车及吊具进行安全检查。

（6）料场库存量严重超量，堆码不齐，堆码超高。

（7）包装不牢固。

6. 起重伤害事故的防范

（1）认真制定起重作业安全规程。各单位需要根据自己的生产流程、生产工艺，并结合实际情况，制定和修订起重作业安全规程，做到程序化、规范化，并具有可操作性。起重作业人员必须做到能熟记、应用规程。

（2）保证起重设备随时处于完好状态。将起重设备的安全装置纳入交接班点检内容之中，一般设备故障必须在本班次中处理，接班人员必须对安全装置和吊具进行认真仔细的检查，做到“上不清，下不接”。

（3）统一指挥信号（手势）。在挂吊作业频繁的岗位逐步进行指挥信号的标准化培训，推行挂吊作业人员“持证上岗”制度。

（4）统一指挥人员“指挥标识”，做到专人指挥。

（5）各单位对操作人员每半年进行一次岗位技能考试，两次不合格者脱岗学习，一个月后若再考试不合格将下岗或转岗。

（6）加强起重机操作人员与地面人员联系的准确性。

7. 发生起重伤害事故时采取的应急措施

（1）发生起重机械倾翻时。由于台风、超载等非正常载荷造成起重机械倾翻事故时，应及时通知有关部门和起重机械制造、维修单位维保人员到达现场，进行施救。当有人员被压埋在倾倒起重机下面时，应先切断电源，采取千斤顶、起吊设备、切割等措施，将被压人员救出，在实施处置时，必须指定1名经验丰富的人员进行现场指挥，并采取警戒措施，防止起重机倒塌、挤压事故的再次发生。

（2）发生起重机械火灾时。发生火灾时，应采取措施施救被困在高处无法逃生的人员，并应立即切断起重机械的电源开关，防止电气火灾的蔓延扩大。灭火时，应防止二氧化碳等中毒窒息事故的发生。

（3）发生人员触电时。对人员以外触电事故，应即时切断电源，对触电人员进行现场救护，预防因电气而引发火灾。

8. 发生起重作业人员伤害的应急处置与救治

起重伤害发生后的应急处置与救治主要有：

（1）发现有人受伤后，必须立即停止起重作业，向周围人员呼救，同时通知现场急救中心，以及拨打“120”等急救电话。报警时，应注意说明受伤者的受伤部位和受伤情况，发生事件的区域或场所，以便让救护人员事先做好急救的准备。

（2）组织进行急抢救的同时，应立即上报项目安全生产应急领导小组，启动应急预案和现场处置方案，最大限度地减少人员伤亡和财产损失。

（3）现场医护人员采取现场包扎、止血等措施，防止受伤人员流血过多造成死亡事故发生。创伤出血者迅速包扎止血，送往医院救治。

（4）发生断手、断指等严重情况时，对伤者伤口要进行包扎、上血、止痛、进行半握拳状的功能固定。对断手、断指应用消毒或清洁敷料包扎，忌将断指浸入酒精等消毒液中，以防细胞变质。将包好的断手、断指放在无泄漏的塑料袋内，扎紧好袋口，在袋周围放冰块，或用冰棍代替，速随伤者送医院抢救。

（5）受伤人员出现肢体骨折时，应尽量保持受伤的体位，由现场医务人员对伤肢进行固定，并在其指导下采用正确的方式进行抬运，防止因救助方法不当导致伤情进一步加重。

（6）受伤人员出现呼吸、心跳停止症状后，必须立即进行心脏按摩或人工呼吸。

（7）事件有可能进一步扩大，或造成群体性事件时，必须立即上报当地政府有关部门，并请求必要的支持和救援。

在做好事故紧急救助的同时，应注意保护事故现场，对相关信息和证据进行收集和整理，配合上级和当地政府部门做好事故调查工作。

二、冶金企业起重作业事故案例分析

●未考虑安全，连轧分厂自制的吊索具挂钩脱落，导致人员伤亡事故

2006年4月3日，天津市天铁轧二制钢有限公司连轧分厂精整工段在生产中，吊装旋转臂盖板的丁字形挂钩突然意外脱落，导致盖板撞击到一名作业人员头部，经抢救无效死亡。

1. 事故经过

2006年4月3日上午10点左右，天津市天铁轧二制钢有限公司连轧分厂精整工段旋转臂A区，维修钳工高某、米某，遵照班组长徐某的安排，抢修精整工段旋转臂A区北头第一块盖板下方传动链条。高某与米某用自制的丁字形挂钩，分别拴挂盖板东南角与西北角两处，将盖板吊起并平移至靠北头第二块盖板上方，然后高某与米某分别下至链条故障部位检修链条，此时吊装旋转臂盖板的东南角丁字形挂钩突然意外脱落，导致盖板飞快撞击

到高某头部，事故发生后高某（男，43 岁）当即被送往医院抢救，因伤势严重，经抢救无效于当日下午 1 时 20 分死亡。

2. 事故原因分析

造成事故的直接原因，是当班操作人员未经领导同意，违规自制设计不当、结构不合安全规范的丁字形挂钩，致使挂钩脱落直接导致事故发生。

造成事故的主要原因：公司对检修作业、吊装作业的安全管理制度不健全，职工无章可循，天车工吊起物件后，检修人员在吊起物下作业，作业场地狭窄。

造成事故间接原因：一是吊装作业劳动组织不合理，作业现场指挥、丝索检查人员职责不明确，致使吊装旋转臂盖板的丁字形挂钩突然脱落，从而导致事故发生。二是对特殊工种作业人员没有按照国家有关规定经专门的安全作业培训取得特殊作业操作证，方可上岗作业，致使职工缺乏安全操作技术知识，无证上岗。三是公司对职工的安全教育不够。

3. 事故教训与防范措施

（1）开展案例教育，深刻吸取教训，各单位要结合这起事故，认真查找在落实安全责任和安全工作作风“严、细、实”方面存在的差距，结合各自的安全责任和具体工作，从上到下找差距，提措施，抓落实，迅速扭转安全生产的被动局面。

（2）组织安全主管部门及各分厂主要领导对公司所属各生产现场开展了拉网式安全大检查，特别是对吊索具进行全面的专业检查，对不符合国家规定的一律停止使用，对发现的其他安全隐患分别限定立即整改和定期整改。

（3）针对生产作业中存在的问题，组织职工讨论分析，结合实际修订完善具体措施。要加强危险辨识结果的应用，把针对危险因素及事故模式所制定的防范措施及时纳入作业标准，形成动态完善标准的工作机制。

（4）开展针对性安全培训教育，教育广大职工从事故中吸取教训，强化规则意识。要把生产现场作为培训教育的大课堂，针对职工的不安全行为，随时随地讲解、剖析、纠正，不断提高职工的安全意识和行为安全度。

●矿山机修厂浇注工摘钩时钢水包梁倾倒，导致人员伤亡事故

2006 年 4 月 29 日，本钢（集团）机械制造公司矿山机修厂铸钢车间 10 t 钢水包翻转机构损坏，一名浇注工到钢包上摘钩时被钢水包梁砸伤，经抢救无效死亡。

1. 事故经过

2006 年 4 月 29 日 13 时 10 分，本钢（集团）机械制造公司矿山机修厂铸钢车间 10 t 钢水包翻转机构损坏，电炉丙班班长李某安排浇注工林某、赵某两人将钢水包内的废渣翻净准备更换运转。林某指挥天车将翻完残渣的钢水包落到地面后，天车司机将钢水包梁落到钢包上摘钩。由于钢水包梁放的位置不当，摘钩时钢水包梁倾倒，林某（男 49 岁，浇注工，本工种工龄 12 年）躲闪不及，被钢水包梁砸伤，经抢救无效，于 15 时 30 分死亡。事故经济损失 20 万元。

2. 事故原因分析

（1）浇注工林某在指挥天车落包摘钩时，没有躲到安全距离以外，违反铸钢车间《钢水包包梁使用及存放安全管理办法》的规定。“使用天车放置包梁时，天车自动摘钩，为避免伤及人员，摘钩时，天车工应对作业区进行安全确认并响铃警示地面操作人员撤离到安全距离（4.5 m）以外”。违章作业是造成这起事故的直接原因。

（2）天车工田某在落包自行摘钩时，违反《天车工安全操作规程》和铸钢车间《钢水包包梁使用及存放安全管理办法》有关规定。“使用天车放置包梁时，天车自动摘钩，为避免伤及人员，摘钩时，天车工应对作业区进行安全确认并响铃警示地面操作人员撤离到安全距离（4.5 m）以外”。缺乏安全意识，没有对作业环境认真瞭望和确认。习惯性违章作业，致使摘钩时包梁倾倒，是导致事故发生的主要原因。

（3）矿山机修厂和铸钢车间安全管理有缺陷，安全管理制度和岗位安全操作规程不够完善，现场安全监督检查不到位，设备、设施和作业环境不良，未及时消除事故隐患，安全生产投入不足，是造成这起事故的间接原因。

3. 事故教训与防范措施

（1）组织全厂干部职工对现场工作环境进行认真清理，划分以往工作不清的区域，规范物件定置管理责任单位并将定置管理点量化到人。

（2）组织专业人员更新完善了操作规程中钢水包梁使用以及存放的安全管理规程，成立操作规程校编机构，进一步完善操作规程。

（3）召开职工大会，以此次事故为例，举一反三，吸取血的教训，结合集团公司正在开展的职业健康安全管理体系贯标工作，组织广大职工全面开展危险源辨识工作，不留死角地做实安全工作。

（4）加强职工安全操作技能培训工作，开展了天车工安全思想教育，进行了操作规程考试。对全厂其他工种，安排了培训计划，目前正在逐步落实。

（5）为铸钢车间配备一名主任助理，专职安全设备管理工作和职工素质教育培训工作。

●炼钢厂转炉分厂吊运中吊带突然断裂，粉料包坠落，导致伤人事故

2006 年 10 月 2 日，宝山钢铁股份有限公司不锈钢分公司炼钢厂转炉分厂在生产中，起重机驾驶员吊运粉料整包时，一根吊带突然断裂，粉料整包坠落，一名操作工被砸，因伤势过重抢救无效死亡。

1. 事故经过

2006 年 10 月 2 日 22 时 23 分，宝山钢铁股份有限公司不锈钢分公司炼钢厂转炉分厂 2 号电炉通电，冶炼不锈钢母液，23 时 24 分停电并打开电炉密闭罩，辅操工陈某、金某按作业程序到操作平台进行测温、取样。此时，指吊工路某指挥吊运二包硅铁粉和二包炭粉，起重机驾驶员周某操作 20 号桥式起重机（210/80 t）用副钩的 10 吨小钩吊运。当小钩上升到离电炉操作平台上方高 7 m 时，向西（电炉密闭罩门方向）开动 1 m，即开动起重机大

车，途经 2 号电炉平台，编织袋的一根吊带突然断裂，导致该粉料整包坠落，砸在正在测温取样工作的操作工陈某身上，急送长海医院抢救，终因伤势过重抢救无效死亡。

事故发生后，经过现场勘查发现，电炉密闭罩铭牌南上角有碰擦痕迹，并有疑似硅铁粉残留，经调查组见证取样（1 号样为密闭罩铭牌南上角残留物，以下简称 1 号样；2 号样为撒落地面残留物，以下简称 2 号样），送上海材料研究所检测中心测试分析，1 号和 2 号化学成分相吻合。

2. 事故原因分析

造成这起事故的直接原因，是在吊运过程中，硅钢粉编织袋碰擦到电炉密闭罩门铭牌的南上角，造成编织袋破损和一根吊带突然断裂，粉料包坠落。

造成事故的间接原因：一是起重机驾驶员对作业周边环境观察不仔细，违反起重作业“十不吊”规定及本岗位操作规程。二是辅助工陈某在起重机鸣号运行情况下，未采取主动避让措施。三是炼钢厂运转车间、转炉分厂对作业区内交叉作业的不安全作业隐患未充分辨识。

3. 事故教训与防范措施

（1）不锈钢分公司立即组织管理人员和员工对这起事故进行分析，深刻吸取事故教训，消除麻痹思想，树立“生产必须服从安全”的安全理念。

（2）在生产作业中要加强对作业现场隐患的识别，充分发动员工查找身边的不安全因素，积极做好整改工作，创造良好的生产作业环境。

（3）要加强对员工的安全意识教育，教育员工要严格遵守《安全操作规程》，对安全操作规程不符合生产现状的条款进行修改，规范操作行为，进行标准化作业。

（4）立即组织职工吸取事故教训，举一反三，深入寻找自己身边安全隐患，深刻反思不安全行为。组织开展查找隐患的工作，查找身边的“物的不安全状态，人的不安全行为”，杜绝类似事故的重复发生。

●生产环境差，听不见吊运警铃继续作业，导致钢坯掉落伤人事故

2006 年 4 月 12 日，太钢型材厂精整作业区一名天车司机在吊运钢坯作业时，因生产现场拥挤嘈杂，作业人员没有听见吊运警铃继续作业，结果导致钢坯掉落伤人事故。

1. 事故经过

4 月 12 日，太钢型材厂精整作业区丙班上白班，7 时 30 分，大班长栗某组织召开班前会，对北跨作业区工作任务进行了安排。处理组高某（男，40 岁，火焰处理工，本工种工龄 19 年）等三人在北跨手把砂轮区进行作业。上午 11 时 30 分许，天车司机段某和吊运工刘某配合进行吊运作业，到下午 13 时 20 分，已经吊运了两批物料，就在进行第三批物料吊运时，天车司机段某操作天车运行，运行中打铃示警，然后操作天车向西行进至 3 号研磨台处，坯料右侧碰到了研磨台北侧垛放的井字形钢垛，致使最外侧的一只钢坯滑落，碰在高某操作的砂轮机上，将正在 3 号研磨台架进行作业的高某的头部、胸部、脚部多处击

伤。现场人员急忙将高某送往医院抢救，4 月 20 日，高某经过 8 天的抢救无效后死亡。

2. 事故原因分析

造成事故的直接原因，是天车运行过程中所吊钢坯碰到旁边钢坯垛，耙钩上的一根钢坯下落后砸在砂轮机上，砂轮机弹起导致人员伤害。

造成事故的间接原因：一是天车在由东向西运行前，天车司机未确认下方是否有人，就启动天车向西行驶。二是吊运工刘某配合进行吊运作业，监护不到位，未按照规定进行指挥吊装。三是作业现场库存量大，钢坯超高垛放，作业现场拥挤，声音嘈杂，高某没有听到鸣铃示警，未躲避至安全区域，仍在 3 号研磨台继续作业。四是职工标准化作业执行存在漏洞，管理人员对生产现场没有及时安排清理。

3. 事故教训与防范措施

（1）加强职工安全教育，提高职工防范意识，要应用事故案例，特别是发生在自己身边的典型事故教育全体员工，让职工认真吸取事故教训。提高全体员工认识危险、防范事故的安全意识和自我保护技能。

（2）举一反三，开展一次全面的安全大检查，加快对现场作业环境的改造，改善作业环境拥挤的现状，特别是对超高垛、倾斜垛的问题进行纠正，发现问题及时改正和监控。

（3）加强现场管理，强化安全监督，杜绝违规违章作业，确保各项安全规章制度的贯彻落实。

（4）完善安全管理体系，切实抓好各级安全生产责任制和安全管理制度及安全规程的落实、执行和监管。

●炼钢厂员工盲目指挥天车起吊，造成吊具脱落导致的伤亡事故

2009 年 6 月 4 日，邯郸钢铁集团有限责任公司一炼钢厂一名员工，在指挥天车起吊时，由于吊具突然脱落，头部砸伤后经医院抢救无效死亡。

1. 事故经过

2009 年 6 月 4 日下午，邯郸钢铁集团有限责任公司一炼钢厂 2 号矩形坯大包工张某在生产中指挥 26 号天车在副钩上挂上有三根链子钩的专用吊具，准备吊换 2 号矩形坯大包坐架西侧的废物渣盘，张某站在渣盘北侧挂一个钩，2 号矩形坯（乙班）工长李某（男，46 岁）站在渣盘南侧挂另外两个钩。渣盘挂好后，李某指挥天车起吊，吊具刚一拉紧，挂在天车副钩上的吊具突然脱落，将李某头部砸伤，现场人员急忙将李某送往医院，因伤势过重，经医院抢救无效，于当日 6 时 30 分左右死亡。

2. 事故原因分析

造成事故的直接原因，是工长李某违反《一炼钢安全操作规程》相关条款规定：吊放中间包、结晶器、结晶器盖板、中间包盖和渣盘等，必须先认真检查吊具是否牢固可靠，在确认挂稳、挂牢后方可指挥天车起吊。李某在没有确认吊具是否挂牢的情况下盲目指挥天车起吊，造成吊具脱落，将本人头部砸伤致死。

造成事故的间接原因如下：

（1）一炼钢厂大包工张某指挥往天车副钩上挂吊具时，既未确认，天车起吊时又未提醒，联保互保不到位。

（2）一炼钢厂天车工王某违反《一炼钢安全操作规程》相关规定：挂不牢、光线暗、看不清不得起吊，是造成事故的一个重要原因。

3）一炼钢厂、矩形坯车间两级领导，安全管理不到位，安全教育不到位，安全检查不到位，这也是造成事故的一个原因。

3. 事故教训与防范措施

（1）及时将事故传达到每一个车间、班组和职工，遵循“四不放过”的原则，举一反三，深刻吸取事故教训，强化全体职工的安全意识。

（2）加强安全规章制度的完善和执行，结合生产实际并参照国家最新的标准，及时修订完善三大规程，并组织职工学、背、用安全规程，确保在实际工作中认真贯彻落实。

（3）在全公司开展一次全面的安全隐患排查活动，发动广大职工揭、摆、查安全方面特别是“三违”方面存在的问题。按照公司“抓纪律、夯基础、重基层、严管理”的安全管理思路，持续改进安全工作。消除安全隐患，提升安全管理水平。

（4）加大安全工作监督管理力度，严格落实各项安全措施，强化联保互保工作，加强联系，做好安全确认工作。

●吊装工进行装车作业抽取钢丝绳，致使吊物翻滚人员伤亡事故

2006 年 6 月 29 日下午，攀钢集团成都钢铁有限责任公司物资配送中心棒材库两名吊装工，在棒材库进行装车作业时，由于操作失误，致使一捆螺纹钢从高车箱滚落下来，砸在一人身上，经抢救无效死亡。

1. 事故经过

2006 年 6 月 29 日下午，攀钢集团成都钢铁有限责任公司物资配送中心棒材库甲大班在生产过程中，吊装工卓某（男、43 岁）和行车工王某，在棒材库 24 m 跨成品库 39～40 号立柱间进行装车作业。当吊装完第 3 吊螺纹钢后（预计装 4 吊/每车，3 捆/每吊），卓某按要求取下一头钢丝绳，由于此时该装卸点同时停放了两辆汽车（两车间距为 1.4 m），卓某在离开过程中，只有顺着两车之间的通道向北离开装卸点，行车工王某在未进行有效确认的情况下，即开始抽取钢丝绳，其中一捆螺纹钢（ϕ22，长 9 m，重 2.49 t）从高 1.74 m 的车箱上滚落下来，砸在卓某的左胸、腹上，经现场抢救无效死亡。

2. 事故原因分析

造成事故的直接原因如下：

（1）吊装工卓某自我防范意识差，对生产作业现场的危险因素认识不足，安全意识淡薄，习惯性违章，在指挥行车进行装车作业到第 3 吊时，没有严格执行“站在挂吊绳对角线方向距离吊物 2 m 以外的安全地方指挥”的规定，也没有退到安全距离的情况下，即开

始指挥行车抽取钢丝绳，是造成此次事故的主要原因。

(2) 行车工王某安全意识淡薄，在行车作业时，未对挂吊工的安全站位进行有效的确认，抽取钢丝绳时，对吊物可能发生的翻滚估计不够，出现异常情况未及时停车，也是造成此次事故的重要原因之一。

(3) 棒材库 24 m 跨 39～40 号立柱间距仅 8.1 m，而同时停放了两辆汽车，致使作业空间狭窄，装卸人员只有站在两车之间空隙进行装车作业。物资配送中心的各级管理人员和装卸人员对潜在的危险因素认识不足，对此现象视而不见，未及时进行纠正和整改，也是造成此次事故的重要原因之一。

造成事故的间接原因：一是安全确认制、互保制度贯彻落实不到位。安全互保制度规定：安全互保以相互保障安全为目的，并采取对对方安全作业负责的安全措施。二是班前会、周安全活动质量不高，对生产作业现场的危险因素认识不足。三是车间安全检查和班组的岗位检查不到位，流于形式。建材作业区对安全管理制度和安全操作规程的落实、执行情况以及作业现场安全状况检查不力，致使职工对岗位作业危险因素缺乏应有的认识和防护，没有对习惯性违章形成有效的考核机制。

3. 事故教训与防范措施

(1) 公司各单位应利用班前会、周安全活动，对这起事故进行通报、教育，深刻吸取教训，举一反三，认真排查各作业岗位的安全隐患。

(2) 抓好事故控制工作，重点抓好工段、班组安全管理，充分发挥班组、互保对子的作用；组织对生产现场作业通道、作业场所的设备、设施进行全方位的安全检查，认真开展事故预知预警活动。

(3) 完善和落实各项安全管理制度，加强职工对作业现场危险因素的辨识，特别是在危险区域和从事危险作业的监管、监护、安全确认和安全互保等防范措施的落实；进一步加大的生产作业现场“三违”、安全隐患、规章制度的落实、检查和考核，规范职工个人安全行为，杜绝习惯性违章，进一步强化安全互保和安全确认责任制的落实，增强职工的安全防护意识，真正做到“三不伤害”，确保安全生产。

(4) 制定规定，在各汽车装卸作业点，严禁两车同时进入进行装卸作业，严禁汽车超重超高。

第三节　冶金企业机械伤害事故分析与预防措施

在冶金企业生产过程中，离不开各种机械设备，机械设备在完成预定功能的工作状态下，存在着不可避免的并有可能产生人员伤害的后果，例如零部件的相对运动、刀具的旋转、机械运转的噪声和振动等，使机械设备存在碰撞、运转等危险，对操作人员安全造成不利的危险因素。因此，一方面需要加强对机械设备的安全防护，例如设备转动部位设置防护罩或防护栏，地坑、上下楼梯扶手、皮带过桥、检修平台有防护栏，生产现场设备必须有明显的标识，机旁操作箱开停按钮处必须有明显的提示标志，等等；另一方面对职工进行安全生产知识、安全防范意识及岗位危险源辨识相关内容的培训，使每一名职工都能够熟练掌握，并教育职工遵守安全技术操作规程。

一、冶金企业机械伤害事故分析与应急措施

1. 机械设备的种类和危害

机械设备种类繁多，有工程机械、矿山机械、农业机械、电工机械等，可以运用于不同的生产作业目的。概括地讲，机械设备主要由驱动装置、变速装置、传动装置、工作装置、制动装置、防护装置、润滑系统、冷却系统等部分组成。

机械设备的危害主要包括两大类：一类是机械性危害，一类是非机械性危害。机械性危害主要包括：挤压、碾压、剪切、切割、碰撞或跌落、缠绕或卷入、戳扎或刺伤、摩擦或磨损、物体打击、高压流体喷射等。非机械性危害主要包括：电流、高温、高压、噪声、振动、电磁辐射等产生的危害；因加工、使用各种危险材料和物质（如燃烧爆炸、毒物、腐蚀品、粉尘及微生物、细菌、病毒等）产生的危害；还包括因忽略安全人机学原理而产生的危害等。

2. 机械设备安全的基本要求

机械安全是由组成机械的各部分及整机的安全状态、机械设备操作人员的安全行为，以及机械和人的和谐关系来保证的。解决机械安全问题要用安全系统的观点和方法，从人的安全需要出发，保证在机械设备整个寿命周期内，人的身心能够免受外界危害因素的伤害。机械设备安全应考虑其寿命周期的各个阶段，还应考虑机械的各种状态。

（1）机械设备及其零部件，必须有足够的强度、刚度和稳定性，在按规定条件制造、安装、运输、储存和使用时，不得对人员造成危险。

（2）机械设备的设计，必须履行安全人机学的原则，以便最大限度地减轻操作人员的体力和脑力消耗以及精神紧张状况。

（3）机械设备的设计，应进行安全性评价。当安全技术措施与经济利益发生矛盾时，则应优先考虑安全技术上的要求，并按直接安全技术措施、间接安全技术措施、指示性安全技术措施的等级顺序选择安全技术措施。

（4）在使用过程中，机械设备不得排放超过标准规定的有害物质。

（5）机械设备在整个使用期限内均应符合安全卫生要求。

3. 机械设备的安全防护措施

机械设备的安全防护是通过采用安全装置、防护装置或其他手段，对一些机械危险进行预防的安全技术措施，其目的是防止机械在运行时产生的各种对人员的接触伤害。安全

防护的重点是机械设备的传动部分、操作区、高空作业区、移动机械的移动区域以及某些机械设备由于特殊危险形式需要采取的特殊防护等。无论采取何种措施进行防护，都应对所需防护的机械设备进行风险评价，以避免带来新的风险。

安全防护常常采用防护装置、安全装置及其他安全措施。防护装置是指通过物体障碍方式将人与危险部位隔离的装置，根据其结构，防护装置可以是壳、罩、屏、门、封闭式防护装置等；安全装置是指用于消除或减少机械伤害风险的单一装置或与防护装置联用的装置。

4. 机械设备防护装置的安全要求

机械设备防护装置在人与危险之间构成安全保护屏障，在减轻操作者精神压力的同时，也使操作者形成心理依赖。一旦安全防护装置失效，会增加损伤或危害的风险。因此，安全防护装置必须满足与其保护功能相适应的安全技术要求；同时，所采取的安全措施不得影响机械设备的正常运行，而且使用方便，否则就可能出现为了追求达到设备的最大效用而导致避开安全措施的行为。

防护装置按使用方式分为固定式和活动式两种。其安全技术要求如下：

（1）对固定防护装置的要求：固定防护装置应该用永久固定方式（如焊接等）或借助紧固件（螺钉、螺栓、螺母等）固定方式，将其固定在所需的地方，若不用工具就不能使其移动或打开。

（2）对活动防护装置的要求：活动防护装置或防护装置的活动体打开时，尽可能与防护的机械保持相对固定（可通过铰链或导轨连接），防止挪开的防护装置或活动体丢失或难以复原；活动防护装置打开时或出现丧失安全功能故障时，设备的活动部件应不能运转或运转中的部件应停止运动。

5. 机械设备的安全要求

为了有效预防事故与职业危害，机械设备必须达到标准规定的安全要求，防止发生人员的伤害。

（1）防止可动零部件伤害

1）人员易触及的可动零部件，应尽可能封闭，以避免在运转时与其接触。

2）设备运行时，操作者需要接近的可动零部件，必须配置符合规定要求的安全护装置。

3）为防止运行中的机械设备或零部件超过极限位置，应配置可靠的限位装置。

4）若可动零部件（含其载荷）所具有的动能或势能可引起危险时，必须配置限速、防坠落或防逆转装置。

5）以人员操作位置所在平面为基准，凡高度在 2 m 之内的所有传送带、转轴、传动链、联轴节、带轮、齿轮、飞轮、链轮、电锯等危险零部件及危险部位，都必须配置符合规定要求的防护装置。

（2）防止飞出物伤害

1）高速旋转的零部件，必须配置具有足够强度、刚度与合适形状、尺寸的防护罩。必要时，应规定此类零部件检查和更换期限。

2）机械设备运行过程中（或突然停电时），若存在工具、工件、连接件（含紧固件）或切屑等飞甩危险，应在设计中采取防松脱措施、配置防护罩或防护网等安全防护装置。

（3）防止过冷和过热物体的伤害

人员可触及的机械设备的过冷或过热部件，必须配置固定式防接触屏蔽。在不影响操作和设备功能的情况下，加工灼热件的机械设备，也必须配置固定式防接触屏蔽。

（4）防止高处坠落的伤害

1）设计工作位置，必须充分考虑人员脚踏和站立的安全性。

2）若操作人员经常变换工作位置，必须在机械设备上配置安全走板。

3）若操作人员的工作位置在坠落基准面 2 m 以上时，必须在机械设备上配置符合标准规定要求的供站立的平台和防坠落的栏杆、安全圈及防护板等。

4）走板、梯子、平台均应具有良好的防滑性能。

5）机械设备应防止泄漏。对于可能产生泄漏的机械设备，应有适宜的收集或排放装置。必要时应设有特殊地板。

（5）防止噪声和振动的伤害

各类机械设备，都必须在产品标准中规定噪声（必要时加振动）的允许指标，并在设计中采取有效的防治措施，使产品实际产生的噪声和振动数值符合标准规定的要求。

（6）防尘、防毒和防放（辐）射的要求

1）凡工艺过程中产生粉尘、有害气体或有害蒸气的机械设备，应尽可能采用自动加料、自动卸料装置，并必须配置吸入、净化及排放装置，以保证工作场所和排放的有害物质浓度符合有关职业卫生标准规定的要求。

2）凡可能产生放（辐）射的机械设备，必须采取有效的屏蔽、吸收措施，并应尽可能使用远距离操作或自动化作业，以保证工作场所放（辐）射强度符合有关职业卫生标准规定的要求。

3）设计上述各类设备时，应符合有关规程、标准规定要求。

4）必要时，上述工作场所应有监测、报警和联锁装置。

6. 机械设备的其他安全要求

（1）标志

1）每台机械设备都必须有标牌。注明制造厂、制造日期、产品型号、出厂号、安全使用的主要参数等内容。

2）设计机械设备时，应使用安全色。机械设备易发生危险的部位，必须有安全标志。安全色和安全标志必须符合有关标准规定要求。

3）标牌、安全色、安全标志，应保持颜色鲜明、清晰、持久。

（2）说明

机械设备必须使用说明书等设计文件。说明书内容包括安装、搬运、储存、使用、维修和安全卫生等有关规定。

7. 机械设备事故特点与原因

机械伤害是企业职工在工作中最常见的事故类别，伤害类型多以夹挤、碾压、卷入、剪切等为主。据统计，近年来，夹挤、碾压类事故占机械伤害事故的一半左右，因此，特别需要注重对此类工伤事故的预防。

造成机械伤害事故的原因如下：

（1）违章操作。在我国，大量机械设备属于传统的机械化、半机械化控制的人机系统，没有在本质安全上做到尽善尽美，因此需要在定位、固定、隔离等控制环节上进行弥补，通过设置醒目的警示标识和严格的安全操作规程加以完善。但是在生产作业中，经常有作业人员有章不循、违章作业，违章造成的夹挤、碾压类伤害时有发生，对此企业必须要着重予以解决。

（2）体力与脑力疲劳造成辨识错误。长期持久的体力与脑力劳动、单调乏味的工作、嘈杂的工作环境、凌乱的工作布局、不良的精神因素等，都容易使操作者产生疲劳、厌烦的感觉，此时，辨识错误就会出现，带来误操作、误动作，造成伤害事故。

（3）机械化代替手工作业。机械化代替手工劳动是生产力进步的标志。但是操作者由于要熟悉新的工作环境和新的机械操作方法，精神往往比较紧张，心理上承受的工作压力较大，由于产生焦虑和烦躁情绪，极易出现手、脑配合不协调，从而导致伤害事故发生。

（4）安装、调试设备。相对来说，正常生产期的设备故障率较低，而安装调试期与老化磨损期的设备故障率相对较高。因为这时机械设备的安全装置处于暂时的“失效”状态，甚至“失效安全装置”也不会起作用，由于调试的需要，还不能断电断气断水，用于防止接触机器危险部件的固定安全装置已被打开，起不到保护作用，稍有不慎，维修人员就会被伤害。另外，维修调试时往往是两人以上互相配合，容易出现配合失误，如误合闸、误开机、误动作等，造成伤害事故。

8. 机械伤害的应急处置与救治

（1）伤害事故发生后，要立即停止现场活动，将伤员放置于平坦的地方，现场有救护经验的人员应立即对伤员的伤势进行检查，然后有针对性地进行紧急救护。

（2）在进行上述现场处理后，应根据伤员的伤情和现场条件迅速转送伤员。转送伤员非常重要，搬运不当，可能使伤情加重，严重时还能造成神经、血管损伤，甚至瘫痪，以后将难以治疗，并给受伤者带来终身的痛苦。所以转送伤员时要十分注意：

如果受伤人伤势不重，可采用背、抱、扶的方法将伤员运走。如果受伤人伤势较重，有大腿或脊柱骨折、大出血或休克等情况时，就不能用以上方法转送伤员，一定要把伤员小心地放在担架或木板上抬送。把伤员放置在担架上转送时动作要平稳。上、下坡或楼梯时，担架要保持平衡，不能一头高、一头低。伤员应头在后，这样便于观察伤员情况。在事故现场没有担架时，可以用椅子、长凳、衣服、竹子、绳子、被单、门板等制成简易担架使用。对于脊柱骨折的伤员，一定要用硬木板做的担架抬送。将伤员放在担架上，之后要让他平卧，腰部垫一个衣服垫，然后用东西把伤员固定在木板上，以免在转送的过程中滚动或跌落，否则极易造成脊柱移位或扭转，刺激血管和神经，使其下肢瘫痪。

（3）在急救中，现场人员要及时联系医院，要求紧急救护，同时要向上级汇报，并保护事故现场。

二、冶金企业机械设备事故分析与预防措施

●烧结厂作业人员忽视安全，不慎被带入皮带导致的伤亡事故

2006 年 6 月 24 日凌晨，酒钢烧结厂烧结球烧作业区运行乙班一名职工，在岗位作业时不慎被带入皮带，挤压致死，造成人员伤亡事故。

1. 事故经过

2006 年 6 月 23 日 16 时左右，酒钢烧结厂烧结球烧作业区运行乙班职工史某（男，43 岁，烧结成品工，工龄 25 年，本工种工龄 4 个月）接班后进入岗位工作，约 23 时，当班班长高某巡查至该岗位见到史某，问他岗位卫生做完没有，史某说做完了，随后高某便回到环冷机小房填写相关记录。约 24 日凌晨，丁班接班人员朱某来到岗位进行交接班，未见到史某，便向乙班邻近岗位职工周某、吴某进行了询问，周、吴二人回答说没有见到人，朱某认为史某进澡堂洗澡去了，便未再过问。24 日凌晨 2 时 30 分左右，朱某巡检到岗位皮带机尾，发现史某趴在机尾滚筒下方，朱某随即打电话告诉丁班班长孙某，孙某到现场后断开皮带事故开关，随后打电话告诉主控室通知医院急救室。“120”救护车到达现场后发现史某已死亡。经医院诊断，史某左侧胸腔开放性损伤、肺外露，左右上肢不全离断伤、肢体多发骨折致其死亡。事故直接经济损失约 13 万元。

2. 事故原因分析

造成这起事故的直接原因，是史某在岗位作业时不慎被带入皮带。

造成这起事故的间接原因：一是烧结厂球烧作业区对班组职工的交接班制度检查落实不够，致使交接班制度未能得到很好的贯彻落实。二是烧结厂球烧作业区运行乙班安全管理存在问题，对日常作业过程中的职工作业行为监督检查不到位。

3. 事故教训与防范措施

（1）运行班组中未执行班后会制度的应立即恢复执行，进一步规范交接班程序；对偏远岗位和单人独岗建立班中定期联系汇报制度。

（2）对全厂各岗位安全设施，警示标志进行一次全面普查，对作业空间狭小，现场作业条件差，岗位照明不足等问题列出具体整改计划，限期完成。

（3）加强对职工的安全教育，强化职工对本岗位危险因素的学习和培训，做好岗位危险因素安全交底，尤其是要做好新入厂人员、转岗人员的安全培训，以提高职工安全素质，增强职工危害辨识和防范危险能力。

（4）组织全厂进行事故反思活动，吸取事故教训，提高全员的安全意识和遵章守纪的自觉性。同时加强作业过程的安全监护，重点对作业空间狭小，现场条件差的岗位以及新入厂人员、转岗人员岗位作业过程的安全监护。

●板带厂作业人员盲目操作，导致维修人员挤压致死事故

2006年9月6日，莱钢集团银山型钢有限公司板带厂热轧车间在停机换辊作业中，因操作工盲目操作，将一名作业人员挤在导卫和机架牌坊之间，经抢救无效死亡。

1. 事故经过

2006年9月6日中班16时10分左右，莱钢集团银山型钢有限公司板带厂热轧车间按正常工作程序停机换辊，匡某、任某、岳某、高某4名作业人员，结合换辊时间更换精轧F6机架冷却水管，换水管时间计划30分钟。根据分工，任某与匡某配合，在F6的入口处导卫上方拆装水管法兰螺栓，岳某与高某配合，在机架内拆水管活络接头及管卡，大约10分钟左右卸完出来。匡某、任某在作业过程中扳手失手掉入F6入口导卫北侧下面，由于更换的管件不合适，匡某等人去找新管件，任某未打招呼就进入轧机后侧下方。17时左右，王某、周某观察F6入口导卫未能发现有人作业，便操作入口导卫，入口导卫动作时将任某（男，34岁，钳工）挤在导卫和机架牌坊之间，现场职工发现后及时组织现场抢救，并及时通知厂领导和主管部门，在生产现场采取必要的紧急抢救措施后立即送医院抢救，经抢救无效死亡。

2. 事故原因分析

造成这起事故的直接原因，是任某在F6入口导卫北侧下面捡扳手时被启动的F6轧辊挤压致死。

造成事故的间接原因如下：

（1）操作工王某、周某在操作F6入口导卫作业前，没有对与之相对应的停机操作牌进行安全确认，启动导卫进入轧机，违反了《银山型钢轧钢厂安全操作规程》第7条“启动设备前，操作人员必须确认机器附近没有人员，确认安全防护装置正常并得到工长的指令后方能启动”的规定。

（2）莱钢集团银山型钢板带厂热轧车间安全管理不到位，值班长在没有进行认真安全确认的情况下发出操作指令，操作工周某对现场确认存在失误。

（3）银山型钢板带厂安全管理存在薄弱环节，对交叉作业缺乏有效的统一安全管理，对职工安全教育培训的力度不够，职工安全防护意识不强。

3. 事故教训与防范措施

（1）要深刻吸取事故教训，认真落实安全生产责任制和各项安全管理制度，教育规范

职工作业行为。

(2) 加强职工安全意识教育，培养职工危险辨识和按照标准作业的习惯，杜绝麻痹和省能心理。班组长要加强安全检查，及时纠正危险行为。

(3) 要切实加强安全管理，特别要加强现场安全管理，加强对职工的安全教育，提高职工的安全意识，遵章作业，防止类似事故的重复发生，确保安全生产。

●作业人员违规进入开卷机行程导致的人员伤害事故

2006 年 10 月 28 日，太钢不锈冷轧厂精整工段 1 号纵切机组丙班在生产过程中，一名作业人员违反作业标准，下到开卷机地沟舌板行程范围内，被下降的舌板挤伤头部，经抢救无效死亡。

1. 事故经过

2006 年 10 月 28 日，太钢不锈冷轧厂精整工段 1 号纵切机组丙班上白班。班前会上进行了分工，班长杨某负责头部上料、记录工刘某（男，32 岁，记录工，本工种工龄 9 年）负责带领新工人郝某做生产记录、任某在尾部负责卷取、张某在机组下部负责废边卷取。接班后，按照计划先剪切 0.1 mm、0.7 mm 厚度不锈钢卷各一个，9 时 45 分剪切完毕。9 时 50 分许，开始剪切 0.5 mm 钢卷，开卷后钢带头停滞在矫直机入口过不去，反复几次，钢带均在导料舌板处下垂没有穿入矫直机。刘某从记录台上下到头部开卷小车地沟，用手托起下垂的钢带，对杨某说："穿吧。"杨某说："你慢点。"然后操作卷筒向前开关，同时操作导料舌板（当时导料舌板处在高位）下降，下落的导料舌板将站在开卷小车地沟里的刘某的头部挤在舌板与机架之间，刘某随后摔倒。杨某立即停机，跑到开卷小车地沟抱住刘某并喊人，现场人员急忙将刘某送往医院抢救，经抢救无效，于 11 时 15 分死亡。

2. 事故原因分析

造成事故的直接原因，是刘某在作业过程中，违反作业标准下到开卷机地沟舌板行程范围内，被下降的舌板挤伤头部。

造成事故的间接原因：一是班长杨某在作业中未制止刘某的违章行为，且继续操作舌板下降，导致刘某头部被挤伤。二是现场安全管理存在漏洞，操作标准及管理制度落实不到位。三是对职工安全教育和培训不到位，职工安全意识淡薄和自我防护意识差，违章作业。

3. 事故教训与防范措施

(1) 立即将事故传达给全厂职工，举一反三，开展一次全面的安全大检查，消除现场违规违章操作现象，严格按照规范进行作业，避免事故重复发生。

(2) 加强对全员的安全教育和培训，作业人员必须通过安全培训，使安全教育经常化、制度化、规范化，真正提高职工的安全意识。

(3) 加强安全管理，修改完善安全操作规程，强化各项安全规章制度的贯彻落实。

●安全防护装置不完善，导致皮带操作工清扫作业不慎伤亡事故

2001年1月27日，广西柳钢烧结厂一烧车间五班一名皮带操作工，在进行接班前的卫生清扫工作时，不慎被卷入增面轮与皮带之间，卡夹在皮带中，经抢救无效死亡。

1. 事故经过

2001年1月27日6时30分，广西柳钢烧结厂一烧车间五班皮带操作工罗某（男，26岁），与同班的操作工胡某进行接班前的卫生清扫工作，罗某叫胡某去矿槽处打扫卫生，罗某拿着铁铲到加湿皮带机处搞卫生。约7时15分，罗某在运转的加湿皮带驱动机处清扫卫生时，由于身体接触运转的增面轮与皮带部位，被卷入增面轮与皮带之间，卡夹在皮带中。一烧车间值班人员在模拟屏发现皮带系统停止运转，便安排人员前去检查。此时前来接班的皮带操作工韦某，走到加湿皮带处，发现加湿皮带停止运转而电机仍然转动，立即关掉电源。电机停止运转后，韦某发现罗某被卡在皮带机中，连忙叫人进行抢救。由于卡夹的较紧，便用刀将皮带割断，将人救出，然后送到医院，但是罗某因颅骨损伤，呼吸循环衰竭，经抢救无效死亡。

2. 事故原因分析

造成事故的直接原因，是罗某在加湿皮带机下方驱动机构处打扫卫生时，由于身体接触到运转的皮带与增面轮，不慎被卷入增面轮与皮带之间，被挤压致死。

造成事故的间接原因：一是皮带运输机在设计时安全防护装置不完善，在使用前的内部“三同时”审查时没有及时发现此问题。二是工程在投入生产后，企业安全检查监督不力，没有发现皮带运输机的不安全因素，未能及时采取相应的防护措施。三是皮带工岗位操作规程中清扫工作时的安全注意事项不具体。四是烧结厂对职工安全教育不够，个别职工的安全意识薄弱，自我保护能力差。

3. 事故教训与防范措施

（1）将事故在全公司进行通报，提高职工的安全意识，并以此为戒，举一反三，认真检查和完善各部门的安全职责，将安全责任制切实落实到人，杜绝类似事故的发生。

（2）对全公司所有皮带机械传动系统进行一次全面检查，对不符合要求的设备，要完善安全防护装置。

（3）进一步细化皮带操作工岗位的操作规程，明确各项操作程序的安全要求。针对皮带操作工岗位的具体危害因素，重新填写“三不伤害卡”。

（4）按照国家有关规定，严格执行工程项目“三同时”的审核，明确各级各部门安全“三同时”的职责。

（5）加强安全工作监督检查的力度，对检查出的隐患及时整改。

●线材厂轧钢工操作天车处置不当，造成人员被挤伤亡事故

2009年11月17日，河北省邢台钢铁有限责任公司线材厂四车间丁作业班上中班期间，一名作业人员在操作天车时，造成两台天车撞击，将正在维修作业的人员挤伤，经抢救无效死亡。

1. **事故经过**

2009 年 11 月 17 日，河北省邢台钢铁有限责任公司线材厂四车间丁作业班上中班期间，21 点 22 分，1 号粗轧机上辊发生断裂，作业长郑某立刻组织岗位工进行处理。轧钢工王某（男，29 岁）进行拆卸，王某站在轧机入口北侧撬动导卫盒子，此时由轧钢工胡某操作主轧跨中天车（遥控天车）从轧机间吊运插件自东向西运行，待天车到达轧机位置时，操作停止，但天车继续向西溜车滑行，撞击到西天车上，西车向西移动将轧机进口导卫带起，将王某挤在轧机传动轴东侧，王某胸部和腹部被挤伤。现场人员立即进行急救，并将王某送往医院，因伤势过重，11 月 18 日凌晨 1 时 30 分，经医院抢救无效死亡。

2. **事故原因分析**

造成事故的直接原因，是轧钢工胡某在操作天车时处置不当，造成天车碰撞，并进一步造成王某胸部和腹部被挤伤如下。

造成事故的间接原因如下：

（1）现场劳动组织不合理。线材厂四车间在更换轧机进出口导卫时，未考虑到可能造成天车碰撞，而同时安排使用两个天车进行作业，吊装现场也未安排安全监管人员监护。

（2）特种作业人员无证上岗。线材厂部分起重机改为地面遥控操作后，只对起重作业人员进行内部培训后就上岗作业，未经有关部门办理特种作上操作资格证，致使部分作业人员不懂得安全操作规程，缺乏安全作业知识。

（3）职工安全教育不够、安全监管不到位。线材厂对员工安全培训中存在的问题未得到及时纠正，对职工作业中存在的安全隐患监督检查不够，致使部分员工安全意识淡薄、违章作业。

3. **事故教训与防范措施**

（1）立即在全公司开展以“反三违、保平安”为主题的安全生产宣传教育活动，组织全体员工对各个岗位“三违”行为进行辨识，制定控制措施，并对危险性较大的行为和事件加大考核力度。在此基础上加大监督检查力度，做到发现人员违章及时纠正，坚决杜绝“三违”现象的发生。

（2）线材厂要严格执行天车操作工的上岗认证工作，对遥控天车操作人员要经有关部门培训考核合格取得相关资质后，再进行操作，严禁无证操作。

（3）线材厂立即开展为期一周的起重安全大检查，今后每月最少组织一次起重安全专项检查，查出问题按照“三定四不推”的原则进行处理。

●皮带工违章进入皮带下方进行清理作业导致的伤亡事故

2009 年 2 月 19 日，本钢炼铁厂原料运输车间二工段丙班在生产作业中，一名皮带工违章进行清理作业，不料皮带突然启动，造成人员头部被挤伤，经抢救无效死亡。

1. **事故经过**

2009 年 2 月 19 日 13 时 30 分，本钢炼铁厂原料运输车间二工段丙班在生产作业中，皮带工孟某，同本班工长费某到4A皮带运输机尾部清理落地料。当时由于皮带没有运转，两人违章在没有切断机头操作箱内急停开关和事故拉线开关的情况下，进入皮带下方进行清理作业。当清理完靠近头轮方向的间隔后，费某在皮带外侧将清出的球团往运输皮带上装，孟某又进入靠近皮带尾轮的另一间隔继续清理。13时50分，4A皮带准备运转，操作工周某通过指令电话向现场喊话三次以后启动皮带。由于安装在4A皮带头部、中部和尾部的喊话器中的尾部喇叭损坏，加之二人正在集中精力作业，未听到主控室喊话，突然启动的皮带将孟某头部、右手挤在距尾轮1.4 m处的返回皮带与下托辊之间，经抢救无效死亡。

2. 事故原因分析

造成事故的直接原因，是皮带工孟某违章操作，自我保护意识不强，在未将机头操作箱开关打到零位或将拉线开关断开的情况下，进入皮带下方进行清理作业，且未按规定佩戴安全帽，从而引发事故。

造成事故的间接原因如下：

(1) 原料运输车间二工段丙班工长费某安全意识不强，对作业现场环境危险源辨识不到位，在危险区域作业未采取安全措施，带头违章作业，互相监护不到位。

(2) 原料运输车间设备管理不到位。4A皮带尾部喊话器喇叭长时间损坏没有及时发现并维修，致使操作工与主控室唯一的通信联系中断，导致操作工听不见皮带启动的喊话。

(3) 安全管理有漏洞。原料运输车间领导和相关人员的安全生产责任制落实不到位，安全检查有死角，隐患排查和整改不及时，没有及时发现4A皮带尾部喊话器喇叭损坏，事故紧急开关没有拉绳，职工忽视规章制度和安全操作规程，个别作业人员未配戴安全防护用品上岗操作。部分转岗人员转岗培训不到位，培训考试走过场，没有取得实际效果。

3. 事故教训与防范措施

(1) 要认真吸取事故教训，对全厂职工重新进行安全教育，提高职工的安全自我保护意识，做到举一反三、痛定思痛。特别要对转岗人员，新入厂的人员进行重点培训、教育、考核。考试不合格的人员一律不允许上岗作业，同时加大检查、督促、指导、考核力度，防止事故发生。

(2) 生产作业中岗位人员要真正树立“安全第一，预防为主，综合治理”的思想，深入开展本岗位危险源辨识活动，在原有“危险源辨识”的基础上继续辨识新的危险源，杜绝习惯性违章操作。

(3) 在全厂范围内对工段及岗位进行全面隐患排查（包括劳动纪律、劳动保护穿戴、操作纪律等）。工段、班组，对查出的各类事故隐患及时上报，由车间负责落实每项安全隐患的整改工作，对不能立即解决的隐患项目要制定安全可靠的防范措施，确保安全生产。

(4) 加强设备、设施的检查、维护（包括皮带头、尾轮、传动部位的安全防护，安全事故开关、拉绳、皮带架子护栏、安全过桥、上下走梯等，不完善的要提出整改计划），提高设备本质化安全程度。

●操作机床右手衣袖被旋转工件绞入，导致头与车床撞击伤亡事故

2009 年 3 月 20 日，重庆东华特殊钢有限责任公司技质部物理室试样加工组下午上班后，物理室试样加工组组长陈某，在使用锉刀进行抛光试样斜度时，由于右手衣袖被旋转的拉力试样绞入，人往前倾斜，头与旋转的车床夹头撞击死亡。

1. 事故经过

2009 年 3 月 20 日 14 时 30 分，重庆东华特殊钢有限责任公司技质部物理室试样加工组下午上班后，物理室试样加工组组长陈某根据当天加工任务，安排张某（试样工）操作 CA6140 型普通车床，加工两个拉力试样。张某按照组长的安排，立即开动车床加工试样。完成一个拉力试样的加工后，在加工另一个拉力试样时，感觉加工的难度较大，于是请陈某到车床指导，张某站在陈某右面听其讲解。15 时 25 分左右，陈某使用锉刀（外缠砂布）抛光试样斜度时，由于右手衣袖被旋转的拉力试样绞入，人往前倾斜，头与旋转的车床夹头撞击，郭某见状立即切断电源，并电话向公司领导报告。等待“120”急救车到现场后，医生发现陈某已死亡。

2. 事故原因分析

造成事故的直接原因，是试样加工组组长陈某，加工拉力试样时未按安全操作规程穿戴劳动保护用品，右手衣袖被旋转的拉力试样绞入，人往前倾斜，头与旋转的车床夹头撞击，并由此导致死亡。

造成事故的间接原因，是东华公司技质部对职工遵章守纪教育不够，对职工违章现象检查、督促、纠正不力是事故的间接原因。

3. 事故教训与防范措施

（1）全公司立即组织职工学习本岗位、本工种安全操作规程和规章制度，结合公司近几年死亡事故教训，切实加强职工安全意识的教育和劳动纪律的管理，开展好“厂级、车间级安全学习”和“班组安全讲话”，进一步完善“安全学习”记录、台账。

（2）在全公司认真开展“从下自上”查找隐患的工作，查找身边的“物的不安全状态，人的不安全行为”，建立相应的管理考核制度，做到随时检查，严格考核，杜绝类似事故的重复发生。

（3）认真吸取血的教训，珍惜生命，开展“我要安全，安全在我心中”活动，加大对职工安全教育培训，提高职工自身防范意识。

第四节　冶金企业人员中毒事故分析与预防措施

冶金企业在生产过程中会大量产生和使用煤气，如高炉煤气、焦炉煤气、转炉煤气等，如果预防措施不当，就会发生人员中毒事故，导致人员伤亡。2009 年 9 月 2 日，国家安全

生产监督管理总局通报了两起煤气中毒事故，一起是邢台龙海集团南宫双龙金属制品有限公司4名工人到除尘器平台上进行开箱体阀门引煤气、关放散阀门等操作。由于煤气大量下泄，而4人又未按规定戴防毒面具，造成当场中毒熏倒，后又有3人盲目施救，相继中毒，共造成6人死亡、1人受伤。另一起是志强钢铁公司在引用3号高炉煤气对1号高炉进行烘炉时，3名工人在置换煤气操作中发生煤气泄漏，致使3人当场中毒，在施救过程中，又有3人中毒。共造成3人死亡、3人受伤。因此，冶金企业要强化煤气安全管理，严格执行煤气生产、储存、输送、使用环节防止泄漏、中毒窒息、爆炸的安全管理制度，要配齐各种监测、监控设备和防护设施，并加强日常检修维护，确保运行正常。

一、冶金企业人员中毒事故分析与应急措施

1. 煤气的性质与危险性

煤气是由多种可燃成分组成的一种气体燃料。煤气种类繁多，成分也很复杂，一般可分为天然煤气和人工煤气两大类，具有易燃易爆的特点。煤气为主要成分有烷烃、烯烃、芳烃、氢、一氧化碳等。自燃点为648.89℃，爆炸极限为4.5%～40%。最易引起燃烧浓度为21%，最大爆炸压力为794 kMa。燃烧热值为：3 000～6 000 kcal/m³。煤气密度0.4～0.6（空气=1）。

煤气的危险性主要是与空气混合后能成为爆炸混合物，遇火星、高温有燃烧爆炸危险。

2. 煤气的毒害性

钢铁冶炼过程中煤占总能源的70%，副产品煤气占总能耗32.2%。炼焦副产品焦炉煤气，炼铁副产品高炉煤气，炼钢副产品转炉煤气，生产铁合金副产品铁合金炉煤气。焦炉煤气、高炉煤气、转炉煤气和铁合金炉煤气等回收后可作为焦炉、热风炉、加热炉和发电锅炉的燃料，焦炉煤气还可作为民用燃气。由于煤气中含有大量易燃易爆、有毒有害物质，在生产、运输、储存和使用过程中，存在中毒、火灾和爆炸危险性。

煤气的毒害性主要表现为：煤气由煤或焦炭、半焦等固体燃料或重油等液体燃料经干馏或气化制得。凡是炭及含炭物质在氧气不足的情况下燃烧，都会产生一氧化碳，人体吸入一氧化碳后，通过肺泡进入血液循环。与血液中的血红蛋白结合，即形成碳氧血红蛋白。一氧化碳与血红蛋白的结合能力比氧与血红蛋白的结合能力强300倍，而碳氧血红蛋白本身不能携氧，自身的解离又较氧合血红蛋白解离慢3 600倍，这样就严重影响了血液的携氧，使组织缺氧，表现了一氧化碳对人体内呼吸的窒息作用。若吸入含5‰以上一氧化碳的空气时，就会引起重度的中毒症状，如昏迷、肺水肿、脑水肿、呼吸困难或不规则、心律失常、在短时间内休克甚至死亡。

3. 冶金生产中煤气中毒事故类别与原因

冶金生产中大量产生和使用煤气的有高炉煤气、焦炉煤气、转炉煤气、发生炉煤气和铁合金煤气。各种煤气的组成成分及所占百分比各不相同，主要成分为一氧化碳、氢气、

甲烷、氮气、二氧化碳等。

煤气是冶金生产中主要的危险源之一，其主要危害是腐蚀、毒害、燃烧和爆炸。煤气事故的主要类别有：急性中毒和窒息事故，燃烧引起的火灾和灼烫事故，爆炸形成的爆炸伤害和破坏事故。冶金生产过程中导致煤气事故发生的主要原因分别是：违章操作或误操作，设备（施）及防护装置的自身缺陷，安全技术知识缺乏，现场缺乏检查指导和监护措施，监护装置与个体防护用品缺乏或有缺陷，以及事故预防与救护措施不完善等。

4. 加强对煤气安全管理的措施

（1）冶金企业要把煤气作业安全管理放在更加突出的位置，认真贯彻执行《工业企业煤气安全规程》等有关规定，切实落实责任。

（2）冶金企业要加强煤气从业人员安全教育培训工作，保证从业人员具备必要的安全生产知识，熟悉有关煤气安全生产规章制度和安全操作规程，掌握本岗位的安全操作技能和防范措施。

（2）冶金企业要严格执行煤气生产、储存、输送、使用环节防止泄漏、中毒窒息、爆炸的安全管理制度，要配齐各种监测、监控设备和防护设施，并加强日常检修维护，确保运行正常。

（3）冶金企业要以“反三违”为重点，加强对冶金企业煤气安全生产日常检查工作，加强对安全生产影响较大的重要设备、关键设施和主要生产工艺的检查工作，要使高炉风口平台、炉身、炉顶等区域煤气泄漏处于受控安全状态，煤气柜、管线监控和防护设施的配置运行符合相关安全规程要求。

（4）冶金企业要制定煤气作业工艺环节的应急救援预案，并定期组织演练，防止施救不当造成事故伤亡扩大；要加大投入，配足必要的个体防护用品，提高应对事故的处置能力。

（5）冶金企业要不断完善相应的规章制度、机制体制，夯实冶金企业安全管理基础。要防止和纠正盲目乐观、松懈麻痹思想，把工作抓实抓细，有效防范、遏制冶金企业煤气中毒等重特大事故的发生。

5. 发生煤气泄漏时应采取的应急措施

（1）关闭送气阀。事发单位发现煤气泄漏，立即报告，操作人员按规程关闭送气阀门，打开紧急放散阀门进行减压。

（2）空气稀释。强制向泄漏区排风，将泄漏区煤气疏散。

（3）检查抢修。工程抢险人员必须佩戴好防毒面罩，进入现场详细检查，找出原因；抢险抢修人员在安全的前提下，迅速开展对泄漏点的抢修堵漏工作。

（4）煤气泄漏较严重时，应迅速划分危险单元，组织治安队在目标单元周围 200 m 范围内设立警戒线，严禁无关人员及车辆通过，查禁所有明暗火源。

（5）现场应急指挥根据情况及时报告当地政府相关管理部门，请求外部支援，对处在危险区域内的所有人员进行紧急疏散。

6. 发生煤气中毒时应采取的应急措施

（1）进入泄漏区的人员必须佩戴CO报警仪、氧气呼吸器。

（2）设置隔离区并进行监护，防止其他人员进入煤气泄漏的区域。

（3）抢救人员要尽快让中毒人员离开中毒环境，并尽量让中毒人员静躺，避免活动后加重心、肺负担及增加氧的消耗量。

（4）事故现场杜绝任何火源。

（5）搜索后，要对在岗人员及参加抢险的人员进行人数清点，在人数不符的情况下搜救工作不能终止，直到人员全部点清。

（6）对泄漏点周围逐个地点进行搜索，特别是死角、夹道等不易引起注意的地方全面进行搜索。

（7）应对警戒区域内的煤气含量进行检测，超过规定标准时警戒区不能撤销。

7. 煤气泄漏引发火灾、爆炸时应采取的应急措施

（1）煤气轻微泄漏引起着火，可用湿泥、湿麻袋堵住着火部位，进行扑救和灭火，火焰熄灭后再按有关规定，补好泄漏处。

（2）直径小于100 mm的煤气管道着火时，可直接关闭阀门，切断气源灭火。

（3）直径大于100 mm的煤气管道或煤气设备着火时，应向管道或设备内通入大量蒸汽或氮气，同时降低煤气压力，缓慢关小阀门但压力不得小于100 Pa，以防止回火引起爆炸，使事故扩大，待火焰熄灭后再彻底关闭阀门。

（4）煤气管道或设备被烧红，不得用水骤然冷却，以防管道或设备变形断裂。

（5）当管道法兰、补偿器、阀门等处着火时，如果火势较小，戴好呼吸器可用就近备用灭火器灭火；如果火势较大，灭火器不能使火熄灭，可用消防车、消防水冷却设备，同时向系统内通入蒸汽或氮气，逐渐关闭阀门，待火焰熄灭后彻底切断气源灭火。

（6）当火灾发生时，目标单元事发危险区域要将警戒线扩大至300～500 m范围，防止他人误入危险区，事故隐患未彻底消除，安全警戒不得解除。

（7）当发生煤气爆炸事故，在未查明事故原因和采取必要安全措施前，不得向煤气设施复送煤气。

二、冶金企业人员中毒事故分析与预防措施

●在水泵房进行除盐水池防渗漏修护，导致作业人员中毒窒息事故

2009年3月21日下午14时左右，中国第四冶金建设公司在首钢京唐钢铁联合有限责任公司连铸车间水泵房进行除盐水池防渗漏修护作业时，发生一起窒息事故，造成5人死亡。

1. 事故经过

2009 年 3 月 21 日 8 时 30 分，中国第四冶金建设有限责任公司曹妃甸工程项目部闻某，带领 2 名农民工到首钢京唐钢铁联合有限责任公司连铸车间水泵房除盐水池（长 20 m、宽 4.6 m、高 3.65 m，容积约 320 m^3）进行池壁渗漏修复作业。事先业主已将水池水位降至溢流最低点（池内剩余水深约 0.5 m）。13 时 45 分左右，闻某等 2 人先后下到池底（池内余水已在当天中午前排除），相继晕倒。电工张某等 2 人闻讯下池救人，也晕倒在除盐水池内。电工安某顺爬梯下到水池一半高度时，发现池内已有 4 人倒地，感觉情况异常顺爬梯回到池上。管道安装工段长郭某带人赶至事故现场，误以为是触电导致下池人员晕倒，断电后让管道工杨某下池救人，导致杨某缺氧窒息倒在池内。至此，除盐水池内共 5 人窒息晕倒，送医院医治无效死亡。

2. 事故原因分析

造成事故的直接原因，是由稳压罐内氮气随回水管道反蹿到除盐水池内，造成池内氮气含量超标、严重缺氧，作业人员在除盐水池内作业过程中，违反《缺氧危险作业安全规程》(GB 8958—2006)，在未经检测、不明池内环境和缺乏有效通风换气措施保障（作业人员在作业前准备了通风换气用的轴流风机，但在实际工作时没有使用）的情况下，贸然在缺氧危险场所作业，导致作业人员下池后窒息死亡。

造成事故的间接原因如下：

（1）中国第四冶金建设有限责任公司曹妃甸工程总项目经理部对地上有限空间缺氧危险作业危险性认识不足，事前没有制定相应的安全措施和安全预案。

（2）对公司职工安全教育培训不到位，作业人员安全知识水平匮乏，安全意识低。

（3）现场施救人员缺乏必要的救护知识，盲目施救，致使施救人员缺氧窒息，导致事故扩大。

（4）作业人员进行除盐水池防渗漏修复作业施工过程时，没有实施有效的安全监管。

3. 事故教训与防范措施

（1）要加强对员工的安全教育与抢险救援培训，提高员工安全素质，特别是要增强在危险作业时自我保护意识及自救互救能力。某些事故发生后，一些自发参与救援的非专业救援人员，不佩戴或缺乏有效保护装备，结果造成自身伤害，酿成此次生事故，教训非常惨痛。因此，要重视开展对职工，特别是危险岗位作业人员的自我保护和科学救援知识的教育与培训，经常性地组织开展应急救援演练，并将此作为管理部门日常安全检查的重要内容。

（2）在危险环境下作业，要严格按照国家安全生产的有关标准、规程、规定，制定相应的安全预案和事故防范措施，加强现场监管，防止事故发生。

（3）要强化企业应急救援演练，切实增强企业应对安全生产突发事件的能力。

（4）业主单位要加强对外包施工队伍的监督管理，落实安全生产责任制，完善安全管理规章制度。

●私自将煤气接入值班室燃烧取暖，导致煤气泄漏人员中毒事故

2009 年 3 月 27 日 5 时 30 分左右，新疆鄯善县金汇铸造有限公司 3 号炉机修车间发生一起煤气中毒事故，造成 3 人死亡。

1. 事故经过

金汇铸造有限公司成立于 2004 年，现有员工 1 320 人，主要从事铁矿冶炼、铸造，免烧砖生产及销售。

3 月 26 日，3 号高炉机修车间工人赵某等 2 人早上接班，持续工作到次日凌晨（机修车间执行 24 小时上班制）。因天气较冷，使用室外放置的取暖煤气炉的炉芯，通过橡胶皮管将煤气接入机修值班室已停止使用的燃煤炉燃烧取暖。因炉芯为自制，不符合安全要求，煤气燃烧不充分，发生煤气泄漏，造成 2 人中毒。凌晨 4 时到 5 时左右，3 号高炉闰某也来到机修车间取暖休息。结果 3 人因煤气中毒而窒息死亡。

2. 事故原因分析

造成事故的直接原因，是赵某等安全意识不强，违反安全生产规章制度和操作规程，私自将煤气接入机修值班室燃烧取暖，发生煤气泄漏。而 3 号高炉副主任闫某到机修值班室休息，没能发现赵某等 2 人因吸入过量煤气已处于昏迷状态，不仅没能及时制止悲剧的发生，还导致事故的扩大。

造成事故的间接原因如下：

（1）金汇铸造有限公司对安全生产工作重视不够，安全管理不到位。突出表现在：安全管理制度不健全，相关责任制不落实，未层层签定安全生产目标责任书。

（2）对从业人员进行安全生产教育和培训流于形式，对禁止使用的炉心、橡胶管等设备未进行严格管理，对职工违规使用明令禁止的取暖行为处理不严，未能引起职工的警觉。

（3）对作业场所和工作岗位存在的危险因素认识不到位，在有较大危险因素的生产场所和有关设施、设备上未设置安全警示标志；擅自延长劳动者的工作时间，造成职工疲劳。

（4）安全生产事故应急救援预案流于形式，无可操作性；单位主要负责人、安全管理人员未认真履行安全生产工作职责；未严格按照《工业企业煤气安全规程》（GB 6222—2005）的有关要求对高炉煤气进行净化回收处理，违规使用。

3. 事故教训与防范措施

（1）认真吸取事故教训，进一步提高安全生产认识，将安全生产工作摆在重要位置，消除设备的不安全状态和人的不安全行为，杜绝各类事故的发生。

（2）针对事故在全公司开展一次安全大检查，特别是在煤气输送、使用等方面认真查找隐患并及时整改，杜绝煤气中毒事故重复发生。

（3）要进一步落实安全生产责任制，做到公司各级管理人员和职工安全责任明确落实，保证日常工作安全顺利进行。加强对全体员工的安全教育和培训，自觉抵制“三违”。

(4) 进一步规范和完善安全操作规程，规范工作程序，细化安全管理的内容，建立健全安全生产责任制和日常安全监督检查制度，及时发现并处理各类生产安全事故隐患，杜绝类似事故的发生。

(5) 进一步完善公司的各项规章制度。对于安全工作，公司应遵循从重、从严的管理原则，从小事抓起，绝对不放过任何细微的安全隐患。

●作业人员未佩戴报警仪和呼吸器违章作业导致的中毒事故

2009 年 8 月 21 日 21 时 30 分，南宫市双龙金属制品有限公司炼铁厂发生煤气中毒较大事故，造成 6 人死亡，1 人受伤，直接经济损失 500 余万元。

1. 事故经过

南宫市双龙金属制品有限公司隶属于邢台龙海钢铁集团，下设高线厂和炼铁厂。炼铁厂现有职工 450 人，高炉两座，年产铁 120 万吨。

8 月 21 日 19 时 25 分，炼铁厂 1 号高炉主风机跳闸断电，高炉被迫休风。19 时 45 分左右，故障排除，热风班开始对干式除尘器进行引煤气操作，用煤气置换除尘器箱体内空气，并在主控室依次关闭除尘器 1—7 号箱体 DN250 放散管气动蝶阀。由于 7 号箱体 DN250 放散管气动蝶阀出现故障没有完全关闭，21 时 30 分，1 号高炉热风班 4 名工人上到 7 号箱体顶部实施人工关闭（当时正在下大雨）。没有关闭到位的 7 号箱体蝶阀使煤气仍处于放散状态，造成除尘器箱体顶部煤气大量聚集，导致 4 人当场中毒。21 时 50 分左右，在箱体下留守监护的闫某等 3 人怀疑箱体上面出现问题，也未佩戴空气呼吸器和一氧化碳报警仪，在未切断煤气气源的情况下，再次上到 7 号箱体顶部工作台，致使当中的 2 人相继倒下。6 名中毒人员经抢救无效死亡，1 人中毒较轻，经治疗后痊愈出院。

2. 事故原因分析

造成事故的直接原因，是作业人员的违章指挥、违规作业。在 7 号箱体放散管气动蝶阀关闭不到位，未切断煤气气源，放散管仍处于放散状态的情况下，4 名作业人员未按照规定佩戴报警仪和呼吸器，就贸然上到 7 号箱体顶部实施人工关闭，造成 4 人当场中毒。而其他 3 名操作人员也未佩戴呼吸器和未采取任何措施，盲目进行施救，造成中毒并导致事故扩大。同时，干式除尘器属煤气设备净化介质，是高炉煤气，操作人员上到除尘器顶部从事带煤气维修作业，本身是一种危险性比较大的作业，此次操作又在雨天和夜间进行，不符合《工业企业煤气安全规程》(GB 6222—2005) 规定的“不应在雷雨天气进行，不宜在夜间进行”的要求，属违规作业，导致事故发生。

造成事故的间接原因如下：

(1) 企业在安全教育培训工作上不深入、不细致，特别是在落实有关规定对新进厂职工的教育培训上不到位，重生产、轻安全，职工缺乏安全基本常识，自我保护意识差，安全素质低，安全意识淡薄，习惯性违章操作、违章指挥现象在生产环节中普遍存在。

(2) 企业安全管理不到位。炼铁厂现有职工 450 余人，只配备了一名专职安全管理人员，未设安全管理机构，安全管理力量非常薄弱，现场管理混乱。安全管理制度不健全，安全责任不落实，安全隐患得不到及时消除，如炼铁厂高炉车间1号高炉7号除尘箱体电控C阀长期失灵得不到及时维修。高炉车间实施特殊作业、危险作业时没有严格的监护和防范措施，如中毒事故发生时职工盲目施救，不佩戴任何防护器材，致使事故进一步扩大。

（3）安全投入不足。设备设施未做到定期保养、检修和检测。设施设备存在的安全隐患得不到有效根除；涉及煤气设施操作的岗位，安全防护器具配备不能满足防护及救护需要。

3. 事故教训与防范措施

（1）企业必须高度重视安全生产工作，严格落实《安全生产法》等法律法规的要求，建立健全安全生产相关制度，加强对工作人员的岗位培训、安全教育和遵守劳动纪律培训，严格按照操作规程要求作业。

（2）要把“安全为了生产，生产必须安全”视为企业生存发展的前提条件，强化安全责任制的落实。要通过该起事故举一反三，认真查找和整改安全生产工作中的漏洞和薄弱环节，确保安全生产。

（3）要组织专门力量对事故现场勘察和技术分析指出的隐患进行彻底整改。强化安全教育培训，开展典型案例事故分析讨论，深刻吸取事故教训，切实增强职工的安全意识，消除“三违”行为。

（4）完善应急救援预案，提高防控和处置能力。制定完善重点部位和关键工艺环节的应急救援预案，并定期组织演练，配足防护用品，提高应对各类事故的处置能力。

●没有佩戴防毒面具违章砸阀门，造成大量煤气涌出人员中毒事故

2009年8月24日18时20分，临汾市志强钢铁有限公司发生煤气中毒事故，造成3人死亡，1人重度中毒，2人轻度中毒，直接经济损失200余万元。

1. 事故经过

临汾市志强钢铁有限公司成立于2002年7月，是集炼铁、炼钢、轧钢、发电、建材为一体的股份制钢铁企业，职工2 000余人，年产铸造铁20万t、优质炼钢生铁100万t、钢坯110万t。

8月24日15时30分，志强钢铁公司召开1号高炉烘炉由2号高炉供煤气转为3号高炉供煤气专题会。会议决定：2号高炉空料线停炉，将3号高炉煤气引到1号高炉。

2号高炉休风以后，技师王某安排热风工卢某等2人负责关闭2号高炉除尘箱体所有眼镜阀；由逮某等另2名热风工负责关闭2号眼镜阀。要将3号高炉煤气引到1号高炉，必须打开3号眼镜阀。到了3号眼镜阀下面，发现煤气压力高，煤气压力表显示25 kPa。17时40分，高炉热风班长杨某把4号煤气眼镜阀关闭（4号阀与3号阀在一个管道上，关4号眼镜阀目的是降低管道内煤气的压力）。4号煤气眼镜阀关闭以后，煤气压力表显示2 kPa。当煤气压力显示为零，开始组织热风工上高位平台，进行打开3号眼镜阀操作。

逯某等 4 人带上煤气报警器、两套防毒面具上到了 3 号眼镜阀平台（平台距地面 7.2 m)。由于带着防毒面具工作不方便，2 人摘掉防毒面具作业，并很快将控制眼镜阀的两根丝杠松开（共三根丝杠)，对另外一个拧不动的丝杠，作业人员用大锤在东面砸，为此眼镜阀松动了 10 cm 左右。18 时 20 分，一股煤气从松动的法兰处喷出，正在作业的 4 名工人中，3 人当即中毒倒在平台上。负责监护的 2 人见状先后爬上平台进行抢救时也中毒由平台摔落地上。

接到事故报告后，企业启动应急救援预案进行抢险，将 6 名中毒人员迅速送往就近的临钢医院。其中 3 人经抢救无效死亡，1 人重度中毒转市人民医院就治，2 人轻度中毒。

2. 事故原因分析

造成事故的直接原因，一是没有严格执行厂部专题会议决定，打开 3 号眼镜阀时，没有对 4 号眼镜阀进行完全切断，错误地判断煤气管道内没有压力。二是在 3 号眼镜阀生锈不灵活打不开情况下，作业人员违章砸阀门时，造成大量煤气涌出。三是作业人员没有佩戴安全防毒面具。

造成事故的间接原因如下：

(1) 上下作业平台为直梯且无护笼，用 14 mm 的圆钢制作，与基础支架焊接不牢，人员上、下不方便，不符合煤气区作业安全要求，紧急情况下，人员无法迅速撤离。

(2) 事故发生后救护人员没有采取有效的防护措施就进入现场抢救，导致事故受伤人员增多。

(3) 在对 3 号眼镜阀进行操作过程中，现场没有安全监督人员和专职管理人员。虽有措施，但没有严格执行。

(4) 从 4 号煤气眼镜阀到 3 号煤气眼镜阀之间约 120 m 的煤气管道上没有安装煤气放散阀，不能有效排出管道里的煤气。

(5) 企业领导及员工，安全意识淡薄，职工素质低，安全技术培训不到位，不懂得基本的煤气作业知识。

3. 事故教训与防范措施

(1) 要认真贯彻落实党和国家有关安全生产方针、政策和法律法规，认真吸取事故惨痛教训，认真落实安全责任制，开展“三级”安全教育，对职工进行规范的安全培训。

(2) 建立健全各项规章制度和操作规程，对煤气及高危场所，要严格现场管理，严格执行有关操作规程和整治方案，杜绝“三违”现象。

(3) 要在危险机械设备、危险源、高危场所设置明显警示标志。制订切实可行的生产安全事故应急救援预案并对预案进行演练，防范各类事故，真正做到安全生产。

(4) 要严格执行隐患排查制度，制订整治方案，落实责任领导和责任人，消除各类隐患。

第七章　冶金企业安全管理与事故防范新做法

从大量事故统计来看，构成企业生产安全事故的原因虽然多种多样，但归纳起来主要有四类，即人的不安全行为、物的不安全状态、危险的生产环境、松懈的安全管理。由于安全管理的松懈，人的不安全行为得不到及时有效的纠正，物与环境的危险得不到及时有效的消除，那么就不可避免地发生各种事故。因此，加强企业安全管理工作，加强对班组安全管理工作的重视，积极引导生产班组强化自身安全管理工作，是企业应对事故的有效方法。在此，介绍一些冶金企业安全管理与事故防范新做法，以帮助企业改进安全管理工作，从而取得良好的效果。

第一节　冶金企业安全管理与事故预防新做法

在冶金生产过程中，既有冶金工艺所决定的高热能、高势能的危害，又有化工生产具有的有毒有害、易燃易爆和高温高压危险，同时还有起重机械、运输车辆、生产设备可能导致的各种伤害。因此，冶金企业需要加强安全管理，严格执行各项规章制度，通过贯彻执行安全标准化，规范约束员工的作业行为，纠正各种违章行为，从而有效避免各类事故的发生，实现企业安全稳定运行。

一、太原钢铁（集团）有限公司不断推进安全工作有效预防事故的做法

太原钢铁（集团）有限公司（以下简称太钢公司）是一个集矿山开采、炼焦、炼铁、炼钢、轧钢、运输为一体的特大型钢铁联合企业，也是全球产能最大的不锈钢生产企业，拥有全球规模最大、装备水平领先的全流程不锈钢生产线，不锈钢、冷轧硅钢、热轧碳卷、火车轮轴钢、合金模具钢、军工钢等产品市场占有率居国内第一。

近年来，太钢公司认真贯彻落实“安全第一，预防为主，综合治理”的安全生产方针和安全生产法律法规的要求，不断探索、实践科学方法，完善管理机制，强化过程控制，以严格、细致、扎实的作风狠抓责任落实，安全工作不断得以推进，人身伤害事故总数逐

年大幅下降，重大事故得到有效控制，为企业的发展创造了稳定的安全环境。

太钢公司不断推进安全工作有效预防事故的做法如下：

1. 构建具有太钢公司特色的安全文化，强化全员安全意识

太钢公司领导认识到，安全生产也是竞争力，建设具有竞争力的企业，首先要建设安全的企业。秉承"安全是最大的效益"的理念，太钢公司确立了"以人为本，用户至上，质量兴企，全面开放，不断创新"的企业核心价值观，把安全工作作为一切工作的出发点和立足点。

（1）确立"以人为本"的安全管理理念。高起点认识并确立安全理念。开阔思维构建安全文化。把"以人为本"的企业核心价值观体现到安全生产过程中，减少事故，保护好职工生命安全，首先要形成浓厚的安全生产氛围，将安全意识、安全价值观转化成职工共有的工作标准和日常习惯，进而形成文化。太钢公司先后两次邀请杜邦（中国）公司高级安全咨询顾问举办了安全文化、安全管理实务讲座，公司领导、厂（处）长、安全主管参加培训并结合实际加以运用。由主管安全生产、企业文化的公司领导带队，到韩国浦项、中国台湾地区中钢等企业进行安全文化考察，开阔了视野，拓宽了工作思路。经过广泛征集和选择，确立了以"珍爱生命，我要安全"为核心的安全理念。公司运用报纸、电视、网络等媒体，进行广泛宣传和灌输，使安全理念深入人心，为实现安全生产提供了强大的思想基础。

（2）倡导严格管理的安全文化。通过对历年来的死亡事故进行原因分析、归纳和总结，公司发现，由于人的不安全行为诱发的事故比例最高。为防范重复性事故，最大限度地保障职工生命安全，公司对事故经过和原因进行提炼，明确 10 条禁止行为，形成《太钢职工生命保障规则》，经过职代会讨论，配套出台了《太钢〈职工生命保障规则〉管理制度》，明确规定对于违反人员，经查证属实的，要到公司劳务市场待岗；性质严重的，要解除劳动合同。该项制度的出台和实施，对安全意识不强、行为不规范、屡屡违章的人员产生了极大的威慑力。

（3）严格安全问责。对于违章职工要从严查处，对于不认真履行安全职责的领导干部，更要严肃实施责任追究。为此，太钢出台了《安全生产问责制度》，从公司董事长到岗位操作人员，凡未认真履行安全生产职责，造成安全生产责任事故、重大险肇事故或公共安全事件的，都将视情节严重程度被严格问责。作为问责制的主要手段，"引咎辞职"的推出，将各级领导干部、专业管理人员、基层职工的权利和责任紧密联系在一起，督促各级人员正确、充分履行安全职责。在《安全生产奖惩制度》中，太钢明确列举了 22 项重大安全管理问题、9 项不履行安全生产责任制的相应处罚，日常管理过程中一旦发现，都要严肃惩处。

（4）开展形式多样的安全文化活动。为让职工理解、接受、认同并主动践行安全管理理念，太钢公司充分利用《太钢安全报》《太钢日报》、内部网络广泛宣传安全理念的内涵。

利用每周安全学习日，组织开展“珍爱生命、我要安全”“我的安全职责是什么”等主题大讨论，引导职工正确树立安全价值观。还组织开展安全改善提案活动，职工参与度达到82%以上，安全改善提案活动成为职工参与安全管理的重要途径。在“安全生产月”“百日安全无事故竞赛”等阶段性活动中，坚持开展安全签名、安全知识竞赛、安全文艺汇演等形式多样的文化活动，营造了浓厚的安全文化氛围，全员安全理念不断提升。

2. 推进闭环管理，建立职业健康安全管理体系

太钢公司认真分析多年来的人身伤害事故特点，借鉴职业健康安全管理体系的思想，确定了“危险辨识—标准化作业—安全培训教育—安全评价”的安全工作闭环管理思路，通过把各项工作一环扣一环地做扎实，推进持续改进。

（1）以危险辨识为源头，提升现场本质安全化水平。充分考虑危险辨识工作的特点，太钢公司提出了领导干部、专业技术人员、岗位职工三结合的组织方法和直观性、专业性、系统性相结合的工作模式，开展危险辨识，对辨识结果建册登记，对危险因素实施治理，从源头上控制事故发生。

（2）规范重大危险源管理。太钢公司严格按照《安全生产法》和《危险化学品重大危险源辨识》（GB 18218—2009）中的相关规定，运用作业条件危险性评价法，有计划地对重大危险源的危险程度实施评估，定量分级。为防范重大危险源失管失控诱发事故，制定了详细的安全防范措施，分级建立了突发性生产安全事故应急救援预案，健全组织机构，落实救援物资，配备救援器材，定期演练，确保发生突发事件能够积极应对。还按照山西省的统一部署，进行重大危险源登记建档，在省级信息化系统平台下形成了太钢公司危险源信息库。

（3）以标准化作业为根本，提高职工安全操作技能。太钢公司把推行安全生产标准化工作作为提高职工安全操作技能、控制违章诱发事故的有效方法来抓，并按照管理标准化是基础、现场标准化是条件、操作标准化是核心的原则坚持不懈，持续推进。按照事事有标准的要求，每个岗位都建立了作业标准，配套三大规程，形成了完整、能够确保安全的标准体系。太钢公司还开展了“岗位标准化操作竞赛活动”，以班组为单位选拔操作标准的职工，进行对口竞赛，评选出该岗位、工种表现最好的员工，评为安全生产标准化操作标兵。对获得公司级年度“安全生产标准化操作标兵”的职工，人均奖励一万元。

（4）以安全培训教育为保障，全面提升职工安全素质。强化对一把手安全责任意识教育。定期组织厂（矿）长安全管理培训班，讲解安全生产法律法规、太钢安全理念及工作思路，宣传典型经验与方法，强化一把手抓好安全工作的责任感、紧迫感和自信心。在安全培训上，把重点放在培训教材选取、师资力量培育、培训教育三个方面。

（5）以安全评价为手段，促进逐级安全责任落实。建立安全评价标准体系。太钢公司根据全流程钢铁企业的安全生产特点，依据安全生产法律法规和标准，结合多年安全生产管理的实际经验，分别制定了人的行为、物的状态方面的通用和专用安全评价标准，涉及矿山、冶炼、轧材等全流程各工序、岗位（工种）、主辅设备和工器具，累计制定安全技术评价标准 9 000 余条、管理评价标准 500 余条。

3. **完善安全生产运行机制，强化责任落实**

安全生产是企业发展永恒的主题。在企业生产中要居安思危，牢牢绷紧安全生产这根弦，不断发现新情况，解决新问题，探索新思路，坚持不懈地抓好各项安全措施的落实，重心下移，关口前移，加强安全预控，确保分公司持续、安全、稳定地发展。太钢公司在完善安全生产运行机制方面，主要有以下几项措施：

（1）健全安全管理网络。按照《安全生产法》等法律法规的要求，太钢公司级设有安全生产委员会，下设消防、交通、民爆和职业卫生四个专项委员会。公司一级设置安全管理机构，二级厂设有安全主管部门或专职安全人员，作业区、班组均设有专兼职安全员，形成了纵到底、横到边的较为完善的安全管理网络，在安全生产工作中发挥着重要作用。

（2）坚持安全工作会议制度。太钢公司每季度组织召开一次安委会会议，公司副总以上领导和成员单位行政“一把手”参加，重点研究解决当前安全生产工作中的突出问题和重大问题，每季度召开一次安全工作会议，由总经理对安全生产的重大决策和工作要点进行部署。每月召开一次安全生产电话会议，通报当前安全生产动态。每周分片召开一次安全专业人员例会，研究推进工作的有效措施和方法，协调解决工作过程中遇到的问题。针对国内同业、公司安全动态和国家重大事项，及时组织召开安全专题会议，统一思想，研究措施，从构建和谐社会的高度制定并落实安全措施。

（3）推行安全预算管理模式。为加强过程控制，太钢公司以安全标准化思想为指导，结合闭环管理的思路，综合考虑导致事故发生的人、物、环境等方面的因素，把安全管理控制度、标准执行率、危险源三个指标作为安全工作的主要考核依据。年初预算核定各单位指标，过程分阶段评价检查、动态指导，测评指标完成情况并进行经济责任制考核，促使各单位对安全工作关口前移，重心下移。

（4）坚持厂长安全述职制度。为强化厂（矿）长安全责任意识，太钢公司连续五年推行安全生产述职制度。每季度选取五位厂（矿）长，针对事先确定的主题从安全工作思路、安全投入、过程控制等方面进行述职，重点剖析问题，公司主要领导、安委办成员单位和职工代表当场提问并打分，肯定成绩，指出不足，明确提出改进要求，以督促二级单位一把手投入更多的精力研究安全工作并抓好落实。

（5）完善规章制度。结合流程再造和机构重组，太钢公司及时修订《安全生产责任制》。适应国家安全生产法律法规变化和自身发展要求，及时完善了《安全生产责任制》《安全生产奖惩制度》《生产安全事故报告和调查处理规定》《危险源管理办法》《危险化学品安全管理办法》《全员安全培训管理办法》《职工生命保障规则》等制度，形成了较为完善的安全管理制度体系，为实现管理标准化和从严管理提供了依据。

太钢公司认真落实企业主体责任，强化过程控制，安全生产形势保持了稳定发展的态势，从而推动各项安全生产工作扎实有效开展。

二、江苏永钢集团有限公司营造健康稳定发展环境的做法

江苏永钢集团有限公司（以下简称永钢集团公司）创办于1984年，已发展成集采矿、炼铁、炼钢和轧钢为一体的大型联合钢铁企业，属于全国500强企业，为中国冶金行业30强企业。目前有员工6 000多人，总资产60亿元，年炼钢、轧钢能力达400万t。

近年来，永钢集团公司在持续、快速发展的同时，始终坚持“安全第一、预防为主”的方针，把安全生产工作放在企业发展的重要位置，加大安全投入，注重加强制度建设，积极推行“三全”管理，强化安全技术措施，狠抓各项安全生产制度和措施的落实，及时消除了一批安全隐患，为公司的快速、健康、稳定发展营造了一个安全环境。

永钢集团公司营造健康稳定发展环境的做法主要有以下几点：

1. 加强组织领导，健全管理网络

在企业安全生产管理上，永钢集团公司专门成立了由总经理任组长、分管安全生产的副总经理任副组长的安全管理领导小组，并按照“管生产必须管安全”的原则，明确规定各分厂主要负责人为安全生产第一责任人。每年年初，公司总经理都要与各分厂、各部门负责人签订年度安全生产目标管理责任书，落实公司安全生产目标、责任和工作规范等。与此同时，各分厂、各部门将各项安全管理目标、要求逐级分解落实到车间、班组、岗位直至每个职工，确保每项安全措施真正落实到位。

公司不断完善安全生产管理网络，构建“金字塔”型安全管理体系，在公司总部设立了安环处，在各分厂设立安环科，在各车间班组设立专职安全员。在专职安全管理人员的配置上，把重心向分厂、车间、班组倾斜，重点在生产一线配足配强企业安全管理员。在每个生产班组设立“一长两员”，根据班组实际情况，选派好班组安全的“领头羊”“班长”，并明确了专、兼职安全员和工会小组安全监督员。

目前公司拥有专职安全管理人员92名，与职工总数之比达到了1∶82。通过明确各级安全管理机构及安管员的监管职责，统一行使对企业生产全过程的安全生产管理职能，实现了企业内部安全生产管理的全覆盖。

2. 加强制度建设，推行“三全”管理

永钢集团公司始终遵循“安全生产，制度先行”理念，健全完善各项安全生产管理制度。2005年以来，公司全面修订和完善了公司的各项安全管理制度和操作规程，并根据企业的实际情况，借鉴其他企业的经验，制定出一整套各工种安全操作规程和安全管理制度，从而确保了在安全管理上“有章可循”。具体做到了“三个全”：

(1)“全方位”管理。对公司所有危险源划分等级，确定“A”级危险源4个，“B”级危险源69个，“C”级危险源112个。对这些危险源点，公司专门建立了危险源安全管理台账，有针对性地制定安全管理制度和应急预案。

（2）“全过程”管理。在职工中推行“大安全”教育理念，即包括职工上下班道路交通安全、厂区道路车辆行驶安全、生产作业岗位操作安全等方面。

（3）“全参与”管理。公司在安全管理实践中，总结出一套以“职工互保联保责任制”为主的安全管理制度，即工作在同一岗位、同一区域的职工，就是一个安全生产整体，小组成员工作中做到互相关心、互相监督、互相协调、互相制约，共保安全。公司还制定了职工互保联保责任制，以责任书的形式由所在分厂、单位的领导与各联保小组签订合同，明确互保联保各方职责和考核奖惩细则。

在企业发展过程中，公司经常组织有关部门对各项现行的安全操作规程和安全管理制度进行必要的修订和完善，以适应企业快速发展的需要，防止因管理制度的滞后而引发安全生产事故。

3. 加强教育培训，强化考核奖惩

近年来，公司坚持开展形式多样、持续不断、广泛深入的安全生产宣传教育，使职工的安全生产意识和操作技能得到不断提高。在教育方法上，不断探索新的思路和方式。一是培训时间巧安排，利用车间、班组的班前会开展教育培训；二是培训有针对性，考核有灵活性，对每个工种均有不同的试卷，摒弃以往死记硬背办法，提倡让职工自己判断、结合自己的体会去发挥；三是利用各种喜闻乐见的图片、资料、板报等媒介，对员工进行安全教育，公司安环处积极采用电化教育办法，使培训效果更加明显；四是认真编写事故案例教材，由各单位开展事故案例教育；五是每月从一线职工中，随机抽取一部分职工进行安全知识和操作规程考试，考试的成绩与工资挂钩，有效督促职工自觉学习安全知识和安全操作规程。

在加强安全生产教育培训的同时，公司还不断完善对职工遵章守纪情况、现场安全管理情况等的综合性考核体系。每月组织一次安全考核，对考核成绩名列第一、第二位的单位，分别奖励 5 000 元、3 000 元；对名列倒数第一、第二的，分别处以 5 000 元、3 000 元罚款；对考核分低于 95 分的，除按比例扣除单位的总工资外，还要按比例扣除主管领导和安全管理人员的工资，切实增强了安全生产激励约束机制。

4. 加大安全投入，完善安全设施

公司充分认识到企业是安全生产的责任主体，逐年加大安全生产投入。对新建、改建、扩建项目，严格按照“三同时”原则，切实做到安全防护设施和主体工程同时设计、同时施工、同时竣工验收并投入生产使用。

在项目建设资金的安排上，十分注重安全防护设施的投入，确保安全防护设施设备达到国家标准要求。重点加强对生产作业现场的安全防护，按照“有洞必有盖、有台必有栏、有轴必有套、有轮必有罩、有轧头必有挡板、有特危必有联锁”的要求，积极整改事故隐患。

此外，公司还定期收集职工的意见，认真采纳他们有关安全防护方面的合理化建议。

针对炼铁、炼钢生产工艺过程复杂、作业层面和危险源点多的特点，进一步完善高温作业、登高作业、涉及煤气作业等方面的安全防护设施，有效保证了炼铁、炼钢的生产作业安全。

5. 加强安全检查，抓好工程管理

公司十分重视安全生产检查工作，采取多种方法，动员广大职工一起纠违章、共同除隐患。一是分厂定期自查。公司各下属单位同样也是安全生产责任主体，负有对其所辖区域的安全管理职责，每月 22 日，要求各分厂把上个月的安全自查和整改情况以书面形式向公司主管部门汇报，发现重大隐患的，要随时上报。二是职能部门定点巡查。公司安环处对专职安全管理人员实行划区包干、责任到人的办法，加强日常巡查。三是加强夜间安全监管。实行不定期夜间抽查制度，每星期不少于 1 次，根据需要或节假日期间，适当加大检查频次。四是组织专项安全检查。根据季节变换，有针对性地开展防雷专项检查、防汛专项检查、防暑降温专项检查、移动电器专项检查、消防器材专项检查等。生产指挥中心还组织有关职能部门，对特种设备和动力设备等定期开展安全专项检查。五是实行重点检查。对危险性较大的检修、安装作业，公司安环处派员进行现场检查和作业监护，确保施工作业安全。

切实加强工程项目安全管理，特别加强对外包工程项目的安全管理。对每一项外包工程，都与承包单位签订安全生产管理协议，约定各自的安全生产管理职责。公司还成立了专门机构，配备 2 名安全监管人员，专门负责对承包、承租单位安全工作的管理和协调工作。对监管中发现的问题，及时与承包单位负责人进行沟通。对经教育仍未改正的，按照安全生产管理协议书规定，对违章人所在的单位实行经济处罚。通过公司和各承包单位的共同努力，近年来，所有承包施工单位没有发生重伤以上的安全生产事故，发包方、承包方、监理方对取得这样的成绩十分满意。

三、武汉钢铁股份有限公司在工作中推行“无差错”管理理念的做法

武汉钢铁股份有限公司（以下简称武钢股份公司）坐落在武汉市东部，是由武汉钢铁（集团）公司控股的国内上市公司，拥有世界先进水平的炼铁、炼钢、轧钢等完整的钢铁生产工艺流程，主要生产冷轧薄板、冷轧硅钢、热轧板卷、中厚板、大型材、高速线材、棒材等，目前公司总资产达 300 多亿元，下辖 12 个单位，员工 1.7 万人。

近几年来，武钢股份公司坚持科学发展观，大力倡导以人为本的企业文化，强化管理创新，在安全生产工作中推行“无差错”管理理念，并按照公司倡导的用“文化”超越“管理”的新思路加以实施，取得了显著成效。

武钢股份公司在工作中推行“无差错”管理理念的做法主要是：

1. 安全宣教是安全文化的内容之一

让员工在安全知识培训中由“受众”变为“授众”，这是武钢股份公司安全文化的内容之一。公司所属烧结厂的工会干部定期到一线班组，参与班组的安全活动，他们开展的主

题为“劳动保护班组行”活动已经2年，每个班组都要开展“一线班员谈安全”的专题活动，主要是由一线员工谈近期安全工作的情况，由干部和员工一起分析管理上存在的问题，以及如何防范事故。这样的活动在各分厂都在开展，原来是“干部台上讲安全，员工台下听安全”的形式，现在已改为员工结合实际谈安全，干部帮助员工分析问题、改进问题。员工在安全教育中身份的变化带来了安全意识的变化，进而带来了安全行为习惯的变化。

让员工积极参加各种安全文化活动，是增强员工安全意识和规范员工安全行为习惯的有效形式。武钢股份公司长期在职工中开展宣传教育和文化活动，从而形成了具有特色的安全文化氛围。2006年，公司收集“安全在我心中”主题书画作品1 000多份，举办“亲人与我心连心，我要安全为亲人”征文和演讲活动30多场（次），组织安全春联创作、安全大讨论、安全环保检查、特殊时期安全专项教育等活动。2007年春节前，公司组织开展的“安全和谐进万家”万人签名活动，得到了员工的积极支持，参与签名的人数超过1.5万人，占公司员工总人数83%以上。这些活动有效地丰富了安全管理工作，构建了安全和谐文化，提升了安全管理水平。

安全宣传牌是许多工厂都有的，但是这些宣传牌的宣传效果如何呢？武钢股份公司管理人员做过调查：员工经过安全宣传牌时，仅有8%的人会看宣传牌，仅有不到2%的人会留意宣传牌内容；而这些留意内容的员工中能够记忆内容的就更微乎其微了。针对这一情况，公司在“人性化”上动脑筋，在宣传方式上想办法，将电脑屏幕保护程序更换为宣传安全的内容，编辑安全提示彩铃供员工免费下载，发送安全短信表达祝福与嘱托，组织青年工人开展安全宣传内容的网页设计大赛，这些新颖、动感的宣传手段让员工们耳目一新，起到了良好的宣传教育效果。

2. 创新机制是促进员工创新意识的保障

2006年，武钢股份员工龙建军提出的“450 t吊车主卷钢绳安全快速更换操作法”被命名为“龙建军先进操作法”，他本人获得1万元奖励。据统计，近2年有30多项安全先进操作法获得公司命名奖励，有30多人获得“安全合理化建议金点子奖”，有400多项职工安全自主管理成果获得公司表彰。可以说，武钢股份公司的每一位员工，在自身岗位上围绕安全生产的创新成果，都会得到公司的及时认定和奖励，甚至由于种种原因而“不宜实施”的建议，也会得到一定的物质奖励，以此保护员工源源不断的创新意识。

这些受到表彰、奖励的先进操作法、自主管理成果和合理化建议，及时被公司采用，直接改善了现场安全作业条件和本质化安全程度。例如转炉烟罩清理和焊补时防止粘渣脱落砸伤作业人员是一项难题，分厂把这一课题提交劳模联谊会，劳模郑贵平揭榜攻关，3个月后提出了一套完整的解决方案，不仅解决了粘渣伤人的问题，而且有效提高了烟罩使用周期和转炉作业率。公司的劳模联谊会、技师协会、党员责任区、“青年文明号”等组织，也是公司倡导安全理念和文化的骨干力量。

员工创新的意识不仅仅来自于公司的奖励机制，还需要在方法、手段、知识上得到支持和补充。六西格玛、8D 方法、FMEA 等国际先进的管理工具，在武钢股份公司非常容易就得到推广，这是源自公司各层面对员工创新过程中的知识、资源的支持。烧结机传输皮带胶接不仅劳动强度大，而且存在一定的伤害风险，为了保障安全作业，延长胶接皮带使用寿命，烧结厂在自主管理活动中引入 8D 方法，顺利解决了问题，创造了良好的经济效益，该项成果还获得公司现代化管理成果奖。

3. 员工参与促进了规章制度的执行

过去经常讲“有章不循”是导致事故的主要原因，也是执行力不高的表现，其实“章不可循”是“有章不循”的原因之一。武钢股份公司领导感到，让员工参与完善制度，比要求员工被动执行制度更重要。因此，从 2004 年开始，公司在着手构建了质量管理体系、环境管理体系和职业安全健康管理体系三位一体的综合管理体系时，不断征集员工的意见和建议，以此保证文件的可操作性和有效性。近几年来，公司共收集员工对于完善职业安全健康和环境保护制度的意见和建议 400 多条，完善各类安全环保制度 3 000 多项（次）。

4. 在营造安全文化氛围上注重亲和力

2007 年除夕，每一位上班的员工进餐时都收到了一枚画有安全祝福图案的鸡蛋，这是“小手拉大手、同心保安全”主题活动中，由武钢子弟小学的孩子亲手为叔叔、阿姨准备的小礼物。一枚枚绘有图案的小鸡蛋传递着孩子们的祝福，也透射出公司在营造安全文化氛围上注重亲和力。节日期间，武钢股份公司有 2 万多人次收到了来自亲属的安全祝福贺卡。同时，公司还向一线员工发放“安全慰问摄影卡”3 000 余张，提醒员工节日期间要提高安全风险防范意识，注意休息，精心操作，确保自身以及生产的安全。员工们还收到了来自妻子、孩子的祝福，这些祝福往往会收到数倍于简单说教的效果，也是企业安全文化亲和力的体现。

当“文化”超越“管理”时，安全就成为一种可靠保障。武钢股份自组建以来，产能由 500 万 t/a 提升到 1 100 万 t/a，员工人数由 4 万人下降到 1.8 万人，劳动生产率翻了 4 倍多，重大伤亡事故始终为零，负伤率处于全国同行业先进水平。

四、石家庄钢铁有限责任公司使员工安全行为从他律走向自律的做法

石家庄钢铁有限责任公司（以下简称石钢公司）始建于 1957 年，于 1994 年改制，现为河北钢铁集团所属企业，以生产汽车专用钢为主，现已发展成为集烧结、炼铁、炼钢、轧钢系统于一体的重点大中型钢铁联合企业。

石钢公司在安全生产管理上坚持“安全第一，预防为主，综合治理”的安全生产方针，以人为本，开展了以创建“安全观念文化、安全行为文化、安全物态文化、安全管理文化”为主体的安全文化年活动，使企业安全生产进入管理的最高境界——文化管理。通过安全文化建设，使安全工作“内化于心、外化于行（形）、固化于制”，使员工的安全行为逐步从他律走向自律，实现“要我安全”到“我要安全”的质的转变。

石钢公司使员工安全行为从他律走向自律的做法如下：

1. 实施安全观念文化建设，营造安全文化年氛围，培育员工安全文化素养

在实施安全观念文化建设、营造安全文化年氛围上，石钢公司采取多种方式进行宣传。

（1）利用宣传媒体进行安全观念文化建设宣传。利用《石钢报》对安全文化进行了宣传报道，从安全文化的定义、内涵、认识偏差和存在问题、实施途径和重点以及常用方式和方法等方面，进行阐述、说明，使全体员工更深入了解“安全文化”的内涵。此外，还充分利用转炉参观通廊建成的“安全文化教育长廊”，使用图表、照片、漫画等形式，营造安全文化的氛围。

（2）宣传安全环保1号文件，营造安全文化年氛围。各单位利用安委会、调度会、四班大会、班前会等多种形式，宣传安全环保知识，使员工领会、理解公司年度安全管理思路，把握安全文化年的活动内容和管理目标，营造出浓厚的安全文化年氛围。

（3）安全管理资格培训和考核。公司组织62人参加了省安监局在公司举办的“河北省属企业主要负责人和安全管理人员安全资格培训班”，全部取得了安全管理的资格。

（4）组织开展了“我要安全，告别违章”全体员工安全承诺活动。春节期间，为了推进公司“安全文化年”的创建，营造“人人保安全、人人为安全、人人抓安全”的良好氛围，公司在全体员工中开展了“个人无违章、身边无事故、岗位无隐患”的全员安全承诺活动。各单位认真组织，由员工亲自填写、家属签字，安全承诺内容精练、含义深刻，可读易记。一些生产厂还组织员工在班务会上宣读，有效提高了员工安全自主管理、自我约束的意识。

（5）组织安全文化建设基层经验交流会，促进基层安全管理水平的提高。经过充分的准备，公司选拔了9个在安全文化建设上有特色的工段、班组，组织了基层安全文化建设经验交流会，9名工段长、班组长就如何开展基层安全管理、推进安全文化建设进行了经验介绍，使大家对如何开展实施安全文化建设和夯实安全管理的“双基”有了更深入的理解和认识。

（6）在“全国安全生产月”期间，开展了内容丰富、形式多样的宣传教育活动，使安全文化理念深入人心。公司通过层层选拔确定6名选手，组织了“遵章守法、关爱生命”的主题演讲，使4 200余名员工接受了一次生动的安全教育。

（7）通过事故案例教育，培养员工安全意识。购买了《职工安全生产知识电视培训光盘》《触电事故预防与案例剖析》《触电事故与现场急救》等资料，并利用周一班务会时间，组织岗位员工学习、观看，进一步提高了职工的安全意识和安全技能。此外，还整理2005—2006年度钢铁企业死亡和重伤事故案例分析，供职工学习。

（8）面向全公司征集遵章守纪、违章违纪两个“卡通形象”、安全和环保管理徽标、职工安全格言和安全警句等，创建灵活多样的安全环保视觉文化。活动开展以来，广大职工利用业余时间积极创作，报送的作品切合公司实际，具有一定的视觉冲击力。

通过一系列安全教育培训活动的开展，员工安全意识得到提高，“我要安全”意识进一步增强。

2. 使安全管理“有法可依、有章可循”，实现安全工作的“固化于制”

为落实安全生产法律法规，结合公司安全生产的实际，按照“5WlH”的原则（做什么、谁来做、在哪做、何时做、为何做、如何做）制定不同层次的管理制度，建立了完善的安全管理制度体系。目前，石钢公司的安全管理制度体系主要包括管理手册、程序文件、作业文件三个层级。

（1）管理手册是体系最上层的管理文件，规定了体系各要素运行的基本要求，并且明确了上至董事长、总经理，下至普通员工的安全生产责任，同时也明确了各职能部室的安全生产职责。

（2）程序文件规定了每一个业务管理流程的作业程序，促进管理的标准化和规范化。共同建立了以“危害辨识、风险评价与控制、建设项目管理、危险化学品管理、职业病防治、消防管理、绩效监测和测量、应急准备与响应”等为主要内容的20个管理程序文件。

（3）作业文件是最基层的文件，主要包括管理制度和岗位作业规程等，是落实程序文件的支撑。目前，在安全管理上的主要制度有安全培训教育制度、安全生产奖惩制度、安全生产检查制度、设备安全管理制度等71个，并且根据变化不断更新完善。公司各岗位、各工种均制定了《安全操作规程》《技术操作规程》《设备使用、维护和检修规程》等制度。

三级体系文件的建立，使国家安全生产的法律法规转化成了公司的内部制度，形成了比较齐全、完备的制度体系，为安全管理工作提供了制度保证。

3. 实施安全的目视化管理，推进安全物态文化建设

在推进安全物态文化建设上，公司特别注重提高现场5S管理标准，提高实施目视化安全管理水平，采取了一些实用方法。

（1）梳理完善安全警示标识，方便重点设备和区域的操作、确认。为员工创造舒适、文明的工作环境，做到物流有序、安全警示醒目，是实现安全生产的重要措施之一。公司5S推进工作，主要是在持续改进上下功夫，同时加大了安全目视化建设，对危险场所、各类管道的着色，严格落实国家规范标准的要求，使用标准的色环标注介质种类、流向等，对易燃、易爆的气体、锅炉压力容器、高压管路、高压供电系统或对安全生产影响较大的设备，设置明显的安全标识，方便职工操作和确认，确保特定安全视觉信息传递到位。2007年各单位共补充增加警示标识312块，更换89块，确保了作业场所警示标识的齐全和整洁。

（2）设置安全管理目视化看板，开展有特色的基层安全管理文化。为在主控室、工段、班组活动室、休息室等地方，宣传安全生产知识，各单位按照要求在各工段、班组开展安全管理目视化看板活动，主要从两方面着手，一是充分利用原有目视化看板，丰富看板内容；强化人性化的管理模式，使职工体会到安全工作以人为本的理念；二是以部分工段或班组为试点，结合岗位实际，开展形式多样、内容丰富的基层安全文化建设活动，待时机成熟后，再全面推开。如第三轧钢厂在四个作业区设置了安全目视化看板，内容主要包括安全提示、应急预案、事故案例、安全检查表、“5S”及安全基本知识等。

（3）开展了5S标准化班组创建活动，保证年度60%以上班组达到5S标准化班组标准。通过创建安全文化年活动，提高了员工安全意识，弥补了安全管理的不足，并已经开始潜移默化地影响员工安全行为。

石钢公司的安全文化建设刚刚起步，今后将不断丰富其内容，努力提高各级管理人员和员工安全生产的自觉性，以文化的力量实现公司经营效益和员工安全健康双赢。

五、鞍钢集团铁运公司运输总站培养职工安全价值观的做法

鞍山钢铁集团公司（以下简称鞍钢集团）是大型钢铁联合企业和钢铁生产基地，被誉为“中国钢铁工业的摇篮”。经过几十年的建设和发展，目前钢铁主业已形成鞍山、鲅鱼圈、朝阳三大生产基地的发展格局，具有钢、铁、钢材2 500万t的综合生产能力，能够生产16大类钢材品种、120个产品细类、600个钢牌号、42 000个规格的钢材产品，广泛应用于国民经济各领域。鞍钢集团所属铁路运输公司以及运输总站，主要负责集团公司的物资、原料、成品的运输业务。

冶金铁路货物运输是安全系数低、风险高的行业，为了保证冶金铁路运输的安全，运输总站始终把树立正确的安全生产观念，列为思想政治工作的重点，贯穿于企业安全生产的全过程。在“安全第一，预防为主，综合治理”方针的指导下，通过运用企业安全文化，培养职工安全价值观，经过长期的不懈努力，各类事故逐年下降。截至2011年6月，创造了连续4年无轻伤事故；连续11年无重伤和死亡事故的佳绩。

鞍钢集团铁运公司运输总站培养职工安全价值观的做法如下：

1. 大力宣扬安全文化理念，培养职工树立正确的价值观

多年来，运输总站结合冶金铁路运输安全生产的特点，开展广大职工讨论，确定了“人本至上，制度最大”的安全生产理念。生产经营部在机关大楼和各车站点名室明显处，设置镶嵌了这八个大字的匾额，党委工作部颁发了“人本至上，制度最大”安全生产理念的释义。各车站在向全体职工宣传贯彻的同时，坚持每天在班前会向职工抽考提问，使这一理念人人皆知，日益深入人心。

为了深入推进，运输总站还将推行安全生产理念与安全生产承诺有机结合起来。每年年初，总站与各车站，车站与各班组分别签订安全生产责任状；职工签署安全生产承诺书，从而形成了人人明确安全目标、层层承担安全责任、一级管理一级、一级问责一级、下级对上级负责的格局，逐步使职工的安全生产观念从“要我安全”向“我要安全”“我会安全”的方面转变；使关爱生命，关注安全的意识融入到每名职工的思想当中，自觉遵章守纪蔚然成风，有效控制了人身伤害事故的发生。

2. 发挥多种载体作用，营造安全文化氛围

在安全生产实践中，运输总站通过创建安全文化平台，发挥安全文化各种载体的作用，营造浓厚的安全文化氛围。

(1) 运用先进宣传教育手段，提高职工对事故防范意识。为了使广大职工提高自我安全防范观念，总站先后录制编辑《工残职工访谈录》《惊魄的瞬间》《勿忘前车之鉴，遏制事故重演》等事故案例教育片，并组织职工观看，教育职工违章操作引发事故，将给家庭造成无法估算的精神痛楚，给国家造成了巨额经济损失，给企业造成极坏的影响。运输总站还在传统的安全培训基础上，改进授课方式，组织专业人员，投入大量的物力、财力，制作了调车工、调度工、扳道工等六个工种《先进技术操作法》多媒体安全教育片，并将光盘发放给每个职工。教育片中对现场操作的每一道工序、每一个动作及危险因素、防范措施等都作了详尽说明。这种图文并茂，深入浅出，直观性强的教育培训方式，深受广大职工的欢迎。

(2) 党政工团发挥各自专长，共同搭建安全文化平台。党委工作部结合安全生产形势，审时度势下发宣传提纲，或对违章违纪行为进行针锋相对的剖析；在职工中征集的 210 条“安全健康短信”，由班组长用手机向职工传发，在温馨的言语之中起到了警示作用；以“为了您和家庭的幸福《一封安全家书》”为载体，将家庭美德建设与企业安全文化相结合，厂内厂外共同筑起安全防线；“说句心里话”安全四个一活动，广大职工热烈响应，积极向企业献计献策；《安全文化手册》《企业安全文化丛书》连续发行，为企业安全文化宝库填补了空白；由运输保产一线的青年工人执笔，结合车站曾发生过的事故原型，以及日常生活中涉及安全工作的小事，撰写出的八部安全情景剧，在各车站展演后，引起共鸣，职工在笑声中接受了安全教育。企业安全文化使职工真正感受到“快乐工作、健康生活”的乐趣，彰显了企业对职工的人文关怀、人本至上的宗旨。

(3) 安全典型引路，遵章守纪有样板。经过职工评选，车站推荐，总站审查，19 位奋斗在运输一线调车岗位的工人师傅荣登榜首。在苦脏累风险极高的调车岗位上，工人们用严、细、实的工作作风，用一丝不苟贯章贯制的行为标准，用对企业、对家庭的责任和奉献，为广大职工做出榜样，实现连续 25 年以上无违章、无违纪、无事故。

3. 推广安全生产标准化，夯实安全管理基础

为了把安全生产标准化各项工作落到实处，运输总站成立了安全生产标准化领导小组，制定了详细的实施方案，明确各部门分工内容，下发了安全生产标准化工作指南。至此，运输总站安全生产标准化工作，扎扎实实全面铺开。

(1) 整合文件，完善制度，实现管理标准化。从完善规章制度入手，建立和完善了《运输总站经济责任制考核实施细则》《运输总站职工绩效考核实施细则》等多项管理制度。统一安全管理的各种安全记录、安全教育教案、隐患整改台账的标准，从总站到车站、从车站到班组，均是一样的内容和版本。为了保证标准化推广的进度和质量，确定立山站为

安全生产标准化试点车站。车站安排专人对照标准化指南的每一条款，逐一编制对应步骤，实现安全管理精细化。总站还定期组织检查小组，依据管理标准化、现场标准化、操作标准化的条款，对各车站安全生产标准化开展情况进行逐项检查。对检查发现的问题进行通报和考核。

（2）认真整理整顿，及时整改各类隐患，促进现场标准化。为有效应对可能发生的各类安全事故，迅速、高效、有序地开展救援工作，避免事故后果扩大，最大限度地降低事故造成的人员伤亡和财产损失，2011 年安全活动月期间，各车站在向职工进行事故应急演练教育的同时，分别以本站曾经发生过的事故为背景，开展了事故现场演练。通过事故报告开始，保护现场、抵达现场、复救事故、组织运输保产等每一个环节的实际演练，进一步提高了领导干部事故抢险的组织能力和职工自我防范应对能力。而且遵循“谁用工、谁负责”原则，对总站范围内工作的劳务人员实施日常安全监督管理。一是与劳务工所在单位签订安全协议，明确双方应负的责任和安全管理内容；二是给劳务工建立安全档案，把劳务工当作全民在岗职工管理；三是对劳务工进行三级安全教育，增强劳务工的安全意识。该项措施填补了安全管理工作的空白。

（3）突出操作标准化重点，纠正人的不安全行为。在推广安全生产标准化的过程中，总站逐步清醒认识到操作安全标准化是推广安全生产标准化的重中之重。如果违标操作违章操作泛滥，实现安全生产目标将是一句空话。主要从三个方面开展工作：一是强化班组长和安全员的培训，提高安全标准化讲课水平。参加培训的同志专心听讲，认真记录，达到了预期效果。二是全员贯彻执行安全作业指导书。生产经营部与技术设备部，审定了总站 13 个工种 38 个作业程序的指导书，共印制 381 册。下发至各个岗位，严格要求职工认真背诵，在作业中认真执行。三是加大“两纪一化”检查考核力度。要求两纪机关领导干部，按照规定检查次数和质量，采用专项检查、守候检查等多种检查形式，对在检查中发现的违章违纪现象，要立即制止，批评教育，一定按照有关规定严肃考核，绝不姑息迁就。2010 年，两级机关共检查发现违章违纪现象 548 人次，考核奖金 42 860 元。

第二节　冶金企业强化班组安全管理预防事故新做法

对企业来说，控制事故是安全管理工作的核心，而控制事故首选的方式是实施事故预防，即通过管理和技术手段的结合，消除事故隐患，控制不安全行为，保障员工的安全。其次就是采取应急措施，即通过抢救、疏散、抑制等手段，在事故发生后控制事故的扩大、蔓延，努力把事故的损失减少到最小。班组是企业的基层组织，是加强企业管理、搞好安全生产的基础。因此，企业要做到安全生产，就必须重视班组安全，一切工作都必须从班组抓起，扎扎实实地进行班组安全建设，以班组安全来保证企业的整体安全。

一、莱钢集团公司积极促进班组建设工作逐步完善的做法

莱芜钢铁集团公司（以下简称莱钢公司）始建于1970年1月，是拥有总资产620亿元、产钢能力超过千万吨的特大型钢铁联合企业，2009年与济南钢铁集团公司联合组建为山东省钢铁集团公司。莱钢集团所属有25家子公司，职工3.9万人，先后获得全国质量管理先进企业、山东省管理创新优秀企业、山东省AAA级信誉企业等荣誉称号。

莱钢公司从1985年开始，就把班组建设作为企业管理的重要基础，常抓不懈，促进了班组建设工作的逐步完善和不断提高。2002年，基于对学习型组织理论的理解，公司提出创建学习型企业的愿景之后，开始了创建学习型班组的实践。并取得了显著的效果。

莱钢公司积极促进班组建设工作逐步完善的做法主要是：

1. 导入理念，强化培训，奠定思想基础

为了使职工尽快接受并熟悉学习型组织理论，莱钢公司从加强培训入手：一是积极组织职工参加学习型组织理论培训班、五项修炼、心智体验训练、品格提升培训、参观交流等多种活动，引导职工全面学习和体验学习型组织的基本理论，形成了真信、真学、真用的氛围，培养了一批自己的培训师，开发出“品格训练”和“心智体验”课，运用“体验”和“互动”等开放形式，使参与者在整个培训过程中都成为主角，在活动和讨论中共享学习成果，有效激发了员工参与培训的积极性，从而也使得学习型组织理论迅速普及。目前，学习型组织基本理论和品格提升培训已基本覆盖全员。二是进一步加强对班组长的培训。在进行理论培训的同时，组织开展交流、参观、考察等活动，以提高认识，拓展思路，增强能力，使班组长真正成为学习型班组创建的合格带头人和积极推进者。

2. 抓住关键环节，明确创建思路

莱钢公司结合创建学习型企业的要求和班组建设的实际，深刻认识、把握“学习是基础、改善心智模式是关键、创新是核心、持续发展是目的”四个关键环节。

（1）学习是基础。就是引导职工树立新的学习理念，坚持学习工作化，工作学习化，把本职工作当作事业来追求，当作学问来研究，将传统的技术攻关、项目实施以及讨论、交流、总结等活动升华为团队学习，把班组岗位变成职工学习的课堂。

（2）改善心智模式是关键。就是从改善职工的心智模式入手，引导职工树立“不归罪于外”“不自我设限”等先进理念，改善传统思维方式，培育积极心态，带动思维方式、管理方式和工作方式的转变。

（3）创新是核心。就是通过普及“人人可创新、事事可创新、时时可创新，创新存在于细节处、创新存在于问题中”等新理念、新思想，在班组工作实践中广泛推广应用创新方法，提高职工创新技能，挖掘创新潜能，提升班组整体创新能力。

（4）持续发展是目的。就是提升班组整体工作水平，努力把班组培育成为凝聚力、战斗力强的团队，引导班组创出一流的工作业绩，促进班组及其成员与企业共同持续发展。

3. 搭建平台，丰富载体，推动创建工作全面展开

（1）搭建愿景平台。在班组成员建立个人愿景的基础上，结合班组目标任务，共同建立班组的团队愿景，使建立愿景的过程成为将个人目标与组织目标有机融合的过程。在此基础上，明确班组的使命、价值观，与贯彻落实企业文化相结合，进一步形成和不断发展成员共同认可、具有班组特色的文化，班组凝聚力得以提升。在日常工作中，激励班组成员不断对照愿景检视个人和班组的工作、学习情况，并及时采取改进措施，保证全班组向着实现班组愿景而共同努力。

（2）搭建学习平台。营造学习氛围，拓展学习内容，丰富学习形式，形成了“每日一题”“反省周记”“连动学习”“互动式学习”“班组周点评”“深度会谈”“成果共享会”等多种学习形式。坚持技术比武、岗位练兵不间断，形成了岗岗练、层层比、人人学的局面。

（3）搭建创新平台。相继出台了《莱钢先进操作法管理办法》《关于进一步规范合理化建议的实施意见》和《莱钢群众性经济技术创新工程实施意见》等，为职工开展创新活动提供了政策依据。

（4）搭建自主管理平台。制定下发了开展班组自主管理的实施意见，强化班组自主管理意识和能力。以“全员成本核算、全员安全管理、全过程质量控制、全面现场管理、全方位的思想政治工作”为主要内容，开展班组自主管理，实现了班组建设从“要我抓”到“我要抓”的转变，形成了事事有人管、人人都管事的局面。

（5）搭建共享平台。每年召开学习型班组建设研讨会、班组长座谈会、现场交流会、优秀班组长讲座等，发现和推介典型，相互学习和交流，实现创建经验的共享。

4. 制定标准，完善机制，促进创建工作的健康发展

莱钢公司在认真调研的基础上，把创建工作的各项具体任务抽象为可比较、可量化的目标和指标，建立考核标准，为班组指明了努力方向。2002 年，制定下发了《关于开展创建学习型班组活动的实施意见》，提出了学习力、创新力、自主管理能力和凝聚力的“四力”要求，又形成了《莱钢学习型班组评审验收标准》。2007 年初，随着创建工作的深入开展，公司制定了从建立愿景体系、学习体系、创新体系、管理体系四个方面入手新的学习型班组考核评价要素指标，推动了创建工作的持续改进和不断发展。

5. 注重实际效果，不搞统一模式，给予班组更多的空间

莱钢公司创建学习型班组没有将这项工作与企业中心工作相脱离，不是把它作为游离于企业实际工作之外的独立的活动，而是坚持创建工作不搞形式，不拘泥于固定模式，在集团公司工会的统一部署下，各单位结合各自实际，发挥自身优势，赋予自身特色，保持了创建工作的生机与活力。

（1）重视引导广大员工充分认识创建学习型班组的重要意义，激发班组和班组成员的自觉自发意识，真正产生开展创建工作的主动性和积极性。

（2）重视激发班组的自主创新能力，引导广大班组把解决实际问题作为创建工作的切入点，在应用学习型组织基本理论分析现状、找出不足的基础上，设计和创新符合本班组实际、为班组成员接受的创建载体，并投身创建实践。

(3) 发挥典型的示范带动作用，培养和树立了以姜立松班为代表的一批“AAA”级学习型班组典型，并在全集团公司广泛宣传推广它们的创建经验和事迹，营造了学先进、赶先进、当先进的氛围，促进广大班组的共同提高。

莱钢公司在学习型班组创建过程中，通过不断总结经验，反思不足，积极探索和研究创建工作规律，推动了整体创建水平不断提高。公司每两年召开一次学习型班组推进会议，总结工作，查找不足，制定整改措施，并明确下一阶段的创建思路和重点。此外公司工会每两年举办一次学习型班组大赛或学习型班组长大赛，通过班组文化展示、班组管理创新成果展示、讲述班组故事、班组知识竞赛等，展示交流各个班组的创建成果和基本情况，进一步激发了广大班组的创建热情。

二、杭钢集团公司工会通过文化建设推进班组建设的做法

杭州钢铁集团公司（以下简称杭钢集团公司）创建于 1957 年，目前已经发展成为一家以钢铁为主业、多元发展的大型企业集团，拥有全资及控股子公司 37 家，具备有 400 万吨钢的年生产能力。现有职工 1.69 万人，总资产 290.72 亿元。公司先后荣获全国文明单位、全国精神文明建设工作先进单位、全国企业文化建设优秀企业等荣誉称号。

近年来，杭钢集团公司工会在企业文化建设过程中，把培育高效能的班组团队作为工作的追求目标，通过开展“创建学习型组织，争做知识型员工”活动，将企业文化植根于班组，创新班组文化建设，努力构建和谐的企业文化。5 年来，先后评比表彰了“学习型班组创建奖”65 个、“知识型员工”60 名。通过文化建设推进班组建设，收到了很好的效果。

杭钢集团公司工会通过文化建设推进班组建设的做法主要是：

1. 建立学习和创新文化，提升班组创新力

杭钢集团公司工会认识到，把班组安全建设工作纳入企业安全文化建设和安全管理的总体格局中，形成齐抓共管的局面，需要建立班组学习和创建文化，提升班组的创新能力。

(1) 营造学习和创新的氛围。首先，在班组普及“学习工作化，工作学习化”“人人可创新、事事可创新、时时可创新、创新存在于细节处、创新存在于问题中”的理念，以提高员工学习的主动性和创新的自信心。其次，根据不同层次员工的需求，结合各阶段的学习和工作重点，拟订学习和创新计划。通过组织员工学习管理创新技巧和新技术，克服思维定式，促进直觉和灵感等非逻辑思维的形成。第三，班组内建立互动式的过程学习和创新模式，通过学习寻找解决生产和工作中难题的办法，提高员工的学习、创新能力和解决实际问题的综合能力。

(2) 丰富学习和创新的形式。在学习形式上，运用“头脑风暴法”，重视班组成员无限制的自由联想和讨论；在创新实践中，学习运用“移植法”，即将一个领域中的科学技术或

者方式方法应用到另一个领域中的构思方法，从而为班组工作和生产创新带来突破性进展。同时，围绕生产、安全、质量、节能减排、降水增效和经济技术创新指标，在班组内部形成“问题管理法”，把“问题”变成班组成员技术和工作创新的源泉，发掘蕴藏在员工中的积极性和创造力。

（3）拓展学习和创新的空间。班组将岗位练兵、技术比武、先进操作法、技术攻关和项目施工等，升华为团队的学习和创新活动，拓宽在生产一线解决技术和工艺难题，开展技术创新的空间。引导组员立足岗位学习新知识、掌握新技术、钻研新本领、创造新技法、推出新产品，使班组成为企业自主创新的细胞。同时，班组建立知识、技能共享和技术创新的平台，实行“组员轮流带班制”“自学互助小组”等，使组员既掌握岗位技术理论和班组管理知识，又掌握先进操作技能，成为一专多能的技能人才。

2. 推行制度和行为文化，提高班组自主管理能力

企业要实现安全发展，离不开班组的自身安全，因此需要把班组安全建设作为企业生存和发展的根基，充分发扬职工群众的首创精神，激发职工的积极性、主动性和创造性，提高班组自主管理能力。

（1）完善班组管理制度。结合工作实际，建立和完善班组自主管理的制度和程序。在建章立制过程中体现以人为本的思想，适应现代人受尊重和自我实现的高层次心理需求，通过明确组员应当遵守的规章制度和担负的责任，以及相应的权利，增强组员的全局意识和岗位责任，调动班组成员参与管理的自觉性、积极性和创造性，改变班长一人管理班组的状况，从而提升班组的管理绩效。

（2）增强班组凝聚力。班组成员各有所长，也各有不足，班组秉承互助、共进的理念，通过开展自主管理，使用得当的方法，把各自优点传授给其他成员，努力克服存在的问题和不足，使优势互补。班组内部建立起平等和谐的关系，在提高个人能力的基础上，发展班组成员的整体搭配，从而成为一个愿意为了共同业绩目标、能相互承担责任的有竞争力的团队，使班组充满生机和活力，不断增强凝聚力。

（3）注重班组长作用。一是抓好班组长的选拔、培养和教育工作。在选聘中，实行民主推荐、组织选聘或竞争上岗、3～5年任期目标制等。在教育中，注重班组长观念的更新，从传统的“指挥官”转变为能担负起学习、设计、指导和服务职能的班组管理“领头羊”。二是不断提高班组长综合素质，使其具有技术专长和人格魅力，以及运用知识解决班组实际问题的能力。三是班组长关心组员的思想、工作、生活与健康，为组员提供安全、文明、有序的生产环境，不断优化班组的工作环境。

3. 培育“家”文化，打造一支优秀团队

加强班组建设是提升企业凝聚力和竞争力、实现企业现代化管理和自我发展壮大的客观要求。班组是员工从事劳动、创造财富的直接场所，员工在企业中的作用首先在班组中体现出来。因此，只有班组建设的水平提高了，企业才能充满生机和活力，这就需要培育员工的“家”文化，建设优秀的班组团队。

（1）加强班组民主管理。班组文化注重民主管理制度建设，增强“企业是我家，我是主人翁”的理念。班组通过班委会、民主管理会、班务公开、员工论坛，以及班组职工代表向全体组员汇报制等行之有效的载体，及时向员工传达公司、生产厂、车间涉及员工切身利益的重要内容，并了解和掌握员工思想状况，注意倾听和反映意见和建议，切实做好员工思想工作，畅通民主管理渠道，架起企业与员工之间沟通的桥梁，保障员工的知情权、参与权、表达权和监督权，从而保证劳动关系和谐、员工队伍稳定、企业和谐发展。

（2）加强班组内的沟通。结合组员个性特点，建立正式沟通渠道，如班前班后会等会议制度、团队学习等交流共享制度、家访谈心等思想工作制度。同时，班组也建立班长与组员，以及班组成员间的直接交流沟通，形成组员之间相互理解、相互关心的氛围。在班组内既建立一人有难、大家帮助的和谐人际关系，也形成倡导和支持员工积极参加文化、体育及社会公益活动的鼓励机制，从而强化团队的家庭感觉，增强班组成员对集体的归属感和荣誉感，以及社会责任感。

（3）加强“工人先锋号”创建工作。创建活动向班组的拓展和延伸，为班组文化建设注入了新的内涵和动力。班组在“创建”活动中，与学习型班组建设、争先创优劳动竞赛等工作紧密结合，制定量化考核指标，使各项活动融会贯通，提升整体水平，发挥整体效应。班组以创建“工人先锋号”为目标，以创一流工作、一流服务、一流业绩、一流团队为共同愿景，使“工人先锋号”活动成为班组引导员工的有效载体，最大限度地激发员工劳动热情和创造活力，在推动企业创新发展、和谐发展中打造优秀团队，创建先进文化，起到示范、引领的作用。

三、马鞍山钢铁公司第一能源总厂不断加强班组建设的做法

马鞍山钢铁公司（以下简称马钢公司）是中国特大型钢铁联合企业和重要的钢材生产基地，其前身成立于1953年的马鞍山铁厂，1998年改制为马钢（集团）控股有限公司。现具备有1 600万t钢配套生产能力，员工近6万人，总资产761亿元。近年来，马钢公司先后荣获全国“五一”劳动奖状、全国模范劳动关系和谐企业、全国质量效益型先进企业等荣誉称号。

马钢公司所属第一能源总厂，近年来本着“抓基层、夯基础、谋发展、促和谐”的整体思路，以“建一流队伍、创一流班组、育一流员工”为目标，从夯实标准化基础工作做起，不断加强班组建设，全厂上下一盘棋，有效地推动了班组建设的快速、稳定、和谐发展。

马钢公司第一能源总厂不断加强班组建设的做法主要是：

1. 抓安全，把好班组建设第一关

企业的安全生产必须从班组抓起，因此班组是企业安全生产的第一关。总厂在开展班

组管理过程中首先从班组员工的安全意识入手，改变员工有可能出现的麻痹大意思想。为此，每个班组要坚持开好班前会，结合生产作业状况，对照“班前会安全提示要点”，明确施工重点和注意事项，做到安全提醒不落项，及时给上岗职工筑起一道“防火墙”；坚持每周一次班组安全警示会，用事故案例警示员工时刻注意安全、珍惜生命；坚持每个工程项目结束后召开安全总结会，对生产管理过程中出现的“三违”现象，人人敢揭短，人人谈危害。持之以恒的安全教育，使员工都养成了“想安全事、说安全话、干安全活”的良好职业习惯。

2. 抓规章，实现安全生产的保障

科学健全的规章制度是实现安全生产的保障。总厂把落实安全制度的执行情况作为考核班组及职工的标准，并制定出相关的安全管理条例，将安全要素分解到岗位，各项安全管理责任落实到个人，为安全生产提供了标准和依据。工作中，他们注重发挥班组长、安全员和工会劳动保护检查员的作用，严抓各项安全制度和标准的落实情况，要求职工上标准岗、干标准活，进一步增强班组长抓好班组安全工作的主动性和责任感，持之以恒地开展“安康杯”“青安杯”竞赛及“党员身边无事故，党员身边无违章”的“两无”活动，使“三违”现象和习惯性违章得到了有效遏制。

3. 抓管理，设置绩效考核关

为了充分发挥班组职工创效的积极性，总厂按照岗位责任和工作量大小，对检修岗位实行分岗位计分式量化管理，对运行维护岗位实施“操作无事故”考核和“千次操作无差错”劳动竞赛，奖优罚劣，真正体现责任、贡献与收入等。同时，他们鼓励班组针对生产中遇到的各类问题建立 QC 攻关小组，开展小发明、小创造和小改小革及合理化建议等活动，总结提炼先进操作法，持续改进生产工艺，并在总厂进行广泛推广和应用，极大地提高了工作效率。

为了激发班组的工作热情和干劲，总厂相继开展了“达标创优增效”和检修单位的“保工期、保质量、保安全、保效益”及班组建设升级竞赛等形式多样的劳动竞赛活动，以班组为单位，建立劳动竞赛评比机制，加强班组管理的过程考核，对优胜的班组予以相应的物质奖励，并将考核结果作为班组升级竞赛的评比依据，予以冠名标杆、模范、先进和文明四个等级的奖励，极大地激发了每位职工奋勇争先、勇创一流的热情。

4. 抓培训，人人要过素质关

通过长期有效的培训，不断提升班组的整体战斗力。作为企业发展的最前沿，员工的操作技能非常重要。为此，总厂以班组为单位，既把班组作为职工学习专业知识的培训基地和“充电器”，又当成职工技能提升的“孵化器”，并结合生产节奏快、学习时间难以保证的实际，坚持“三学”，即班前学、班后学、工余时间学。他们聘请专业技术人员或技师，以案例教学的方式，组织职工进行集中培训；对不在岗位的职工，班组都通过开展“一日一题”和“一对一”组织职工互动学习，并给青工压担子、交任务、签订岗位师徒合同，开展“名师带高徒”活动，使青工尽快成为岗位技术能手。

为了增强培训的针对性和实效性，各班组坚持训练内容在岗位上查找、技能演练在岗位上进行、学练效果在岗位上体现，积极开展岗位大练兵活动，不断提高职工的岗位技能和操作水平。同时，充分发挥制度的激励约束功能，采取将职工考试成绩纳入奖金考核，提高职工学技术、练技能、强本领的自觉性。

把好班组建设四个关口，使马钢第一能源总厂的班组建设水平得到了极大提高，为企业实现又好又快发展找准了支点。总厂在全力激活企业班组活力的同时，不断增强其完成生产经营任务和提高经济效益的能力，使企业的管理水平不断上升，形成了和谐发展的良好局面。

四、攀钢集团公司强化班组建设提升企业核心竞争力的做法

四川攀钢集团有限公司（以下简称攀钢集团公司）于1965年春开工建设，依托攀西地区丰富的钒钛磁铁矿资源优势和跨越式发展，目前已形成年产铁830万t、钢940万t、钢材890万t以及其他产品的综合生产能力。攀钢集团的经营理念是诚信，让顾客满意，让职工满意，让社会满意。为用户创造价值，让用户满意。企业创效，职工增收，让职工满意。守法尽责，造福社会，让社会满意。

近年来，攀钢集团公司深入贯彻落实科学发展观，坚持以人为本，把班组建设作为提升企业核心竞争力的重要基础，作为实施企业战略管理的重要内容，积极探索新方式、新方法和新途径，加强了班组建设，促进了企业发展。

攀钢集团公司强化班组建设提升企业核心竞争力的做法如下：

1. 高度重视，明确目标，加强班组的领导

班组的好坏，不仅影响着企业的总体管理水平，也直接决定了企业的各项安全管理措施真正落到了实处，安全管理才能收到效果。因此，企业领导和管理部门必须高度重视，明确目标，加强班组的领导。在推动班组建设上，攀钢集团公司采取了这样一些措施：

（1）深入开展班组调查研究工作。由集团公司工会、企管部等部门组成联合调查小组，深入各基层单位和班组进行调研，通过召开座谈会、抽样调查等方式，充分听取对加强和改进班组建设的意见和建议，为有针对性地加强班组建设打下坚实的基础。

（2）建立了党政统一领导，行政主管部门牵头，工会组织协调，各相关部门配合推进的班组建设领导机制，明确要求各子、分公司确定一名领导具体负责领导班组建设工作，并配备热心班组建设、具有实践经验的专兼职班组管理人员，负责班组建设的日常管理工作。隆重召开了班组建设推进大会，就进一步加强和规范班组建设进行了安排部署，形成了加强班组建设的强大声势和良好氛围。

（3）明确了班组建设目标。即按照攀钢改革发展的要求，努力把班组建设成为安全、文明、优质、高效、节约的生产单元，凝聚人才、培养人才的重要基地，党组织、工会组

织与职工群众密切联系的基层单位。

2. 完善制度，健全机制，提高班组建设的规范化水平

为了建立健全班组建设工作机制，攀钢集团公司制定了《攀钢集团公司班组建设管理条例》，明确了班组建设管理的指导思想、目标、组织领导、班组设置原则及其基本任务和要求，统一规范了班组长任职的基本条件及其选配程序、学习型班组评选程序、班组建设费用和奖励等内容。公司还进一步规范班组建设的管理，明确了班组需要建立的各项专业管理制度要求；班组达标评价标准、评定及申报程序；班组软硬件设施配备标准；班组建设经费、奖励标准及开支渠道等。明确把生产、质量、成本、安全、培训确定为班组管理的五项基本职能。进一步优化和规范班组记录，规定原则上班组记录设置三本账，即班组工作日志（含生产、安全、质量、设备等），班委会议记录（含政治学习、民主管理等），班务公开记录（含经济责任制考核等）。

为了切实加强班组长队伍建设，公司着力从提高班组长的领导力、执行力和创造力入手，切实加强班组长队伍建设。一是明确了班组长任职的基本条件、选配程序和相关待遇，建立班组长培养、选拔、使用、评价等机制，探索开展了班组长直选工作。二是切实加强班组长的培训。提出2008—2010年，用3年时间将班组长全面轮训一遍。三是成立了班组长联谊会，并定期开展各类活动，组织班组长参加了国资委在欧洲和清华大学举办的中央企业班组长培训班，每年组织班组长赴国内知名企业进行学习考察，开阔了班组长的视野，提高了班组长的综合素质。

3. 抓好载体，创建品牌，推进班组建设迈上新台阶

攀钢集团公司以创建学习型班组为主要载体，在班组中开展了“创建‘四型’班组、争当‘工人先锋号’”活动，积极推进学习型、创新型、安全文明型、和谐型班组建设，努力把班组建设成为能创造一流工作、一流服务、一流业绩、一流团队的“工人先锋号”。

（1）积极开展学习型班组建设，着力提升职工综合素质。明确了学习型班组的创建标准及评选方式。将学习型班组创建分为四个等级，即学习型合格班组、学习型先进班组、学习型红旗班组和学习型红旗班组标杆。学习型合格班组、学习型先进班组的评选由各子、分公司评定。集团公司负责学习型红旗班组、学习型红旗班组标杆的评定。在班组广泛开展读书自学活动，通过开展读书报告会、读书知识竞赛、讲座、短期培训班、读书沙龙、读书辩论会等多种形式，引导职工读书自学，精一门、会两门、学三门的浓厚学习氛围蔚然成风。职工的文化水平不断丰富、技术技能得到进一步提高，涌现了获全国读书自学成才奖的攀钢职工李贵华和夏禄清等一批技术专家和技术能手。

（2）积极开展创新型班组建设，着力提升职工自主创新能力。在班组中开展了“创建创新示范班组，争当创新能手”和“提合理化建议，评选金点子”活动，建立自主创新小组3 822个，广泛开展“提一条合理化建议，学习一门新技术，改革一项新工艺，刷新一项新纪录”的班组创新竞赛，促进了班组的持续创新。2008年围绕节能减排、降本增效、科技创新等重点工作，组织班组职工完成群众性创新课题 9 133 项，提出合理化建议 47 138 条，采纳实施了 16 087 条，创造利润 2.7 亿元，其中有 6 项节能减排合理化建议获全国总工会节能减排优秀合理化建议，并被全国总工会评为优秀组织单位。

（3）积极开展安全文明型班组建设，着力提升基础安全管理水平。以开展“安全信得过”班组竞赛为主要载体，以深化完善工会小组劳动保护检查员签字制度为重点，教育引导职工养成“上标准岗、干标准活、进行标准化操作”的良好作业习惯，不断提升职工的安全文明工作水平。在班组创造性地开展了“职工安全民主对话会”，加强了车间、班组之间以及不同岗位、不同工种之间的安全交底、沟通和协调，为提升班组安全工作水平、有效维护职工的安全健康权益作出了贡献。

（4）积极开展和谐型班组建设，着力建设劳动关系和谐企业。一是深入开展班务公开，充分尊重职工的民主权利，建立班组良好的沟通氛围与沟通平台，构建和睦的人际关系，营造温馨愉快的工作环境。二是努力培育具有攀钢独特文化、凝聚所有职工精神内涵和价值取向的班组理念，大力弘扬“艰苦奋斗，永攀高峰”的攀钢精神和改革创新的时代精神，加强了爱岗敬业、诚实守信、遵章守纪、团结和谐、开拓创新为主要内容的班组文化建设。三是不断加强班组的团队建设，大力培育同心同德、尽职尽责、相互协作的团队精神，逐步建立“勤奋学习、开拓创新、遵章守纪、团结协作、创造一流”的良好班风，塑造攀钢班组良好的整体形象。

第三节 冶金企业班组安全管理与事故预防新做法

班组是企业最基层的生产单位，班组安全管理则是企业安全管理的重要组成部分。从冶金行业安全生产的特点来看，生产工艺复杂，冶金生产工艺过程既有机械伤害、起重伤害、物体打击、坠落、挤压、易燃易爆等危害，又有高温、高压、高粉尘、有毒有害物质的危害，这些危险有害因素对一线班组职工的安全健康直接造成威胁，需要通过加强班组安全管理，提高班组生产人员的安全意识和安全技能，来预防伤亡事故的发生。

一、唐山钢铁集团公司高昌利炼铁小组安全管理的做法

唐山钢铁集团公司一炼铁厂高炉一车间 4 号炉乙班炉前高昌利炼铁小组由 12 名职工组成，组长高昌利。主要担负着高炉卷称上料、冶炼和出铁任务。由于一炼铁厂装备陈旧、场地狭窄，加之炼铁生产的特点决定了该小组的作业环境存在诸多不安全因素，为事故易发、多发区域。正是在这样的生产条件下，高昌利小组坚持以人为本，严格管理，取得了连续 17 年安全生产无事故的好成绩，连年被公司评为安全生产先进小组，1997 年，曾被中华全国总工会授予“全国安全生产先进小组”的称号。

唐山钢铁集团公司高昌利炼铁小组安全管理的做法如下：

1. 理顺职工思想情绪，营造班组和谐稳定的安全生产氛围

高昌利从多年的工作实践中认识到，职工思想情绪是直接影响班组安全生产的重要因素。而职工的言行表现会直接反映其内心的喜、怒、哀、乐。他提出日常工作中要坚持“三看”，即接班看职工情绪，班中看职工干劲，班后看职工活动态度，目的在于发现职工情绪的波动，及时掌握职工的思想动态，为职工排忧解难。一次，高昌利观察到一名职工班中无精打采，并时常到外边看天气，经了解得知这名职工家住农村要收麦子，担心天黑前家里不能收完，而第二天预报有雨，于是高昌利组织小组的同志下班后一起去帮他收麦子，解除了他的后顾之忧，使他全身心地投入生产。由于高昌利能够及时理顺职工情绪、化解矛盾，提倡大家互帮互助，使职工感到了集体的温暖，在一起工作感到舒心，消除了职工带着情绪作业的情况，有效避免了潜在的事故隐患。

多年来，高昌利小组始终把现场管理和小组的文化建设作为一项重要工作来抓，努力克服冶炼生产交叉作业、场地窄小等困难，组织职工创造物料摆放有序、场地干净整洁的作业环境，实现文明生产。职工们认为，创造整洁的生产作业环境才能对环境的不安全因素、物的不安全状态实现有效控制，才能应对紧急突发事故。因此，他们坚持每天接班和出铁后的第一件事就是清扫场地，使工具摆放有序。这些工作促进了小组中健康向上、轻松愉快气氛的形成，也为安全生产提供了保障。

2. 确立职工主导地位，形成全员参与安全管理的良好局面

高昌利小组的安全管理工作不只限于班组长和安全员负责，而是发动每个职工进行自主管理，使职工自觉成为所在岗位的安全管理者和其他岗位的安全监督者。小组的每个岗位都是反违章、反事故的哨卡，实现了班组职工从要我安全到我要安全、我会安全、我管安全的转变。他们提出要坚持“三查”“三必保”制度，即小组职工每班三次检查本岗位事故隐患；小组安全员检查班中是否有违章违纪；组长检查安全生产规定是否在岗位上落实。个人必保人身安全，岗位必保设备完好，全组必保事故为零。通过这两项制度的落实，进一步强化了职工的安全意识。2000 年 5 月，在当日值班中，该组职工薛广贤按照每班 3 次检查事故隐患的要求，在检查中发现炉前液压炮炮身大盖开焊并呈扩大趋势，他立即向组长通报，从而避免了一起恶性事故发生。高昌利小组正是依靠小组每个职工的作用，进行全员安全管理，通过保证每个职工安全，从而把职工与职工之间的安全点连接成安全保障线，又由不同的保障线构成一个安全生产面，实现了小组安全生产的目标。

3. 强化安全责任制度，实现对安全生产的全过程管理

做好安全工作是为企业负责，为他人负责，更是为自己和家庭负责的观念已经在高昌利小组每个职工的心中牢固形成。他们提出了人到岗位、安全到位、在岗一分钟、尽责 60 秒的口号，使安全工作从职工入厂上班、上岗、生产、离岗直到安全到家的全过程中。组长高昌利说：“规章制度是基础，认真贯彻执行才是根本和保证。”因此，他要求小组每个职工在班组中落实“三严”制度，即严格执行安全操作规程、严肃劳动纪律、严格工艺纪律，他还从强化责任意识，实现工序间安全衔接的角度，制定了“三确认”工作制度，即必须确认本岗位安全，确认上道工序安全，确认下道工序安全才能进行操作。为便于统一管理，他在炉前实行了“安全生产确认翻牌制”，按照炉前生产的6道工序制作6个小牌，两面分别印制准备、确认字样，要求只有每道工序的责任人都进行翻牌确认，才能出铁。

4. 提高职工综合素质，奠定安全生产的坚实基础

高昌利认为，职工的综合素质由安全素质和技术素质组成，安全素质高能够保证职工自觉遵章守纪，技术素质过硬能够增强职工解决突发事故的能力，职工综合素质的提高不但能提高生产水平，更是实现安全生产的坚实基础。为提高安全素质，高昌利要求小组同志必须达到“三会”，即会安全预知预测，会安全预防，会排除事故隐患。他从抓安全教育入手，利用小组活动时间组织职工学背安全操作规程，使职工熟知安全生产责任制和有关安全规章制度。同时建立班组安全宣传栏，及时进行事故案例分析，使职工从中吸取教训并结合实际，举一反三，防患于未然。他还组织发动职工制作“危险预知”的牌子，使大家能够经常对照，严格执行防护措施。

高昌利小组有一条“三不准”制度，即职工技术水平不达标不准上岗作业，不会实际操作不准独立作业，不结好帮教对子不准上岗作业。到这个组工作的新工人，首先要为他指定老师傅专门讲解实际生产中应注意的安全事项，传授其操作技能和处理事故隐患的经验，达不到要求者，不管生产岗位上人手多缺，坚决不准上岗。他们还定期邀请工程技术人员到小组就生产中的特殊炉况进行典型分析，弄清原因和解决的办法。他们模拟实际生活中可能发生的危险情况，进行操作比赛。在技能培训中，高昌利要求职工在精通本岗位技术的情况下，还要熟悉其他岗位特别是上下道工序的工艺、设备和技术情况，使职工对其他岗位的不安全隐患有了解、能预防，同时不因自己的工作为其他岗位造成隐患，提高了安全管理的效果。

二、莱钢炼铁厂高炉车间主控班安全管理和谐统一的做法

莱芜钢铁集团公司银山型钢炼铁厂3号高炉车间主控班成立于2009年12月，现有员工22人，平均年龄30岁；班组主要负责3号高炉的炉内日常操作与调剂、热风炉设备的操作维护、车间日常的生产与调度等工作。该班组自成立以来，时刻牢记所肩负的责任和使命，以积极创建学习型班组为动力，将学习型组织理论的工具方法恰当引入，精心管控高炉，实现了生产、安全、降本和现场环境的和谐统一。班组先后荣获中国质量协会“优秀质量管理小组”、公司工人先锋号、青年文明号、青年安全生产示范岗等荣誉称号。

莱钢炼铁厂高炉车间主控班安全管理和谐统一的做法如下：

1. 共同学习，提高认识，统一思想，确定目标

银山型钢炼铁厂3号高炉作为集团公司最大的一座高炉，工艺设计先进，关键设备全

部进口，技术含量高，操作难度大，生产组织、操作经验几乎为零。而主控班组建时，班组成员来自于全厂不同车间，理论知识有高有低，技术水平参差不齐，不能与大高炉操作相适应。怎样才能破解这一难题？只有积极推进实施学习型班组创建，大家共同学习提高，才是唯一的出路。

经过学习讨论，班组员工统一了思想，认识到个人与班组需共同发展，创建学习型班组是为了更好地工作，解决生产难题。然后组织全体员工对企业面临的形势和个人思想、业务、作风的优劣点进行深入分析，使大家逐步树立竞争意识和危机意识，深刻认识到开展创建活动才是保证个人竞争力和企业长远发展的共赢之举。

班组通过学习讨论，把创建学习型班组的理念贯彻到每一位员工思想中去，在员工的思想中建立起完善的独特的价值观体系和企业文化，同时通过故事来传递使命。例如，通过“细节决定成败”的故事，阐述“严细实快”的管理方针；通过“100－1＝0”的公式，说明“要么全力以赴，要么全面退出”的工作观等，最终通过建立愿景开发小组，构建愿景的核心要素（包括小组成员说出各自眼中的自己和班组的现状；小组成员讨论各自的愿景，包括个人的和班组的；想象一下班组和自己五年后是什么样子等），讨论这些核心要素，阐述经过考验的愿景说明在班组范围内推广愿景的方式建立了“人稳炉稳生产稳，场优技优指标优”班组共同愿景，并确定了“让大高炉在我们手中安全可控”班组目标。

2. 搭建学习平台，建立团队和个人学习制度

面对工艺设计先进、操作难度大的设备，能够保证安全顺利生产，并不是一件轻松的事。对此，主控班完善学习制度，实现团队学习与个人学习共进，并且根据学习型班组创建“六个一”具体要求，结合自身实际，以“团队与个人相结合”与“团队与个人相促进”为原则，搭建各种学习平台。

（1）建立“每班一题，每周一课，每月一交流”的团队学习制度。“每班一题”是根据本班情况，由主值人员针对管理操作中发现的问题，在留言板上刊登一道有关技术、管理、操作方面的问答题，引导员工学习技术知识，交流操作方法，形成学习互动。“每周一课”是在每周一技术例会上，组织员工进行操作规程等内容的培训，融入提问、讨论、考试等多种手段活跃气氛，提高培训效果，并通过大家的献言献策，制定本周高炉操作制度和技术参数，形成团队学习的结晶。“每月一交流”是每月一次由厂里组织各高炉的班长和技术骨干进行专业技能、工作经验的交流，带动班组整体水平的提高。

（2）建立“个人自学、互帮互学、一专多能”的个人学习制度。班组设置了24小时学习室、图书角，购置了《高炉炼铁生产技术手册》《高炉生产知识问答》等图书及其他事故案例和特殊炉况总结等学习资源，同时在老员工和年轻人、党员和群众或在技能上有互补性的员工之间开展结对活动，形成“一师多徒、一徒多师”的培训格局，让班员掌握更多的实践操作知识。与此同时还组织员工开展“一岗多能”和“精一会二学三知更多”岗位练兵活动，使班员人人掌握了相邻工序3个以上工种的操作。

3. **坚持学以致用，学习与生产相互促进**

根据型钢炼铁厂“科学经济冶炼，和谐持续发展”的共同愿景，主控班以创建“高炉安全可控”为目标，坚持学以致用，学习与生产相互促进。

（1）通过对 3 200 m^3 高炉先进工艺的学习、特点的归纳、问题的研究，坚持发扬“手勤、眼勤、腿勤、脑勤”的“四勤”风格。创造了四天实现日达产、当月达产达效，高炉长期稳定顺行和指标提升的优良业绩。尤其是低成本冶炼、经济炉料的配加和大高炉炉缸活跃性研究方面都有创新，在全国同类型的高炉中，主控班在原料入炉品位最低的条件下取得了各项经济指标排名前茅的好成绩。

（2）班组在团队和个人学习的基础上，以先进的管理方法（如“PDCA 循环法”“互相出题法”“智慧激励法”等）为工具，充分激发了大家的聪明才智，解决生产上的疑难问题，实现了效益与成果双丰收。2009 年完成的《提升煤比》和 2010 年完成的《降低碳化稻壳吨铁消耗》都荣获莱钢集团公司 QC 成果发表会优秀成果一等奖，同时被中国质量协会冶金分公司授予“优秀 QC 成果”，分别创造了 1 379.3 万元和 118.98 万元的利润。

（3）在创建过程中开展“我为降耗献一计”“企业有困难，我该怎么办?”等活动，鼓励岗位员工出主意想办法，涌现出了“罐位位置增加摄像镜头”“炉顶点火孔盖改造”“快速赶料线法”等一批合理化建议和先进操作法，为企业降本增效做出了较大贡献。

（4）采用双重激励模式，促进团队和个人的持续学习力。主控班采用“物质和精神”的双重激励模式，对团队和个人出的成果额外进行物质奖励，同时加大宣传和学习力度，既激励了成果完成人，也对周边人进行了启迪，使优秀成果起到了辐射作用，以小团队带动大团队发展。

创新活动的开展点燃了班组活力和班组智慧，创新成为了员工成长的良好习惯，实现“人人可以创新，时时可以创新，处处可以创新”的格局，营造了“学创互促”的良好氛围。

4. **完善班组管理制度，增强班组凝聚力**

为创造和谐的班组氛围，确保班员思想稳定，主控班充分利用深度汇谈的形式加强班员之间的沟通和理解，并且根据员工自身的性格特点，成立了由“行动女士”“稳定先生”“未来主义者”“顾问”“吹毛求疵者”等不同角色组成的班委，明确各自职责，每月召开一次民主管理会，主要对班中各项工作，如考勤、奖金分配、经济责任制考核等重大问题进行公开、公平、公正的讨论，充分发扬民主，统一大家思想；通过学习先进的管理经验，完善班组管理目标责任书，使每项工作都有章可依，责任明确；制定标准化操作条例，实现量化操作；注重对困难职工的帮助；充分发挥党团员的模范带头作用等。通过开展以上活动，使大家对敬业、爱岗的班组理念产生共鸣，真实感受到班组这个小家的温暖。班组总结归纳的《构建和谐班组、强化团队建设》获厂班组管理创新一等奖。

积极推进“6S”现场管理和“五化”工程建设，对员工进行现场管理学习，转变观念，树立做好现场工作的坚定信念，使其自觉参与到现场管理工作中来，同时对本岗位情况进行一一分析，认真听取各位员工的意见，对员工提出的困难，共同探讨，寻找解决途径，采用检查、整改、教育、巩固的方式将现场管理和“五化”建设成果固化，班组现场和员工素养得到同步提升。目前主控班生产现场已成为莱钢对外交流的窗口。

在两年多的时间里，主控班依托学习型班组创建活动搭建的平台大显身手，班组学习力、凝聚力、创新力和群体超越能力不断提升，创造出很好的成绩，2010 年提前 17 天完成全年生产任务，炉况稳定顺行，各项指标在全国同类型高炉中名列前茅，好评不断，班组多名职工先后获得莱钢 2010—2011 年度优秀科技人员称号、优秀技能人才等称号。

三、水城钢铁集团煤焦化公司计控班积极培养技能型人才的做法

水城钢铁集团煤焦化公司动力车间计控班是一个拥有 31 名职工的一线生产班组，主要承担煤焦化公司仪表和计算机设备的维护、检修，负责车间水、风、汽、管线的维护和零部件的机械加工工作，同时还担负全公司的仪表改造和技改大修的安装、调试。近年来，计控班以培养技能型人才为目标，以增强职工的学习能力和创新能力为重点，以提高职工的思想道德素质和职业技能为核心，精心组织、突出特色，先后获得“水钢班组工作创新奖”“水钢 QC 成果二等奖”等多个集团公司级奖项，并先后荣获“水钢学习型班组”“水钢先进职工小家”“水钢创新创效优秀班组”，“水钢工人先锋号班组”等荣誉称号。2007 年荣获“全国学习型先进班组”称号。

水城钢铁集团煤焦化公司计控班积极培养技能型人才的做法如下：

1. 建立班组共同愿景，实现班组的学习力与创造力

班组是企业生产经营管理活动的基本作业单位，是企业最有活力的细胞，也是职工学习技术、提升素质、发挥作用的基本场所。

班组要确立自己的目标，特别是班组愿景体系的建立，能够使班组的凝聚力、职工的向心力进一步增强。为实现班组愿景，普遍推进亲情化管理，使班组管理工作更具人性化，充满亲情味。班组成员对班组的归属感更强，人气指数不断上升，呈现出前所未有的关系和谐的良好局面。员工把个人利益与集体利益紧密联系起来，自觉地把个人融入到集体之中，进一步提高班组的凝聚力。

建立班组的共同愿景，是实现个人和班组的学习力与创造力，使班组不断创新，不断发展，竞争力不断增强的重要基础。计控班针对班组内部工种多、维护点多面广、设备及工艺技术更新快的特点，班长在汇集全班个人愿景的基础上，确立了“稳、准、优、新”的班组愿景。即稳，设备稳定运行率全公司第一；准，工艺参数检测准确全团公司第一，优，设备维护、检修、工作质量创优；新，技术改进年年创新。

拥有了激励和引领全体班员团结奋进的共同愿景后，为了将“学习”贯穿整个班组工作，将个人智慧、学习力转化为团队力量，计控班在团队学习上提出了与班组生产密切相

关的“六个定位”。即班组将学习动力定位在“需”上；学习内容定位在“新”上；学习方式定位在“活”上；学习态度定位在“实”上，学习制度定位在“严”上；学习思考定位在“深”上。

2. 提高班员学习效率，开展四项学习活动

为了提高班员的学习效率，实现全体班员的共同进步，计控班开展了四项学习活动。

(1) 开好班组“五会”。即每天 15 分钟班前、班中、班后会，每月一次的班委会、每季一次的民主管理会，坚持“每天十分钟、每月半天、每季一天”的学习制度。

(2) 推行“8+1”学习模式。即每天 8 小时的工作学习实践加班组 1 小时的集中学习和个人下班后 1 小时的学习。规定班员每天必须有 1 小时以上的自学时间，按照自己拟订的学习计划进行学习，同时要求每月写下不少于 3 000 字的学习笔记，每周做两道自我检测题，月底班组统一认定。

(3) 开展班组论坛，不定期组织员工进行专题研讨会和学习交流会，实现知识共享；建立岗位练兵台，要求每位员工对新设备的调试安装，达到熟练操作。

(4) 采取集中讲课、案例分析、做游戏、讲故事、小型体育活动、深度汇谈等多种形式，组织学习专业知识、技能、安全、法律等方面的知识，通过团队活动，提升了团队学习力。

3. 适应新的要求，进一步拓展学习方式

为了适应新技术、新工艺和新设备的要求，计控班在圆满完成班组工作任务的同时，进一步拓展学习方式。主要方式如下：

(1) 根据生产设备存在的问题，对 10 个车间的控制系统进行了改造和安装调试，提高了设备的运转率和安全系数。

(2) 广泛开展了提合理化建议，修旧利废，小改小革，技术攻关等创新创效活动，有 30 余条合理化建议被分公司和车间采纳，创造利润 500 多万元。

(3) 以技术攻关为重点，近年来，先后进行了“生化预处理控制系统电磁伐快速故障恢复系统”“鼓风机在线监测系统”“焦炉自动控放散点火系统”“生产保卫视屏监控系统”“新型湿发熄焦控制系统的改进”等 20 余项工程项目的实施。其中“新型湿发熄焦控制系统的改进”项目的实施，改变了过去常规熄焦（KMM 控制系统）带来的系统不稳定，精度低，熄焦效果不理想，故障率高，经常造成故障停机，影响生产正常运行的问题，减轻了工人的劳动强度，每年为公司创经济效益 190 多万元。

4. 提高班组自主管理水平，开展系列特色做法

为了提高班组的自主管理水平，计控班还开展了一系列特色做法：

(1) 推行亲情化管理。班组长根据每个班员的情绪，做好当天的互保联保和安全监护工作，对情绪不好的班员重点监护或安排合适的岗位，杜绝了各种违章违纪的发生。

(2) 推行军事化管理。每天上班前，班组人员做 30 分钟的军体操，进行体能测试，从体操中检测班组员工当天的身体状况是否适应当天工作，根据具体情况，安排适当工作。

(3) 建立明星榜，树立标杆效应。每月进行一次明星员工的评比，根据每月员工在工作中的德、能、勤、绩，全班进行打分，分高者获当月明星，并给予一定的奖励。经过评比明星员工，为班员树立了榜样，激发了员工的工作积极性，增强了员工学技术的热情。

计控班通过坚持不懈地开展学习活动，在班组中形成了浓郁的学习氛围，班组职工由体能型向智能型转变。目前，80%的职工已晋升为高级工，20%的职工晋升为技师，100%的职工学会计算机基本操作技能，80%的职工掌握 PLC 控制技术，70%的职工对设备达到操检合一的要求。2008 年以来，该公司自动化仪表运转率达 100%，煤气鼓风机启机成功率达 100%，自动化仪表无故障，工业控制计算机无故障。计控班职工也在继续深化班组学习制度，并通过导入全新的学习理念，在工作中学习，在学习中提升。

四、武钢公司运输部电力班坚持学习创新不停步的做法

武钢公司运输部水电段综合电力班，现有职工 10 名，主要担负武钢铁路运输 360 km 沿线的电力线路和 1 000 余台空调、200 多台电机、3 座冷库配电室的检修任务。近几年来，综合电力班积极开展的“创建学习型班组、争做知识型职工”活动，全班职工以技能升级创新为目标，坚持学习创新不停步，争做时代新“蓝领”，成为“精两门、会三门、通四门”、人人有绝活、个个能攻关的能工巧匠，保证安全生产，在平凡的岗位，用知识重写出不平凡的人生。自 2002 年以来，该班组先后被评为湖北省“工人先锋号”“中央企业学习型红旗班组”及全国机冶建材系统“标杆班组”。

武钢公司运输部电力班坚持学习创新不停步的做法如下：

1. 解放思想转变观念，增强技术文化学习的紧迫感

在武钢公司跨越式向前发展的过程中，综合电力班面临着班组职能转型的重大改变，由单一电力检修转变为电力、空调、电机、冷库为一体的综合性维护检修，一个班要干四个班的活。岗位人员重组，定员减少 3 人，10 名来自高空电力等不同岗位的职工转岗来到班组。

面对班组转型人转岗的严峻考验，面对艰巨的检修任务，全班职工没有抱怨、没有等待，而是自觉解放思想、转变观念，把班组转型职工转岗作为自我发展、服务企业的新机遇，坚定只有想不到、没有学不会的自我发展信念，增强技术文化学习的紧迫感和使命感，主动适应改革发展的新要求。

(1) 趁势而上确定目标、自加压力积极发展。班组职工中高中 7 人、初中 3 人，整体文化水平不高，技术和文化水平难以适应转型转岗要求，对此，班组确立了一年取两证、三年中升高、五年拿大本的技术文化学习规划目标。就是通过学习，一年取得电力和相邻专业的职业资格证书；三年岗位技能由中级工升为高级工，文化程度由初中达到高中以上水平；五年获取大学本科学历证书。“一、三、五”学习目标，把文化技术学习融为一体，

体现了全班职工用知识改变命运的共同意志，使班组的技术文化学习走上了全员参与、分层达标的轨道。在不到5年的时间里，全班职工通过艰苦的学习，全部完成了大专以上的学业，为岗位技能的学习和创新，奠定了坚实的智力基础。

（2）岗位班组当课堂、技能学习常态化。为了适应检修作业由单纯强电到涵盖弱电的技能转型要求，班组职工把技能学习与检修生产融为一体，教学到岗位、课堂在班组。在检修技能的学习上，班组坚持班前讲原理、班中抓要领、班后搞讲评，做到原理不清不上岗、要领不明不开工、动作不准不下班，使技能学习贯穿每一项检修作业，落实到每个岗位职工。在理论学习上，班组职工自费选购了130多册专业书籍，通过每天午间1小时读书会、每周半天的技术理论学习交流会，使岗位学习与理论学习紧密结合，有效提高了全班职工的专业技能水平和岗位作业效能，在不到3年的时间里，使班组的检修能力，由年300台次提升为1 200台次，较好地满足了运输生产的发展要求。

（3）技能学习高标准、岗位作业严要求。为了保障班组管辖的设备正常运转，增强复杂和特殊情况下的技术保障能力，班组针对所辖设备分散在武钢厂区内外的特点，按照全天候、无障碍、零失修、零事故的维护检修要求，划片包干、半年一换，责任到人，每月通过跨区设置排除故障，进行技能考核，奖优罚劣。为了提高职工的应急反应能力和单人独岗的全天候作业能力，组织职工学绝招、练绝活，睁眼练了闭眼练，白天蒙着眼睛练，使班组职工个个练就了一套无光源条件下，依靠“摸、闻、听、敲”进行故障排除的过硬本领。2009年以来，依靠过硬的岗位技术，全班解决一线生产生活难题37件，完成急难抢修22次，收到用户感谢信20封，取得了设备检修优良率100%，设备维护零失修、零事故、零投诉的好成绩，有力地保证了运输生产的顺利进行。

2. 针对工装设备更新换代，把岗位技能向上下游工序延伸

近几年来，随着武钢铁路运输的快速发展，电力工装设备加快了更新换代步伐，一批技术含量高、检修难度大的设备先后投入生产。面对班组管辖的设备4年增长了4倍，检修费用越来越少的突出矛盾，全班职工坚持学习创新不停步，走团队发展、团队跨越之路，努力把技能优势转化为创新优势，积极为企业的可持续发展作出新贡献。

（1）一岗多责、一专多能破难题。全班职工主动把岗位技能向电力、空调、电机等检修作业的上下游工序延伸，全面掌握了焊接、电钳、钣金等专业技术，10名职工全部拥有2～4个职业资格证书，个个成为“精两门、会三门、通四门”的复合型岗位技术人才。从而减少了工序配合，实现了“一人一站一体化”检修作业，一人干出四人的活，使班组的综合检修能力提高了3.6倍，高效率地完成了检修生产任务，化解了设备增多、人员减少的矛盾。

（2）开拓技能新渠道、外委项目转内修。针对所辖设备升级换代、生产厂家低价卖设备高价包维修所带来的巨大成本压力，班组职工用聪明才智自觉为企业挑重担、争利益。运输部引进的“节能温控阀”是技术含量高、维护难度大的节能新产品。厂方不仅卖产品，还要卖技术。要图样、没有，要维修、拿钱来。为了打破垄断，班组职工利用整整一个夏天双休日的时间，跑遍武汉三镇，到专业维修站点不计报酬“打义工、摸门道”，经过3个月的反复摸索和实践，破解了技术秘笈，掌握了维修的核心技术，使运输部安装的36个单个价值6 000元的温控阀检修权，回到了综合电力班手中。仅此一项，每年为企业节约资金21.6万元。综合电力班还依靠专业技术知识的积累和拓展，先后突破了光控、声控等高新技术设备制造厂家的技术封锁，结束了6种制式设备只能外委修理的历史，用知识为企业创造出了大量财富。

(3) 人人有课题、个个能攻关。技能学习越深入，创新舞台越宽广。在技能创新过程中，综合电力班10名职工努力由维护检修型向技术攻关型转变，把生产的重点、难点，作为技能创新的突破点。通过职工个人选课题，集体论证定方案，班组全员齐攻关，2009年以来，班组先后自制出8台“双回路自动切换配电屏”，结束了此类设备只能外购的历史；修复再生空调压缩机8台；通过拼装组合，17台（套）报废设备起死回生投入生产；自制冰柜内胆6个；为企业节省费用133.63万元。他们创造的“以氧代氟”环保检漏等4项实用新技术，被专业电器维修站点所推崇。班组取得技术攻关成果7项，并荣获武汉市“经济技术创新示范班组”光荣称号。

五、新钢钒公司炼铁厂返矿一班不断提高安全技能的做法

在攀枝花新钢钒有限股份公司炼铁厂（以下简称新钢钒公司炼铁厂）有一面高高飘扬的“巾帼安全旗帜”，这就是该厂原料一车间丁工段的返矿一班。该班现有职工11名，其中女工8名，主要负责一期高炉沟下过筛后的返矿运输工作。由于作业场地狭窄，粉尘较大，设备老化，安全工作难度较大。多年来，该矿班员工坚持不懈强化安全意识，提高安全技能，落实安全规程，做实做细安全工作，并且善于从事故案例中吸取教训，连续17年实现了事故“零”的目标。

新钢钒公司炼铁厂返矿一班不断提高安全技能的做法主要是：

1. 掌握安全规程，加深对规程的理解

条条规程血写成，遵章作业是关键。为了使班内职工热记和掌握安全规程，人人过关，返矿一班利用班前会、安全日活动时间，背岗位操作规程和安全规程；工余时间，职工们也经常互相提问，加深对规程的理解；对于班上文化水平低的职工，班组就安排专人教，帮助职工读、背和理解。在大家的帮助下，职工掌握了规程，并自如地运用于工作中。

2004年，厂里下发《零星检修设备安全管理实施细则》和《设备检修停送电确认程序实施细则》，个别职工执行时总爱出差错。返矿一班于是将理解能力强的职工先集中在一起学习讨论，形成了骨干力量，再分头与理解力较差的职工结成对子，进行传帮带；并且还在总返一换皮带时组织了现场演练，使全班职工都较好地掌握了实施细则，为规程的贯彻落实奠定了坚实的基础。

2. 事故案例学入脑，小题大做增技能

为了提高职工安全意识，增强自我防护能力，返矿一班特别注重从血的事故案例中吸取教训，每次学习事故案例的时候，班组都要展开激烈的讨论，不仅要把每个案例的发生经过弄清楚，而且要把事故发生的个人原因、管理原因和制度缺陷弄清楚，并结合本班工作特点制定相应的预防措施，避免了同样错误发生在自己身边。

未遂事故不放过，小题同样也大做。一次，一名职工在作业时，不慎刮子被皮带带走，刮子的弯钩挂破了她的裤脚，险些受到伤害。事情发生后，返矿一班面对这起险肇事故，不是采取大事化小、小事化了的办法，而是自曝家丑，立即组织全班职工进行认真分析和讨论，指出险肇事故的产生原因，并发动大家总结归纳出避免事故发生的安全要领：选好位置，规范姿势，用光滑无弯钩的刮子刮料。使全班职工在吸取教训的同时，又提高了安全意识，增强了防护技能，避免了类似问题的再次发生。

3. 深查隐患定措施，监护到位保平安

返矿一班深入开展“反违章，查隐患”活动，坚持把发现的安全缺陷进行登记，作为交接班的主要内容，自己能够解决的，及时整改；自己不能整改的，立即上报车间争取尽快解决，并制定防护措施。

在生产中，返矿一班所负责的返4尾部漏嘴容易发生堵塞现象，经常需要进行人工捅料，但是由于设计缺陷，并没有设计安全站立位置，于是返矿一班就提出了3项整改措施，报到车间后得到了及时整改，从而有效解决了人工捅料易发生危险的问题。在夏季生产过程中，由于潮湿、雨水渗漏，有一段运行系统与高炉炉口过于接近，容易发生高炉渣水伤人事故。对此，返矿一班员工群策群力，开动脑筋想办法，在制定技术措施的同时，明确规定：岗位人员在巡回检查设备时，必须观察南侧是否放渣，如果遇到这种情况，必须避让。由于技术水平和责任心的不断提高，2004年以来，先后有5名职工发现了岗位设备操作电线破损或接头处漏电等现象，及时报告、及时整改，从而避免事故的发生，受到车间的表扬。

返矿一班由于业绩突出，连续8年被评为公司“三八”红旗班组，2002年被评为四川省“巾帼文明示范岗”，2003年荣获全国“巾帼文明示范岗”的光荣称号。